スポーツ運動学・現象学 講座2

わざの伝承
— 加藤澤男・金子明友の〈あいだ〉—

金子一秀・山口一郎 編著

明 和 出 版

目次	わざの伝承 ― 加藤澤男・金子明友の〈あいだ〉―

まえがき

金子明友

〈講座の第一対談から第二の対話形式を求めて〉

　すでにご承知のように，2017 年における私たちの〈運動伝承研究会〉ではスポーツ運動学と発生的現象学の共創可能性を求めて二つの講演が企画されていました。その一つの講演は「私のキネステーゼ感覚世界」と題された，金メダリスト最多保持者として著名な加藤澤男先生の講演です。もう一つの講演は「運動感覚をめぐる現象学の考察」と題された現象学者山口一郎先生の論考でした。言うまでもなく山口先生はドイツの大学教授資格をもつ世界的に高名な現象学者であり，取りわけ私たちのスポーツ運動学の基礎づけとなる発生論的現象学（ゲネーティッシュ）の提唱者として注目されている先生であることは周知の通りです。その貴重な講演内容や講演資料は伝承誌 17 号に保存されています。この二つの講演は競技スポーツの発生運動学の方々だけではなく，学校体育の運動学の方々にも大きな感銘を与えることになりました。さらに難解な哲学で知られる超越論的現象学に関する内容を，具体的な例証を示しながらの分かりやすい講演は非常に好評でした。一見何の連関もないような二つの学領域の講演にも関わらず，そこに感動的な間主観的な共感が引き起こされたからに相違ありません。それを企画した伝承誌主幹である金子一秀先生は山口先生にすでに面識があり，加藤先生とは中学生の頃から幡ヶ谷の東京教育大で技を教えて頂いていた馴染みある先生でした。さらに，東京女子体育大学の武藤先生は山口先生の有望な直弟子であり，しかも老生とは同郷という誼もあり，第一回対談の記録も担当していただいているのです。

　その 2017 年の師走も押し詰まった頃，急に山口先生からスポーツ運動学がどうして超越論的現象学に関心を持つのかについて，老生への面会が求められてきたの

です。山口先生が老生の拙宅にいらっしゃった時の面会の記録が時を経て『〈わざの狂い〉を超えて』と題された専門書に纏められるとは全く思ってもみなかったことでした。だから，その対談記録はそれがお互いに合意に達するまでには相当の時間を要する作業が求められました。その会談は山口先生のご要望に沿って多くのテーマが取り上げられたのですが，それに答える老生は卒寿をとうに過ぎた，いわばボケかかった高齢者ですから，的外れの答弁や余計な詰まらない話の横道に逸れてしまうこと再三でした。この対談は記録されていたテープから書き起こしたので，相互に不明な箇所の理解とその合意に至るまでには思わぬ時間を取ることになってしまいました。老生も初めて山口先生と直に話し合いをもつことになりましたから，競技体操の膨大な技の世界に挑む辛さや技の狂いに悩まされることを説明するのにも多くの情報交換が必要になってくるのは当然のことです。競技ルールやそのトレーニングないし試合の実情などの中味に，ご経験のすくない山口先生に理解して頂くのに余計にくどい説明になってしまったようです。ところがそのことが返って一般の人達にも分かりやすいので，早速の上梓が勧められたのかもしれません。山口先生が競技体操の過去の競技会との関係や，新しい技の創発の苦しみや狂った技の修正などに立ち入ってくるたびに，老生は問われてないことまで冗長な解説を述べてしまったようです。その校正にはさらに多くの時間が費やされることになるのは仕方のないことではあります。こうして，やっと出版に漕ぎ着ける原稿が出来上がるのには，会談から2年もかかったことになったのはまさに老翁の責任以外の何ものでもないようです。

　ところが，いざ上梓されてみると，競技スポーツの非科学的な〈コツ・カン統一体〉を基盤とした原発生に関わる基体分析やキネステーゼ感覚に関わる超越論的発生分析が相互に共振して同じ学領域の基盤をもっていることが注目され，そのキネステーゼ感覚の発生システム論が話題を広げ始めたようです。となると今度は，世界的名選手であり，スポーツ文化への功績で文化功労賞を受賞されたばかりの加藤澤男先生と，そのコーチであったボケ老人との〈わざの伝承〉の機微が関心の的として浮上してきたのです。さらに感覚記憶の研究と基体Xの発生起源を取り上げている山口先生に発生現象学の立場から参加すれば，第2回目の対談は選手とコーチ間の伝承問題を発生現象学の立場から討論するという，いわば三者による鼎談形式が実現することになります。さらに主幹の金子先生が現役コーチとして話し合いを司会すれば，〈わざの伝承〉に関わる〈キネステーゼ感覚〉とその超越論的発生分析

が開示されるという第二回目の主題性が見えてきたのです。加えて本書には，この鼎談記録の他に，経験構造に関心をお持ちの著名な貫成人先生と，時間化分析を専門とされる武藤伸司先生による二つの現象学論考が花を添えてくれています。さらに加えて，そこに同時に提出された加藤先生の「私の動感経験と発生運動学」と題した論考は〈原ドクサ領域〉に還元されざるをえない〈感覚発生（アイススステーシス）〉について基体Ｘの開示を予感させる論文が新しい話題を提供してくれることにも注目したいと思います。

〈コーチの借問に答えない加藤選手〉

加藤澤男先生と老生との関係は，一般的な意味で形式的に言えば，東京教育大学（現筑波大学）とその大学院での師弟関係だけでなく，選手とコーチの師弟関係もあることになります。ところが，加藤先生は私がコーチする選手の一人であったのは確かなのですが，むしろ老生にとっては貴重な動感経験を紡ぎ出してくれる〈仲間化 (Vergemeinschaftung)〉という特殊な連帯関係をもっていると考えています。ところが，五輪を制覇し続けた加藤選手が本書に発表した「私の動感経験と発生運動学」という論考は老生との長い付き合いのなかで初めて接した信じられない奇妙な記述があり，しかも重大な問題提起を秘めていました。加藤選手の技のコーチをするときには，選手の〈感覚ヒュレー (Hua. III-§85)〉，つまりその〈動く感じ〉に〈身体移入 (Einleibung bzw. Leibesprojizierung)〉をしていかなければなりません。その詳しい実情をすべて開示するのはここでは無理ですが，加藤選手の〈動く感じ〉というノエシスにしつこく〈借問 (ausfragen)〉していくことになるのです。ところが，彼は一切それに即答することは決してありませんでした。多分いい加減な返事をしても，それは無駄だと知っているのでしょう。老生も即答拒否のその態度を知悉していますから，そのまま放置しておくのです。すると，いつかその返事を技に託して返事を見せてくれるのが常でしたからです。このようなタイプの選手はコーチとの〈間動感的共振〉，山口先生の表現を借りれば〈間身体の響き合い〉という〈動感仲間化〉という論理的実践可能性をもっていることは言うまでもありません。今回の論考で，加藤先生の幼少時からの多様な端的感覚経験の記述に初めて接して，その原発生の基体Ｘを開示しようとする実践可能性を感じとったからかもしれません。加藤先生と老生は彼の高校時代からの付き合いですが，それ以前の幼少時の端的感覚経験の詳細を知ったのはこの論考「私の動感経験と発生運動学」が初めてだったのです。

以前から技のコーチをしているときに，彼にそのキネステーゼ感覚をしつこく借問することは再三でしたが，後になって必ず「技を見てください」としつこく言い出すのが常なのです。それはすでに前回の対談でも述べていることです。ですから，ここでは彼の端的キネステーゼ感覚経験のなかの二つの記述を例証化しながら，不世出の名選手の〈価値感覚発生〉の一面を浮き彫に出来れば幸いだと思っています。

　その第一の論点としては，加藤先生には「技が狂う」という端的感覚経験がないということです。だからこの論考の最初に述べているように，老生のいう〈技の狂いを喜ぶこと〉が理解できないと言うのです。加藤先生はそこで次のように述べているのです。「〈技の狂い〉は自分自身のことではなく，他人事のように聞いていたように思います。当時，私自身はまだ，今までできていたことが〈突然できなくなる〉というような狂いを感じたことがなかったせいもあると思います」と信じられない記述に私は一驚してしまったのです。誰でも初めての技が〈マグレ〉で成功したり，急にコツが分からなくなることは当たり前だと思っている老生にとっては信じられない記述だったのです。しかし加藤先生の幼少時の遊びの端的感覚経験をよく読んでみると，いつもコツやカンを求めてその端的経験の発生起源，つまり原発生する〈基体〉に向き合っていることが分かってきたのです。いわば，フッサールのいう〈感性的直観〉という超越論的発生分析の原動感世界のなかでいつも遊んでいたのかもしれません。つまり，キネステーゼ感覚経験の発生起源である〈原発生〉と表現される〈基体〉Xの世界で新しい遊びの〈動く感じ〉を受動綜合化して楽しんでいたのでしょうか。そこには〈原ドクサ〉領域に還元することによって基体Xの開示を予感させる何かが含蓄されていると考えられるからです。それはいろいろな種類の遊びをすることだけが意味されているのではなく，フィギュアスケートのように幼児のころから専門化する競技でもその新しい〈動く感じ〉を生み出す原発生領域でも同じことなのです。

　加藤先生の論考における第二の論点は次の一文です。すなわち「マイネルの挙げている三つの位相は確かに間違いではないのですが，私には位相同士の関わりという点で未だにしっくりこないのです。私の体験上感じている〈動きかた〉の変化は，確かに位相として当てはまるとは思いますが，初めて何か動くことができた時から無段階でというか，千変万化しながら変わっていくように思えるからです」という記述です。この〈位相〉という用語は加藤先生の指摘しているように，自然科学的理解として一般化されている位相幾何学の〈位相〉，つまり〈トポロジー〉のトポ

ス（位相）がよく知られています。因みに 40 年前の本書訳者であった老生として
は，位相幾何学のトポスという意味とは何の関わりもないことが分かっていたから
です。マイネルの〈スポーツ運動学〉が上梓された 1960 年当時は東西ドイツが分
裂したままの時代ですから，その訳語には随分と気を使ったものです。私が〈位相〉
と訳した原語は〈Phase〉であって，位相幾何学 Topologie の〈位相〉ではありませ
ん。マイネルの取り上げた〈Phase〉という用語はギリシャ語の語源 (phasis) をもち，
〈段階形式〉を意味する〈位相〉と，〈展開される構造〉を意味する〈局面〉という
二義をもっています。マイネルはその〈Phase〉を適切に使い分けているのであって，
位相幾何学のトポスとは語源が違う別種の用語なのです。むしろ特筆に値する加藤
先生の指摘というのはそのことではなくて，A 位相，B 位相，C 位相の三段階の線
引きそのものに不満をもっているということです。〈動きかた〉のゲシュタルト発
生は千変万化の無段階のうちに〈動く感じ〉がそのノエシス的感覚発生として，い
わば基体 X が基盤になっているのを言外に指摘しているとも考えられるからです。
いわば，基体 X という原発生の関わる基盤において〈動く感じ〉が千変万化して
その姿を，いわば〈動きかた〉の姿かたちを変えていくのは当たり前のことなのだ
というのです。そのときの A 位相，B 位相，C 位相の間には何の線引きもない〈原
ドクサ〉という動感信念世界に生きていることであり，〈技が狂う〉はずもなく，
より気に入った〈動く感じ〉を探し求めていくのは当たり前のことですから，技の
習熟過程というのは固定的存在ではないというのです。将に千変万化し続けるのが
技の本来の〈在り様〉なのであり，そこに〈狂う技〉そのものは存在していないの
であり，そこには原発生の基体 X という〈原感覚発生〉しかないと考えているの
でしょう。いわば，マイネル教授はその幼児期の〈運動発達〉，別言すれば〈動き
かた〉の感覚発生を論じているのですが，それはキネステーゼ感覚発生の超越論的
発生分析を取り上げているのです。
　ところが，マイネル教授は，その運動学習位相論を粗形態としての A 位相
から始めていますから，それ以前の受動綜合化する原発生の感覚発生基盤は運
動発達論として別扱いにしていることに問題の核心が潜んでいるようです。で
すから，〈這い歩き〉〈立ち上がり〉〈伝え歩き〉と本人は何の〈動く感じ〉も
なく，いつの間にか受動綜合化される奇妙な〈感覚形態発生〉を重視する内容
を運動発達論として捉え，能動的綜合化としての運動学習論にはシステム化し
なかったのは当然かもしれません。いわば，フッサールのいう独りでに〈受動

綜合化〉する〈動きかた〉の〈身体感覚発生〉は意識的な運動学習とは捉えていなかっただけのことなのです。しかも，受動綜合化する原発生の身体感覚発生を支えている感性学的直観分析の〈生粋性原理〉は唯物史観に馴染まないため，カットせざるをえなかった事態に追い込まれていたのでしょう。

〈マイネル教授の感性学的発生分析における原ドクサ〉

　このようにしてマイネル教授は，その〈感 覚発生〉（アイステーシス）の基盤になる端的なキネステーゼ感覚経験については特別な〈原ドクサ〉，つまり〈原感覚発生〉に対して，執念にも似た強い確信を持っていたようです。そこには一つの憤懣やるかたない事態が潜んでいたのでしょう。それはスポーツ運動の原理は〈合目的性〉〈経済性〉と並んで感性学的な〈生粋性〉(Echtheit) に並々ならぬ確信をもって主張していたからです。そのことは『スポーツ運動学』出版 (1960) 以前の草稿テキストの段階ですでに確信されているのです。しかし結果的には，その〈原感覚発生〉に関わるその感性学的原理はカットされてしまった経緯があるのです。それはマイネルの没後に見付かった遺稿（『動きの感性学』大修館書店 1998）に開示されています。当時の東ドイツはソ連邦の共産圏に属していて，レーニン・マルキシズムの唯物史観が絶対だった時代背景を無視するわけにはいかなかったのでしょう。当時マイネルが〈原ドクサ〉として執心していた感性学的発生分析の内容については，その遺稿に譲らざるをえません。

　そのマイネル遺稿を私が編集翻訳にとりかかったのは，遺稿をマイネル教授のご子息から託された 1994 年の春でした。その前年（1993 年）にドイツに留学中の埼玉大学の吉田茂教授から「マイネルの遺稿が発見された」という連絡を受けて年明けて直ちにライプツィヒに向かったのです。その感性学的発生分析の遺稿をやっとの思いで上梓した年には，ちょうどマイネル教授の生誕百年記念として，ライプツィヒ大学で〈国際運動学シンポジウム〉が開催（1998 年 12 月）されたのです。その基調講演者の一人として招待された老生はちょうどその年の 2 月に上梓された『マイネル遺稿　動きの感性学』（大修館書店 1998 年 2 月）を基にして「マイネル教授の感性学的形態学の意義」と題して基調講演をいたしました。もう一人の基調講演は当然ながらマイネル運動学講座の後継者であるシュナーベル教授でした。しかし本人は講座を引き継ぐと早々にサイバネティクス運動学に転向 (1976 年) していましたから，彼はマイネルの感性学的発生分析を歴史上の功績として賞賛しつつも，私

の基調講演とは真正面からの対立になってしまったのです。もちろん，当時の世界学会の最先端にあった情報工学的なサイバネティクス運動学を講演したシュナーベル教授とマイネル遺稿の感性学的発生分析とは，二者択一の問題ではないのですが，原ドクサに還元すべきだと主張する超越論的発生分析はその真意が理解されにくい事情にありました。その明証性が端的な感覚経験の主観的な原ドクサになるので，科学的運動学ではその明証化が成立しないだけに問題は深刻だったのです。ところが，この超越論的発生分析は競技や舞踊などの身体感覚に関わる実践領域の人たちは，超越論的発生分析の明証性でしか何一つ身体感覚の〈気付き発生〉を開示することはできないのは明らかなのです。その実践可能性の例証化分析に向き合うと，その実践可能性を否定することは不可能だからです。どんなに科学的な明証性をもつデータが開示されても，現実に〈動く感じ〉が具象化され，そう動けるかどうかは保証されていないのです。生き生きとした〈動く感じ〉をわが身に具象的に〈身体感覚化〉(Einverleibung) できなかったら，それは画餅でしかないからです。

〈超越論的現象学と発生運動学の共創への道〉

　こうして，私たちはスポーツ運動の超越論的発生分析の実践可能性を〈コツ・カン統一体〉として，その不可疑的な例証化を開示し具象化していくことが不可欠になってきます。とは言っても，精密科学的なバイオメカニクス的運動分析やＡＩの驚くべき情報データによって開示されるサイバネティクス的運動学とは全く別種な学領域であることに多言を要しません。重要なことは，相互の学領域がどのように具体的な実践可能性に生かされていくかということこそが肝心な主題性をもつことになるのは言うまでもありません。むしろその両者の協力の新しいシステム論こそ開示されなければなりません。私たちの〈コツ・カン統一体〉としてのキネステーゼ感覚発生に関わる運動学的発生分析と超越論的分析を支える発生現象学の共創システム論が開示されることにこそ緊急的主題化が迫っていると考えられます。

　そのためには，その共創連関のシステム論を開示するための緊急の問題性を呈示することが何よりも急がれなければなりません。動感感覚発生の共創システム論の問題性を確認することからまずもって開始されなければなりません。幸いなことにその端緒をなす多くの問題性が指摘されているのは，伝承誌主幹の金子一秀先生による「スポーツ運動学と発生現象学の共創」と題した論考で，その一端が開示しされ始めているようです。世界中がコロナ禍で揺れている最中に，その対策も含めて

昨年から学長に選ばれてボヤキの絶えない主幹の金子先生の論考は，今こそ主題化
されて多くの感覚発生分析の問題性を呈示していけることになります。それを起点
として，現象学と運動学の感覚発生的共創というシステム論を主題化して欲しいと
思います。多忙になれば，それだけ頭の回転も速くなるという〈原ドクサ〉をもっ
ている孤舟の老翁はその意地悪の一言を学長の金子先生始め多くの発生運動学の同
士にプレゼントして本稿を閉じたいと思います。

鼎　談

動感メロディーの伝承

司　会：金子一秀
鼎談者：金子明友・加藤澤男・山口一郎

1 加藤澤男先生の幼少時代の端的感覚経験

司会：今回，スポーツ運動学・現象学講座の第 2 巻のために，加藤澤男先生と
　　山口一郎先生，そして金子明友先生との鼎談という企画を立ち上げました。
　　前回は山口一郎先生と金子明友先生との対談でしたが，今回は加藤澤男先生
　　をお迎えして，オリンピックの貴重な体験談や明友先生との師弟関係につい
　　てなど，様々なことをお聞きできればと考えています。
　　　そこで最初に，2017 年の第 16 回運動伝承研究会で講演された「私のキネ
　　ステーゼ感覚世界」の内容から，加藤先生が体操を始めたきっかけなどお話
　　しいただければと思います。

加藤：あの研究会の時は，「伸身前方宙返りの身体経験」「視知覚とキネステー
　　ゼ感覚の身体経験」「全身感覚とキネステーゼ身体感覚の絡み合い」「視知覚
　　と体線の存在論」と 4 つのテーマについてお話したと思います。

司会：そうですね。確か城跡の石垣から〈伸身で前宙をするような形〉で落ち
　　ていったというようなお話をされていましたよね。

加藤：そう，その記憶がよみがえったのが，大学になってからトランポリンで
　　前方伸身宙返りを行っているとき，「何か心に引っかかっている」という〈き
　　っかけ〉から，城跡の石垣から落ちた経験がよみがえってきたわけです。

司会：ずっと自分の記憶のどこかに消えていたものが，何かの〈きっかけ〉で
　　蘇ることはよくありますよね。この〈きっかけ〉というのは，自分で自分の
　　ことを思い出す〈きっかけ〉も自分の側にあるから不思議ですよね。この場
　　合，そのときの情景を俯瞰的に思い出したのとは違って，まさに「〈似た感じ〉
　　があったような」という〈感覚の記憶〉が起点となっていますよね。どこか
　　で経験した〈動く感じ〉ということを頼りに，石垣から落下した〈感覚の記
　　憶〉が蘇ったのだと思います。そのときは，まだ体操競技を始めていなかっ
　　た頃ですよね。

加藤：ええ，そのときは体操競技というスポーツそのものをよく知らなかった
　　のです。でも体操競技があるというのは，小学校のときに巡回映画で，ヘル
　　シンキオリンピックのドキュメントだと思いますが，『5 人の選手団』とい
　　う映画を学校で見た記憶があります。他にも，川遊びで川に飛び込むとき宙

返りをやっていた記憶はあります。

山口：それは友達とみんなで競ってやっていたのですか？

加藤：いやあ，高飛び込みがメインですね。

山口：みんな高さを競って，上のほうへ上のほうへ行こうという状況ですね。

加藤：やっぱり単純に高いところからがいいのですよ。

山口：だけど，川って浅いところもあれば深いところもあるでしょう？

加藤：ええ。それが，ちょうど岩があって，流れがぶつかって曲がって掘れる場所があって，深いところがあるんですよ。そこのところの岩が切り立っていて，高いところから飛び込むのが自慢の人は，そこへ行くんですよね。ちょっとあの高さは怖くて，僕はやってないです。

山口：だけど，みんなそうやって遊んでいたのですね。

司会：そのとき飛び込んで遊んでいたのは，前方宙返りですか？

加藤：やっぱり前方だね。でも，後方宙返りを意図的にやったのも，川の遊びでです。飛び込むときに，〈きりもみ〉みたいにしてやって，ひっくり返る感じが印象に残っています。

司会：川遊びで何か他に印象に残っていることはありますか。

加藤：そうですね。夏の夕方はまだ明るいから，父親は帰ってきてから自転車に乗ってアユ釣りに行くんです。引っ掛けとか，友釣りっていうのかな？1匹鮎を付けて流してやる方法です。あれをやるところというのは，浅瀬になっている場所なんですけど，父親は自分の釣り場に行っちゃう。だから，自分は飛び込める深いところで遊ぶはめになって，遊んでいて，溺れたんです。

山口：どんなふうに溺れたのですか。

加藤：地元の人が洗濯するようなところで，蛇籠で護岸が守ってあって，そこが深く掘れていて，その曲がり角のところで。

　そこのところで，もう気がついたときにはかなり水深があったから，水中から見ると上の水面はぴかぴかして明るいんですけど，陸に上がろうと思って木桁に手を掛けて引っ張ろうとしたら，藻が付いていて，木桁を組んだ中に蛇籠が入っていて，その木が滑っちゃって。それで焦って，もがいているところに洗濯していたおばさんが〈おぶい紐〉を投げてくれて，それで助かったんです。あそこで死んでいたら，今の自分はいないし，助けてくれたのはどこのおばさんかは分からないです。

山口：たまたまおばさんがいたからよかったですね。

加藤：はい。

金子：研究会の時に，小学生の遊びの中での伸身の前方宙返りについて話していたけど，滑落して転んだ経験だったのですか。

加藤：山城の跡があるんですよ。そんなに高い山じゃないんですけど，4〜5 kmうちから離れていますかね。遊びに行っていて。今はもう城の跡はほとんど残っていないんですけど，石垣があってその下が急傾斜になっていて，建物は何もないので，斜面を横断〔トラバース〕しようと思っていたんです。草が生い茂っていたのですが，それで，どっちの足を取られたか覚えていないんですけど，前向きに転んじゃったんです。痛いから顔は背けて，急傾斜ですから立ち上がっても独りでに足が前に出るんです。これで縦回転の連続となってしまったのです。2〜3度回ったと思うけど，回数も覚えていません。

金子：2〜3回も回ったの？

加藤：はい。

金子：反ったままで？

加藤：はい。反って，足が着いたときは急傾斜で，もう自分で立つというようなことはないから，そのまま伸身で。ごろんごろんと回ったのか，宙返りか，どちらかは分からないですが，小さく抱え込めないんですよ。

金子：そのときの体感が残っていたのですか？

加藤：はい。

金子：それは幾つくらいのとき？

加藤：小学校の後半だと思います。かなり遠出して遊ぶようにはなってきているので。

金子：2017年の運動伝承研究会の講演のとき，加藤先生が先に話したこの講演内容を山口先生が「運動感覚〔キネステーゼ〕をめぐる現象学の考察」という次の講演の時，すぐにこの話を引き取ってお話しになりましたね。

山口：はい。

金子：あれがすごく不思議だったんですよ。

山口：そのときの話は，結局人の感覚というのは記憶と違って，身体に染み付いているという話ですよね。感覚はいつまでも残っている。だからこそ，言葉だとか思い出すことだとかで，何年前，ということで，数にして計算をし

たりもできる。

司会：それは逆に，そうした数字で後から理由づけをやらないと，いつの感覚
　か分からないということでもありませんか？

山口：そう，確かにそうしないと「いつ」ということは分からない。ですが，
　この感覚というのは，生まれてからこの方ずっと一緒じゃないですか。

加藤：そうなんですよね。

山口：消えることがないですよね。だからこの感覚というものは，昔の感覚で
　あろうと，今の感覚であろうと，この動いている体で今まさに感じているこ
　の感覚なんです。だから，昔のどう感じたという体の感じというのは，どう
　いう具合か，ものすごく不思議だけど，いつもここにあるというのが，あり
　のままに与えられている僕たちの感覚の経験の在り方じゃないかと思うんで
　すよね。だからこそそれに「何年前」という数字をつけることができる。

司会：何年前といっても，それを感じている感覚そのものは〈今の感覚〉とい
　うことですよね。普通の記憶も同じですが，思い出しているのはタイムマシ
　ンに乗って，昔に行ったのではなく，今現在の記憶の意識ですよね。

山口：現象学というものの一番重要なスタンスは，今，このときに感じる，あ
　るいは考えるものは何かということが中心になっています。ですので，今動
　くとか見るとか聞くとかという，この今はどんなふうにして出来上がってい
　るのかという仕組みを明らかにするために，この今に根差した問いを展開し
　ていきます。

　　ですから，感覚というのは要するに，この〈今，今…〉の連続なのですが，
　この〈今，今…〉というのは，ずっと昔からあり続けたこの〈今，今…〉な
　んだということなんです。感覚の永遠性とでも言うんですかね。大げさな言
　い方ですが。だけど，これがまた不思議で，それが変わっていくじゃないで
　すか。

加藤：そう，育つんですよ。育ったり，また別なパターンでも出てきやすくな
　ったりする可能性があるんですよね。

山口：ですよね。僕も質問したいところが山ほどあるんですけど，要するに，
　感覚の変遷というか，感覚が変化するときのその感じ方というか，これがフ
　ッサールの時間論に直接していくのだと思います。

司会：　経験というのは〈今，今…〉の持続なんですが，現象学や運動学を理

解するとき，最初に引っ掛かるのが〈内的時間意識〉の問題ですよね。自分の経験を中心に考えれば，この時間意識はすっと腑に落ちるのですが，どうしても時計の時間の考え方に引きずり込まれてしまいますね。時計の時間は向こう側にあっても，内的時間意識は時間を構成化するところが決定的に違いますよね。

❷ フッサール現象学の時間意識論と感覚経験

山口：フッサールの時間意識論では，こうやって聞こえている音がどうして短い音は短く聞こえて，長い音は長く聞こえるのか？ ということの仕組みを問題にしています。要するに，どうして感覚されたものが，このような感覚の持続をもって，感覚の変化が変化になるのかというところを，時間の意識とはいかに，ということで，ぐんぐん詰めていったんです。

　例えば，よく学生に出す例なんですけど，停電したときに，誰もが「あっ，停電だ」と気づきます。そこで，どうして気づけるのか？ という質問を立てるんです。この答えは，電気が消えたから，というほかないかもしれないですが，しかし問題は，「どうして電気が消えたと分かるのか，感じられるのか？」ということです。これについて，「点いていた「前」と消えた「後」がどうにかつながらないと，落差がないと，それが消えたと分からないじゃないか」と問い詰めます。だけど，今，本を読んでいるとか何かしているときに，部屋の明るさなんて全然気にしていませんよね？ 気にしているのは，注意を向けているのは，本の内容だったり，人と話しているときは人との話だったりします。停電の前には電気に意識は全然向かっていませんよね。だけれども，気づかなくても，この明るさがどこかに「とどまって」いないと，今，消えたこの暗さと比較のしようがないじゃないですか。比較がないところに変化なんてありようがないのです。

　ということは，この落差をつないでいるものは何かというと，それがフッサール現象学で言うところの〈過去把持〉ということなんです。意識せずにでも，ある感覚の一定のレベルは，ちゃんと，無意識でも感じ取っている。気づいていないけど。この気づいていないで感じ取っているその明るさと，急に消えたこの暗さとの間に比較が成り立つから，落差があるから，だから

暗くなったと言えるわけです。ずっとこの明かりが続いたままだったら，停電だとは思えないし，急に変わったと言えないじゃないですか。

　ということは，僕たちは意識していなくてもずっと感じているものがずっとあって，それをずっと持って生きていて，生きている間中，年から年中ずっとその〈無意識の感覚〉というのを引きずってきていて，それとの変化が，別に意識していなくったって起こっているわけです。

　もう一つの例は，聞かずに "聞こえていた" クーラーの音が消えた途端に，急に教室が静かになったと思えるということです。これも同じことで，そのときは気づいていなかったし，消えた音は聞きようがないじゃないですか。つまり，クーラーの運転音が消えたと気づくには，消えたクーラーの音は聞こえていないんですけど，聞かずに "聞こえていた" クーラーの音があって，それを無意識に予測していたから，この予測が外れたので，変化になって，聞こえていなかった音でさえ，無意識に聞こえていた音と，意識しようもない，現に聞こえていない音との比較が成立するわけです。現象学は，このことがどうやってできるか？ということを問題にするんです。でも現象学ではなく，普通に考えれば「そんなのできるわけがない，聞こえていない音を聞きようがない」となってしまいます。

加藤：いや，やっているんじゃないですか。現実に人間は。

山口：そうなんですよ。人間がそれをやっているということを，時間意識論としてフッサールは書き上げたんです。つまり，そういう無意識でも過去把持していっているものがあって，さらに未来予持しているから，その未来予持に当てはまらないので，聞こえないということが分かった，ということなんです。つまり，未来予持によって予測したものが来ない，ということが大事です。それは外の刺激がないということです。その瞬間に，意外だというか，驚きに気づきます。じゃあどうやって驚けたか，といったら，要するに聞こえていない音をちゃんと保っていて，過去把持できていて，それをそのまま未来予持によって予測していたから，その予測が外れたことによって驚きになって，急に静かになったと分かった，ということなんです。このことを，「過去把持と未来予持」によって説明しようとしたというのが，フッサールなんです。

司会：「聞こえない音が聞こえている」という現実は否定できないのですが，

それが「なぜ」という問題を開示しようとしたら，自然主義的態度をエポケーすることが強く求められるのですよね。

金子：ちょっといいですか。僕の感想なんですけどね。今，山口先生が語ったことは，加藤先生の講演が終わって，次に自分がお話しになるとき，さっき加藤先生が言った小学生のときの経験を例に出したんですよね。僕はすごく不思議だったんですよ。山口先生は何で加藤先生があの何十年も前の宙返りの話をすぐに説明できたのかと。そうしたら今，山口先生は「感覚というのはずっとそのまま残るんだ」とおっしゃった。そこで山口先生に確認したいことがあります。フッサリアーナ XI 巻 (§ 30. S.142f.) で Zeitgestalt の問題が取り上げられていますね。時間ゲシュタルトというのは，形式的に測定する時間じゃない別の時間だとフッサールが述べています。またそのときに，こういう時間ゲシュタルトというのは，単なる時間の意味以上の，ものすごい〈特殊能力〉を持っているんだとも述べて，同時に〈メロディー〉との関わりについても言及しているのは周知のとおりです。ここで述べられている〈特殊能力（Qualifizierung）〉というのは，旧東ドイツでは〈特殊技能的能力〉と理解されているもので，私たちの発生運動学では〈自己時間化能力〉として取り上げられていますので，ここでは省きますが（わざ伝承の道しるべ § 22a 〜 c），それはフッサールからの引用（Hus. XV, Nr.38 b）によって詳しく説明されています。でもそれは加藤君みたいに天才的な人によく見られるんですけど，何かそういう度外れた感覚を持っている者が，そういうことを感じているんだと思ったんですね。

　そのようなフッサールの言葉ですが，〈特殊能力〉が〈時間形態〉の中にはもう含まれていて，いわば〈時間形態〉というのは，われわれが〈勝つ・負ける〉をやるときに何秒幾つと測る時間じゃない時間のことを言っている，ということでよろしいんですね？

山口：はい。

金子：山口先生がなぜ加藤君が言ったこととぱっとつながったのかと思ったのです。そのようなとき，フッサールは〈特殊能力〉という言葉を使っているんですね。〈特殊能力〉という言葉は，われわれ人間が持っている，そういう時間に対する時間の形態化というもので，そのゲシュタルト化（Gestaltung）というのは，一つの能力としての〈身体感覚〉と関わっているんだというこ

とですね。そこが重要で，それを説明するために現象学も運動学もいろいろ論を展開していくわけです。

　われわれはいつも測る時間で勝負を決めている世界に住んでいるので，いわば時間オーバーして減点されるということが起こるんですが，しかしそういう世界じゃない世界のことが，こんなふうに学問としてきちんと言っているということが，すごく僕は気になったんですよ。一般的な運動を研究する学問領域では，「感覚でものを言うな」と，感覚をばかにするわけですよ。

司会：体操競技で何か新しい技を覚えようと練習しているとき，まだできたこともないのに，「何か違う」といって試行錯誤するときがあります。同じとか違うというとき，先ほどのお話で「急に消えたこの暗さとの間に比較が成り立つから，落差があるから，だから暗くなったと言えるわけです」という説明の中で，新しい技を覚えるのは，常に全く新しい感覚経験だけだから，「違う」という判断はありえないはずですよね。ところが実際は「違う」「もう少しで覚えられそう」ということが感じ取れるのですから，不思議ですよね。でも，自分が積んできた経験はすべて過去把持されているし，幼少期の城壁から落ちた経験も，ちゃんと過去把持されている。それが自分の感覚経験だから，自分で蘇るわけですよね。その点からいえば，いまのスポーツの指導はより早い時期から専門家への道を歩かせようとしますが，はたしてそれは正しいのですかね。

加藤：自分は中学生から体操競技を始めたのですが，当時の新潟県内では，マット運動，ゆか，跳び箱，鉄棒の４種目しかありませんでしたが，一応「体操部」でした。

　それでも一応はオリンピックに出させてもらいました。だから，単に早い時期から始めればよいというだけではないでしょうね。それよりも，どのような経験が過去把持されているかが問題ではないでしょうかね。もしかしたら，城壁から転がり落ちた伸身での前の回転の経験が，体操競技の現役中にすごく役立っていたのかもしれません。

司会：運動学のマイネル教授も「時機を得た専門化」といって，専門的な組織的トレーニングに入る以前の運動経験の大切さを指摘していますね。確かテレビで桐生祥秀選手が「どうしたら速く走れるのか」という質問を受けたとき，「子どもの頃外でいっぱい遊ぶこと」と答えたことを聞いたことがあり

ます。他にも，プロのピアニストになるなら，子どもの頃自然の中でよく遊ぶことが大切だといった話も聞いたことがあります。それは，たとえば春をテーマにした曲を弾くとき，草木が芽吹く春の臭いがわからない人には，その曲に命を吹き込めないという意味だったと思います。ピアノを弾く技術は練習すればできるけど，プロは曲を弾いて何かを表現するのですから，感性豊かな子どもの頃の経験は大人になってからでは，捉えられないものがたくさんあるのでしょうね。

金子：その意味も含めて，いま発生運動学では「幼児運動学」の立ち後れが指摘されています。子どもたちが遊ぶ感覚経験を体力づくりと因果を結んで，その必要性を語る人もいますが，それは後から付けた理由で，本当に大切なことは何かという研究が立ち後れているのです。

❸ 動感メロディーとその言語表現

山口：この話は，加藤先生が白鴎大学を辞めるときにおっしゃった話なんですけれど，その話の中で明友先生が高校生の加藤先生の体操をご覧になって，「目に見えない流れる線がある」とおっしゃったというんですよね。そして，「遠藤幸雄選手ぐらいにはなられるだろう」とおっしゃっていたんですけど，その目に見えない流れる線って何なのでしょうか。それと，今でもそれは蘇りますか。

金子：流れる線というのは，うーん，メロディーですね，〈流れる線〉とは。それは今でも残っていますよ。

山口：これですよ。要するに，感覚というのは残るんです。だから，残っているわけだから，理屈にすることができるだろうということです。どこに残っているかということは別にしても，あの感じは先生に残ったままじゃないですか。

金子：そうです。

山口：ここで金子明友先生に重ねてお聞きしたいのですが，高校の競技会で加藤先生の動きかたをご覧になって，見えない流れる線をお感じになったとき，それは，他の選手の動きかたには「見えない線」だったと思います。この「見えると，見えないとの境」はどこにあるのでしょうか。

加藤：この質問について，私の感じたことを先に述べさせてもらいますね。私は体操選手の「線」ということをよくわかっていないかもしれませんが，私が生まれて初めて，日本人ではない人の体操を見たのは高校の1年生だったと思います。今ではソビエト連邦はなくなってしまいましたが，昔日本とソビエト連邦の対抗戦［日ソ対抗戦］の一部で，新潟市で演技会がありました。そのときの大きな印象の一つが，皆足が長く，まっすぐできれいなことでした。そして足先がペン先のように見えた印象が残っています。その感覚印象は一旦途切れてしまいましたが，多分どこかに残っていたのではないかと思います。また，大学に進んでから，明友先生が体線について「日本手ぬぐいをギュッと絞った感じ」，「キリッとした感じ」を求めていて，「厚手のタオルを絞った感じではない」と言っておられたことは覚えがあります。その言葉が私には妙に気になっていました。足先とペン先の形を思い出すから，このような記憶もくっついてくるのだと思います。

司会：自分も「日本手ぬぐいをぎゅっと絞った感じ」と「タオルを絞った感じ」については，よく聞いていました。タオルは絞っても，「ボワー」と緩んでくるのですが，日本手ぬぐいは絞ると「キュッ」と締まっている。この体線の違いが体操競技では重要だと教えられた気がします。

山口：なるほど。私も大学で剣道を始めたとき，竹刀を握るとき「左手は唐傘を握るように，右手は卵を包むように握り，振り切るときは，手ぬぐいをキュッと絞るように」と言われました。ある特定の身体の動かし方を身につけようとするとき，その全体の動きとよく似た動きに喩えることは，どうやって身につけたか記憶にないにも関わらず，「唐傘を握るとき，傘の動きが自由になるように，左手の小指と薬指に自然に力が入っている」ことや，「卵を包むように竹刀を握るには，力を入れると卵が潰れてしまうので，力を入れずに，どの方向にも，即座に対応できるような握り方になっている」ことが，全体の動きとして，伝わるようになるのだと思います。

　ここで加藤先生が覚えていらっしゃった，金子明友先生が擬態語を使われて「ギュッと」とか「キリッと」とか，おっしゃるとき，これも，運動の喩えと同じように，全体の動きかたを，他の人に伝えるのに役立つからだと思いますが，一つ加藤先生におうかがいしたいのは，確か，2019年の伝承研究会の総会において，「擬態語を使うことの限界」について言及されたこと

を記憶しているのですが，どのような意味での「限界」であったのか，もう一度，ご説明いただけますでしょうか。

司会：確か 2019 年の第 18 回運動伝承研究会の基調講演で，「原発生の感覚にどう挑めるか」というテーマでお話しされたと思います。そこでオノマトペの話をしたかは，自分もよく覚えていませんが。

加藤：私は，擬態語については，どう語ったかあまり記憶はないのですが，自分の動いた感じをことごとく言語化できるかと問われた時，自身ではすぐに言葉にできなかったことや，その時の状況によって自分の動きも何かが違ってくるので一定の言葉にはならなかった，などの点で，言葉は「はかない」と思って言ったかもしれません。

　　ただ，アルファベットの音の組み合わせで言葉を作る外国語と，象形文字にルーツがある日本語との比較で，日本語は同音異義の語が出て来やすいのではないか，という推測から，各所でオノマトペ，擬態語などについて話した覚えはあります。

　　今は，運動の言語化や記述（表現）はそれが言語的に一般性を持っていなくても自身の感じとつながっている点では大切なことだと思っています。マイネルも動きの言語化は大切だと言っているのですが，これは動きかたも言語能力もある程度成長しないとできないことなのですが，と言うよりもそもそも動きかたの発生とは，言語を自由に駆使できるより前に生じていることなので，人は誰も始めから言語による動きの記述はできないのが普通だと思います。マイネルも動きより言語を先に学べと言っているわけではないし，言語が駆使できるようになる頃からのことだと思います。要は，オノマトペや擬態語などによる表現は，〈動く感じ〉の力動感を自分の中で探したり，模索したりすることを助けてくれる強力な助っ人ではないでしょうか。

金子：加藤先生の〈動く感じ〉は言語化できないという発想は素晴らしいことだと思います。フッサールも〈端的な感覚経験〉は先反省的で先言語的述定命題として先所与される〈基体 (Substrat)〉という発生論的現象学の用語を重視していることは周知の通りです。〈動く感じ〉の言語化はむしろ避けるべきで，私個人のキネステーゼ感覚発生の先述定的感覚分析こそ大切だというのです。私が〈動く感じ〉という表現を使うのときには〈私自身の動く感じ〉であって，他人の〈動く感じ〉を外部視点から見た〈動きの感じ〉とは区別

しています。厳密に言葉を区別しておかないと，改めて文字から考えるとき，ふと外部視点に引きずり込まれるからです。〈動く感じ〉は他者の〈動きの感じ〉とは区別されて使うことを付け加えておきたいと思います。

加藤：日記や記録を書く時，特に，〈動く感じ〉を書こうとする時は「…のような」という類似した物事を想起させる表現のし方，子どもだったら「カエルのようにおすわりする」，「猫のように音を出さないように歩く」など，誰もが共通に体験したであろうことを例に挙げて「…のような」と描写・形容・表現・説明することが多いと思います。これは動きかたの感じを指導するときの，目指す動きを連想・誘発・工夫させる方法の一つなのです。この指導・学習の流れのキーポイントは，新しい〈動きかた〉を思い浮かべるための使用可能な類似体験という材料が予めあることだと思うのです。また，言葉そのものではなく，擬態語やオノマトペ，ないしは打楽器のような力の強弱・長短を感じやすい音・リズムに頼ることも類似したことだと思います。

　明友先生の「ギュッと」とか「キリッと」とかの表現は，私にとって日本手拭とタオル（分厚い吸湿性の高いもの）との違いのように感じることができ，私にとっては，ボコボコではなく，すっきりと芯の通った感じや，それこそキリッと引きしまった体の線や〈技捌き〉を想起させてくれる表現でした。

　擬態語と〈動きかた〉の関係で擬態語の限界を考えるとすれば，動くこと（類似した他の動きも含めて），自らの動きとして模索・推測・想像・連想などが可能な材料（動く感じ）がない場合が一つの限界になるのではないでしょうか。その時には，多分，新たに体験を探すか，新しく何かを体験をするしかないのではないかと思います。

山口：図らずも，この質問をとおして，マイネルの「動きの言語化」についての考えをお聞きすることができて，返って幸いだったように思われます。また，「擬態語と〈動きかた〉との関係」における擬態語の限界についてのお考えも重要な論点であるように思われます。

司会：自分も運動学の講義をしていて学生に「コツがわかった経験」を質問もしたとき，陸上部の学生が，走るとき腕を振るのですが，そのとき脇を締めるのか空けるのかよく分からなかったとき，あるコーチに「薄い紙一枚落とさないようにして腕を振る」といわれ，コツが分かったという話がありました。うまい表現だなと感心した記憶がありますが，どのくらい脇を空けるか

を，角度でいっても分からないし，振るという動きを考えればさらに混乱します。でも，「薄い紙一枚落とさない」という感じ表現は，自分でもすっきりと分かる感覚です。コツを教えるのがうまい指導者は，色々な比喩で生き生きした動きかたの感覚を表現したり，擬態語やオノマトペを使ったりという発想がよいですね。

◼4 体線と力感の配分（体線へのこだわり）

山口：ここでさらに，「目に見えない〈動く感じ〔ein mich bewegendes Gefühl〕〉の線」についてのお話を継続していただけますでしょうか。

加藤：分かりました。大学に入ってからのことで，その頃の私は「体線」を体の輪郭線のようなものと思っていました。特に気を使ったのは私のO脚のことでした。それを隠すのに膝を過伸展状態にするのです。この過伸展がひどい場合は病気扱いになるのですが，そこまでは行かない範囲でも，膝を伸ばした時に膝小僧が山形にならない程度でも効力を発揮します。その膝の伸ばし方による脚の線が遠藤幸雄さんの脚の線とそっくりになるのです。膝を伸ばすのに大腿に6，足首に3，足の指に2ぐらいの割合で遠くに離れるにつれて力配分が少なくなるように力を入れるのです。そして両脚を外転させて反った膝の内側を寄せるように揃えるのです。なぜそういう力配分かというと，末端部に注意しすぎると膝が緩みやすくなるからです。その膝の線はO脚のみならず，上体と下体とのつながり方にも影響して体全体の線にもなります。

山口：「脚を伸ばすときの大腿に6，足首に3，足の指に2ぐらいの力の配分」を常に保てるようになるのに，とてつもない練習の時間を重ねられたと思います。この力の配分が身につくまでどのぐらいの練習の積み重ねを必要としたのでしょうか。一旦それが身についたその力の配分の仕方は，身につけばどんなときにも再現できたのでしょうか。それとも，ふとした拍子に配分の仕方が崩れ，線の崩れが生じることもあるのでしょうか。もしそれがあるとすれば，どのようなときなのでしょうか。

加藤：6：3：2の力配分は私の力感です。腿から膝，足首から足先と徐々に力を少なくする意味で言ったのではなく，足首やつま先の姿勢は，足首から先

の姿勢に使う力のうちの2くらいの力配分でその機能（足の指を曲げ，足首を伸ばす）ことができなければならないという感覚の表現なのです。言いかたを変えれば，足首やつま先は2くらいの少ない意識でがっちりと伸ばされているようにすることです。この意味は全部の力を10として4：6とした数学的な割合ではありません。

司会：この感覚は自分には蘇らない経験ですね。どんな感覚か理解してみたいと思いますが。

加藤：長座体勢でこの感じで下腿の形を作り，伸ばした膝裏より少し上の上腿裏あたりに倒立棒を置き，伸ばした脚の膝の裏でその倒立棒を軽く叩くと膝の緩み具合とそれに抵抗する力の配分がわかりやすいのは確かです。足首やつま先の形に多く気をとられていると，膝はちょっとした外力でも緩みやすくなります。そして膝が緩むと，足首がどんなに伸びていても，脚全体の線が曖昧になります。

　中日カップが始まった頃，メキシコ大会 (1968) 以降ですが，ソ連のリュドミラ・ツリシチェワ選手などの当時の若手選手がウォームアップの時，ゆかの上で長座し，両膝をピンと伸ばし，大腿前面に力を入れて踵が少し浮く形を作り，その踵を浮かせたままで左右の足首を交互に曲げ伸ばししているのを見ました。私は，「ははーン，やっぱり同じことを訓練しているのだな」と思って見た覚えがあります。私の場合はO脚を隠すための目的も重なり，彼女らの単なる日常の訓練以上に切実でしたが。

　この力配分がどんな時にでもできるかと問われると，自信はありません。できるのは「気を配れる範囲」としか言えないように思います。懸垂体勢の脱力と加速の瞬間，特に上体や腰を脱力して反る瞬間は膝と足首の姿勢関係がいい加減になりやすい瞬間で，鉄棒，つり輪の懸垂時は決定的に気を付けました。この瞬間は肩・胸・腰で脱力加速操作をしても膝足先まで緩めたらどこか緩んだ線を感じさせることになるので，脚全体の力配分はセットにして維持しなければなりません。膝の緩みを殺すと（なくすると），その脱力効果の負担は腰と肩にかかってくることになり，肩を痛めることが多かったのだと思います。一方，脚前挙支持などの止まっている時の姿勢は注意しやすいのでそれほど気にしたことはありません。難しいのは動いている最中で，とりわけ脱力と加速を必要とする懸垂体勢の加速操作が一番大変でした。細か

な姿勢を気にして全体の機動力がなくなったら元も子もありませんからね。

金子：加藤先生との付き合いは長いですが，こんな苦労をしているのは知りませんでした。運動ゲシュタルトがメロディーという時間発生に変換する背景には素晴らしい苦心を知り一驚せざるを得ません。

加藤：この膝の操作を意識するのを諦めたのは，ゆかの後転とびの蹴りと上体の反りの関係です。あまりにも短時間の流れであり，この技で膝・足首を気にすると後転とびの加速ができなくなるからです。一方，女子の平均台の後転とびが出始めた頃のことです。その後転とびは加速を要求しているわけではなく，むしろ空中のポーズが焦点になる技だったので，この膝の緩みを見ることはありませんでした。しかし，旧東ドイツの一流の女子選手で一人だけ，平均台後転とびの膝の緩みを消せない選手がいました。それは私には意図して曲げてやっているようには見えませんでした。

　まだ他の種目でも膝の緩みと足先の緩みの関係を注意しようとしたところはあるのですが，鞍馬の両足旋回などは，動きかたが下手なせいもあり，抜き側の〈切り返し局面〉など，今でも自分の写真や動画を見るのが恥ずかしいような気がしています。

　また私は，脚の使い方によって，うまくすれば日本人の脚の短さはカバーできるのかも，と思っていました。反面，この力配分は鉄棒の懸垂振動などのように一気に加速する時など，鞭のような動きをすることになるのですが，膝の伸ばしを意識していても緩みが出やすいのです。この膝の緩みを気にせず加速だけに注意すればよいので楽なのですが，体線を優先して捌こうとすると，特に反る側の動き，つまり腰の動きが制限されるので，鞭のような加速操作を他の動きで補わなければならなくなります。私の体操がよく「美しい」という言い方をされるらしいのですが，ほんの瞬間的な膝の緩みもなく振動技を捌くと，一瞬の経過でも，他の人の捌きと異なって感じられるはずです。他の選手と同じ技を行っても，どこが違うのかわからないけど違って見えることは確かだと思います。場合によってはぎこちないと感じる人もいるかもしれません。ともあれ，こんなことに夢中になっていた時期がありました。おかげでこの加速を必要とする相当数の技を練習し直すことになりました。この振動操作の変更で肩に負担がかかり，痛みが出たりして，この操作が気にしなくてもできるようになるには結構時間がかかったように思いま

す。

司会：このような細かい体線への注意は加藤先生が言われるように、「他の選手と同じ技を行っても，どこが違うのかわからないけど違って見える」ものだと思います。それは，映像分析では求められない世界ですよね。膝が伸びるか曲がるかを角度で測定すれば，それは直線を引くしかないですよね。どことどこを結んで直線を引くかということは，過伸展の膝は「美しい体線」といわれても，まっすぐではないですよね。だから，人間の目でしか捉えられない「美しい」という感覚判断は審判員にゆだねられるわけですよね。ところが，今のように映像分析で測定をしようという体操競技の方向は，「美しさ」という視点を体操競技から消す方向だと思いますね。今は「審判員に減点されなければよい」という視点が強く，これだけの努力をすることが「無駄な努力」という風潮がありますね。「バレなければよい」というのは，誰が何のために体操をやっているのか怪しくなってしまいます。

加藤：最近の体操選手は，体線とかはあまり気にしないようですが，採点規則の難度表もいくらか関わっているように思います。価値が低い，難度価値のない技は難度表から外れ，価値点の確認が優先されているように感じます。昔の難度表は，実施仕方の段階を暗示させるようなものが多かったのですが，今は難度価値がどれだけかあるかを判断するだけの表になってきているように思います。ですから，技の基礎能力やその発生システム論などにはあまりこだわりがなくなってきているのだと思います。強いてあげるならば内村航平選手に多少その面影が残っているのかもしれません。

司会：そうですね。加藤先生の技は，連続写真で撮影しても，「どの瞬間でも絵になる」といわれていましたね。そのくらい体線には気を使っていたと思うのですが，今はそのようなこだわりは，言い方は悪いですが「無駄な努力」というような風潮がありますね。それは採点規則に問題があるとは思うのですが，それをさらに加速するように，３Ｄセンシング技術といってビデオ審判が評定競技に入り込んで来ようとしていますね。調べてみるとそこでは，「現在の採点規則は選手のイラストによる図解と曖昧な判定表現となっている」という問題を指摘しています。そこでの，一連の技の絵と減点対象となる表記（「まっすぐ」「わずかに曲がる」「明らかに曲がる」など）をデジタル化するために，各関節に番号を付けた骨格モデルを作成し，例えば４番と12

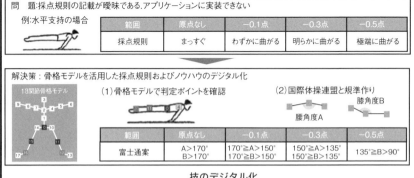

番を結んだ線と器具との間の角度が 170 度未満であれば減点なしといったことをするようです。

加藤：確か，「日本器械運動・体操競技研究会」の学会で富士通の方をパネラーにお願いした時，コンピューターの導入は体操の競技判定にも指導・練習にも役立つという考え方をしておられたようでした。計測はどんなことでも可能だという自負があり，採点規則上の実施減点のことで「0.1 ～ 0.3」のような場合，「0.2 はどんな場合のことか」が問題視されていました。「そのことがルールには明記されていないので計測しようがない」と自信を持って言っておられました。つまり，採点規則が客観的ではないと言いたかったのだと思います。そこでは，減点の幅は外部視点から図形的に計測可能なものという見方だったと思います。最新コンピューター機器の使用についても，また指導・練習の利用についても，「目で見ればわかる・できる」と断定しているようでした。選手が自身の演技を見て，「どのような経緯で自分の動きにつなげるか」，あるいは「指導者がその選手の動きを引き出すのに何を見て，何を与えるか」というプロセスをすっ飛ばして，コンピューターを信じておられるようでした。今，富士通が使っているコンピューターは高額で高性能コンピューターですが，「貧しい国の人でも買えるようになるのはいつ頃になるでしょうか」と質問した覚えがありますが，国際体操連盟の人件費（審判員）を減らすことが目的のような感じもしました。

問　題:採点規則の記載が曖昧である.アプリケーションに実装できない					
例:水平支持の場合	範囲	原点なし	−0.1点	−0.3点	−0.5点
	採点規則	まっすぐ	わずかに曲がる	明らかに曲がる	極端に曲がる

解決策：骨格モデルを活用した採点規則およびノウハウのデジタル化					
13関節骨格モデル　(1)骨格モデルで判定ポイントを確認　(2)国際体操連盟と規準作り　膝角度B　腰角度A	範囲	原点なし	−0.1点	−0.3点	−0.5点
	富士通案	A>170° B>170°	170°≧A>150° 170°≧B>150°	150°≧A>135° 150°≧B>135°	135°≧B>90°

技のデジタル化

(藤原英則他 (2018):" ICT による体操競技の採点支援と 3D センシング技術の目指す世界" FUJITSU. 69, 2, p. 70-76)

司会：審判員の数を減らすことが目的となると，さらにややこしいですね。そうであれば，これはもうアプリケーションを実装し審判員を排除する前提が先にあることになりますね。採点規則の問題をこのような技術者から指摘されたとき，専門家が採点規則の表記をちゃんと説明しても，デジタル化することが前提なら聞く耳も持たないことになりますね。うちの女子の体操選手にも，加藤先生十字懸垂の写真を体育館に貼って，「この違いが分かりますか」など伝えようとしたのですが，違いが分かってもそこまでこだわらないのは，やはりその努力が今の体操競技の得点に反映されないからでしょうね。

加藤：自分の現役時代は，〈捌き〉というか，「どうしたら美しく見えるか」に時間を費やすことができたと思います。吊り輪の開脚前挙は結構こだわりがあって，最後の頃の開脚前挙は今でも気に入らないのです。この違いが認められるから，体操競技は魅力があるのですが，いまでは演技の難度を増やすことだけに必死になって，捌きの違いにまでこだわる余裕がないのかもしれませんね。

司会：採点規則を改訂して，美的価値を判断する基準を強く打ち出していけば

▲加藤澤男選手の十字懸垂　　　　　▲中山彰規選手の十字懸垂

（金子明友 (1979)『体操競技（男子編）』講談社より転載）

解決していくほど単純な問題ではないようですね。審判の主観的判断というものが曖昧で，デジタル化すれば正確になるという考え方は，基本的に間違った前提に立っている分けですよね。人間の審判にしか判断できないことがあるのに，それが問題で，「素人でも分かるようにする」という発想なのかもしれませんね。そうなれば，どんなスポーツでも人間の能力に依存している審判員は排除されていくのですかね。どうも根が深い問題になりそうですが，このような風潮は怖いもので，美しさにこだわれば「それは，昔の体操だ」といわれる時代が来てしまうのかもしれませんね。

❺ 動感メロディーの響き合い

金子：僕がよく使う言葉ですが，われわれの〈キネステーゼメロディー〉つまり〈動感感覚メロディー〉って，考えてみたらメロディーの中のどこかを取り出すことはできないですよね。

山口：一つにまとまっているのですね。

金子：とにかく，〈コツ〉と〈カン〉が一元化して，その感覚として流れて，だから「宙返りでこうやって」と，そのメロディーは，どこかを「ぽっと持って取り上げる」ことはできないですよね。

　それを僕は，さんざん言ってきたんですが，後で調べた時フッサールはすでに言っているのですね。こんなことをどうしてフッサールは考えたんだろうと思っていました。これはすさまじい。それがそんなに学問的にきちんとしているのに，何でスポーツ科学の世界はフッサール現象学を扱わないのか不思議だったのです。

山口：確かにそうですね。その問題にかかわることでもあるのですが，繰り返しますけれども，明友先生が高校生だったときの加藤さんの体操をご覧になったさいに，いわば流れるメロディーというか動感メロディーを感じられたわけですよね。

金子：そうなんですよ。

山口：この動感メロディーを感じるというのは，先生だから感じられたわけで，他の人が見ても感じることはできないですよね。この感じというのは，結局，2人の間をつないでいる何かじゃないですか。

加藤：あのとき声をかけられなかったら，僕は多分他大学を受験して，全く別の人生になっていたと思ったんですけどね。

山口：言葉をどうあてがうかは別にしても，加藤先生と明友先生との〈共感〉ということですよね。共振というか，メロディーがメロディーとして響き合った。これをどう表現していくのかというのが，わざの伝承の核になるところだと思うんですよ。つまり，お互いの動感メロディーをどう感じるのかという問題です。感じられるか，感じられないか，ということも決定的な問題になると思います。

加藤：例えば僕は高校3年生の初めに，今はやらないけど，試験審判というか，昔は試合前の審判打ち合わせは必ず行われたんですがそれをやった。

司会：テストパイロットと呼ばれていましたね。

加藤：そう，それをやらされた。それで，ユニフォームも全部そろえてもらって。もう試合直前だから，靴やズボンもみんな新しいユニフォームでね。それもあったし，先生が講習をやっておられて，緊張もしていたんですね。だから，あのときの技は全部の流れを覚えていない。鞍馬で馬端転向をやったはずなので，たぶん規定演技だったような気がするんだけど。馬端転向中の縦向き正面支持になる時，両足を揃えてくっつけている力感・触感で確認できて，新しい靴がぴしっとそろっているのが分かるぐらいの感じがあった。技のこと全部はそんなに気になっていないけど，そこだけ鮮明なんです。そしてそういう体験がふっと次に顔を出したのが，エリザベス女王が来たときの天覧演技会でした。

　それは，代々木の第二体育館でのことでしたが，たぶん試合とは異なった異様な雰囲気に飲まれたのでしょう。展覧演技会だからいつもの試合と全く違って，審判が見ているわけじゃない。試合でもなく，一国の女王が見ているという経験は全くなく，そこで演技をする感覚というのが分からなくて，いつも試合では，問題なく演技はできているんだけど。いつもと違う情況で，水銀灯があって，下がグレーのマットで，タイツが白っぽいでしょう。ふと気づいたというか目に入ったのでしょう，自分の足が両足旋回中前を通り過ぎているのを，「あっ，見えない」と思ったんです。そのとき「ぎゅっ」と自分で足に力を入れたら「足があるじゃないか」と安心したというようなもので。普段は目を閉じても，分かっているものは分かっているのに。視覚的

に見えるはずの体勢で, 見えないことに気づいてしまったのです。その時は, 次の旋回でも思わず脚に力が入っていました。頭で考え, 思い出してやったわけではないのですが, 腿に力が入っていたことを覚えています。ぎゅっと足に力を入れて, つま先までぐっと伸ばして,「なんだ足があるじゃない」と, 視覚とは別の感覚でわかった。

山口：それって, 足の位置を自分で確かめるということが必要だったのですか？ それとも最後の着地のときの足の位置ですか？

加藤：やっている最中です。鞍馬で旋回をやっているときに, 後ろは見えないけど, 前を足が通ったときに, 目で見えているのは少しの範囲でしかないんですけど, はたと気が付いちゃったんですよね。

山口：「ああ, 見えない」と。

加藤：水銀灯は 50 サイクルで「ちらちら」するんですよね。それと, マットの色とズボンの色とが若干似ていて, 足が「シュッ」と通るとき, 普段は意識的に視覚では捉えてはいなかったのに「何か, ない」と思った瞬間, 不安がよぎるわけですね。

山口：そのときに足に力を入れたと。

加藤：ええ。それで, 後で考えたんですよ。自分で逐一見て練習していたかどうか。でも, そうではないんですね。

司会：面白い話ですね。普段意識しているかも分からないことが「ふと気になる」,「気になる」と確かめたくなる。加藤先生は「足に力を入れる」ことで確認できたのでしょうが, 普段確認したことがない感覚ですよね。この流れで良く「技が狂う」ことがありますね。逆に悪いことですが, 他人が本人が気にもしていないことを気づかせて「技を狂わせる」こともあるわけですよね。だから運動学的な動感指導をするときは, 指導者は〈代行〉の訓練をしないといけないのですよね。自分も興味本位で色々動感を聞き出して, 技を狂わせた経験はたくさんあります。だから指導者は〈空虚〉ながらも〈代行形態〉が〈先構成〉されていなければ, 動感を聞きだすことは危険な指導になるわけですよね。

加藤：だから, 練習と同じことが試合でできるというのは, 外見だけの話で, 実際はこのようないろいろな意識が絡みついてくるんです。試合経験を積むと強くなるというのは, 単なるメンタルの問題ではなく, その対処を経験し

て積み重ねていくことだと思うのですが。

司会：つい口を挟んでしまいました。話を元に戻すと，新しいユニフォームを
　　　もらって明友先生の前で演技をしたとき，「新しい靴がぴしっとそろってい
　　　るのが自分で分かるぐらいの感じがあった」という経験が，エリザベス女王
　　　が見ている，天覧試合でも同じ感覚を蘇らそうと，足に力を入れたのですか
　　　ね。難しい問題ですね。「見えない足が気になり，足に力を入れた。」「普段
　　　は見えなくても気にならない」「練習では技の最中に足に力を入れるなど意
　　　識を自由に操れる」，なのになぜこの時「足を確認しなければならなかった」
　　　のでしょうかね。

山口：その足に力を入れたのは，明友先生が見ていらしたときと同じだからと
　　　いうことでしょうか？

加藤：同じ感覚だったんですよ。

司会：少し自分の理解が混乱してきたので確認したいのですが，今おっしゃっ
　　　た〈同じ感覚〉というのは選手やコーチの動感メロディーの共振という問題
　　　ではなく，もっと深い意味での〈同じ感覚〉という理解でよいですかね。

山口：そういう意味で，つまり「明友先生が見ていらしたときと〈同じ感覚〉」
　　　だったということですよね。ところで，他に加藤先生がよくおっしゃるエピ
　　　ソードは，明友先生が教授会で忙しくていらして，それで教授会から戻って
　　　こられるのを待ち構えていて見てもらったというものですね。

加藤：予選が近づいてくるころだったと思うんですけどね。

山口：そういうときはぜひとも見てほしかったわけじゃないですか。そもそも
　　　見てくれる人がいるということと，それから，自分1人で練習しているとき
　　　はもちろんですけれども，要するに，明友先生が見ていらしたからこそ，自
　　　分が先生の前で競技を披露するということの問題じゃないですか。

加藤：はい。

山口：人が見るということと同時に，だけども，「見るということ」と「見ら
　　　れているもの」が通じる，伝わるということというのは，ある種，密接な関
　　　係があるように思うんです。つまり，明友先生がご覧になって，流れる線を
　　　直接感じる。それをどう感じたかというのは，それこそ後になってお話として
　　　伺ったわけですが，その動いているときの〈動感メロディー〉が共通なも
　　　のであったから，明友先生と加藤先生の間に，ある種の共感が起こったんだ

と思うんです。

加藤：うん，何かはあったのかと思います。

山口：この共感をはっきりさせたいというか，どうしてそれが起こり得るのでしょうか。

金子：フッサールがよく言う言葉で，ゲマインシャフト (Gemeinschaft) という表現があり，一般に〈共同化〉と訳されますが，僕はよく〈仲間化〉と読むんですけど，結局お互いが何かが通じ合うんですよね。だから，私たちのキネステーゼ感覚の世界で，分かる相手だと話せるけども，分からない相手に何を言っても通じないから嫌だと，こういうことがよく起こるのです。そうすると，僕は加藤君だったら分かるから，じゃあといって話すわけですよね。山口先生は〈共感〉を端的感覚経験の〈響き合い〉という表現をなさるので，私はこの言語表現に感動したことが大変印象的なのです。

司会：ここで少し混乱が解消されました。技を教える・覚える関係の直接的な共感は，動感メロディーの共振という点と，さらにそれを支える〈共同化〉〈仲間化〉というのがその基盤にあるという理解でよいですかね。「教えたい」「教えてもらいたい」という端的感覚経験という関係が成立しているからこそ，基盤としての〈同じ感覚〉が発見され，さらに動感メロディーという技の〈同じ感覚〉の〈響き合い〉の世界が拓けてくるということですかね。

山口：例えば，剣道なんかで，見取り稽古をよくします。だけど，偉い先生になると，自分の技を見せないというんですよね。ある程度の一定の技量に達してきた段階で，初めて見せる。そうしないと，外側ばかり真似するから，結局駄目になっちゃう。ということは，先生は弟子が自分の中でどうやって動感メロディーを形成させつつあるのか，ないのか，ということを見極める力があるわけですよね。

　それで，先生の側で適当なときに，しっかり見極められたときに，つまりその動感メロディーが伝わるか伝わらないかというところを確認できるようなところになったときに初めて，よし見せよう，となる。ということは，結局明友先生は自分の中に流れる線というものの感じをもう体現なさっているから，だから，その体現なさっているものが加藤先生の体の動きの中に，おのずと一緒になっちゃう，溶け合っちゃう。ふーっと通じることになる。フッサール現象学では「連合 (Assoziation)」とか，「共鳴 (Resonanz)」あるいは「融

合 (Verschmelzen)」とかいいます。

　これって，私が明友先生と対談させていただいときの話（本講座の第1巻参照）にあった，4人の選手が技の狂いに陥っちゃったときに，先生がどうすればいいかということを「あふりのポーズのところに意識を集中しろ」とおっしゃったことに通じていますよね。明友先生がそうおっしゃったら4人の選手ともみんな，それぞれ動感メロディーのマイスターですから，自分の中でもう消化していますから，すぐに分かって，その技の狂いを克服できたという。結局これですよね。動感メロディーを共有できるということの証拠じゃないですか。ここが最もわざの伝承のときに核になるというか，鍵になる。

金子：まさにそれは感覚発生の基盤となる〈基体〉という〈担い手〉の〈究極核〉として共有される〈感覚核なの〉ですよ，それは。

山口：これですよね。

金子：はい，フッサールのいう〈共鳴 (Resonanz)〉，山口先生のいう〈原身体の響き合い〉という共鳴化メロディーの〈究極核〉としての〈原泉基盤 (Sachlage)〉なのですね。

司会：自分が教えているとき良く考えたことがあるのですが，今教えている人が憧れる有名な選手だったら，自分と同じ指摘をしても結果は全く違うだろうと。それは昔学生から「自分も先生と同じ指摘をしたのに，自分が言ってもできないけど，先生がいうとできる，なぜですか」といわれたことがきっかけです。名選手とはいえ，自分の技能を高める能力に長けていても，他人を教えた経験はないのに，名選手をコーチに招聘する理由はこのあたりにあるのですかね。

6 わざの伝承基盤

山口：これをどうやって世代から世代へ，選手から選手へつないでいくことができるかということが，ものすごく重要なことだと思います。それを先生方は皆さん，練習ごとにそういう現場に立ち会っていらっしゃるわけじゃないですか。そのときの苦労というのは，ものすごいものだと思うんですね。工夫の仕方とか。

加藤：大半が〈動く感じ〉でしかものを考えていないですから。でもそうです

ね，今，筑波大学へ毎日行ってはいますけど，一つは結局，相手と，今の学生と，フランクな会話ができないというところが問題ですね。冗談が通じないですから難しいです。

山口：世代の問題で。

加藤：僕らの冗談がさっと分からないし，向こうの今考えていることも分からない。だから，結局私は，「この選手を見てください」と言われたときに，その選手の周辺のことを知らずに勝手に口出しすることはできないということで，遠慮しているんですよ。その選手たちの深いところを，つまり，基盤となる〈基体〉という先所与的な言語化しにくいところを知りたいんですが。

山口：そうすると，練習のときにも，直接的な応対の仕方にたくさん問題が出てくる。

加藤：概念上の問題だけじゃないんですよ。この人と関わるには，この人のできる技とか，似たような技だとか，癖だとか，そういったことを分かっていないと，口を出せないんですよ。

山口：ということは，相手の人間性，大げさに言えばその人の全部，「相手がどういう人なのか」ということが分かっていないといけない，ということですね。そして，それは相手を知るばかりじゃなくて，相手にとっての加藤先生がどういう人であるかということの〈感覚発生〉というか，お互いの通じ合う基盤となる対象世界，つまり〈基体〉の中味みたいなもの，それが大事ということですね。他の言葉で言えば〈信頼関係〉ということでしょうか。

加藤：だと思います。

山口：ですよね。しかし他方で，信頼関係の土台がないと「わざの伝承」が実現しえない以上，コーチの側から，お互いに近づこうという工夫が必要になると思うのですが，このように工夫をなさったご経験をお話しいただけないでしょうか。例えば頑張って練習しているその選手の動きの流れがうまくいったり，いかなかったりしている様子は加藤先生の目に映ってくると思われます。「もう少し，こう工夫すればいい」と選手に工夫の仕方を伝えることはできるのではないでしょうか。

加藤：その質問は，動きが「できる，できない」，「伝わる，伝わらない」に関係した内容で，その背景にあるもの，つまり「信頼関係」という人と人をつなぐ基盤や背景の話になるのだと思います。

　ある動きがうまくいったり，いかなかったりする状態は，運動習熟の段階で言えば「中」か，「中の上」だと思います。どのような習熟状態であれ，実行者に声をかけられるかどうかは，確かに信頼関係が必要になると思います。その人と人との信頼関係ができていれば，声をかけることは可能だと思います。

　私の教え子が自分の指導している生徒を連れて大学へ練習しに来たり，その連れてきた生徒たちが試合をしたりするときなど，よく私に「先生，体育館に来て見てやってください」と言われるのです。見るだけならかまわないのですが，声をかけるのは難しいところがあります。初めて見る選手に何が言えるでしょうか？「頑張ってね」くらいは言えるでしょうが，その選手の性格，どのくらいの基盤となる端的感覚経験の〈基体〉があるのか，どんな育ち方をしてきているのか，などなどを知らずにただ一方的に言うことは言えても，無責任な言い方にしかならないような気がするのです。「先生はただ座っているだけでいいから」と言われても，今度は，お飾りのように，ただそこでじっとして居ることが私には耐えられないことになってきます。

　大学の実習授業のような場合ならば，学業の単位として半強制的になってしまうかもしれないのですが，こちらから積極的に探りを入れることも可能です。なぜこの学生は課題ができないのかを考え，同系統の動く体験の有無や現在に至った状況など，今，その学生の向かっている課題に必要とされる感覚能力を探る機会が持てますが，それでも，初見ではなかなか分からないことが多いのです。

　専門に競技をやっている選手の場合には，出来栄えの良し悪しが問われるので，その人の好みの問題に関係してきます。ですから，専門に指導している人がついている場合は一層難しくなります。技の〈価値感覚〉に手を加える場合は，実行する選手の考え方に手を入れることになり，さらにその指導者の指導仕方にまで関わることになるからです。今実行しようとしている選手の育った環境を考えたり，ひいては価値感覚意識にまで手を入れたりすることにもなりかねません。つまり，その場でその生徒だけにああだこうだ言っても始まらない問題に出くわすことになります。まずは見る人と行う人の信頼関係が前提になりますから，その場で突然に切り出すことは難しいことです。選手の指導者が私の教え子の場合は，私は選手よりは先に私の教え子

である指導者にその選手に関して聞くことから始めるしかありません。いかにしても最終的に動くのは選手本人だからです。

山口：加藤先生のおっしゃることは，とても納得がいきます。指導する側との指導される側との信頼関係ということの意味もより明確になりました。いかに個人と個人の関係として，コーチと選手のあいだに育ってくる身体能力向上の努力の積み重なりの，歴史の重みが必要か，ということだと思います。とはいえ，加藤先生の教え子のコーチの方でしたら，この〈信頼関係〉の重要な意味は，理解しておられると思います。

　　しかしそれにもかかわらず，加藤先生の教え子のコーチの方が，先生に「見るだけで良いので」と先生に見てもらいたいと思うのは，どうしてなのでしょうか。自分には見えない何かが，加藤先生には見えているのかもしれないと期待するからでしょうか？

加藤：私自身，明友先生に技を見てくださいと申し出たことは何度もありましたが，多分，その時は，自分がやるという前提でお願いしたことだったと思いますので，決して甘えて「見て下さい」という気は無く，「僕がやるんだ」という気持ちだったと思います。ですから，「ただ，そこに座って見ていれば良い」と教え子のコーチに言われるのはそういうことなのではとも思います。でも内心「私はお地蔵様や，大仏様ではない」という気も起きますが。しかしこのような状況で他人の動きを見て助言をする際に一番困るのは，その場の動きについては外形的にある程度のことは見えても，動く人の過去の経験や能力，あるいは癖などは分からず，推測に頼るしかないから困るのだと思うのです。

　　他人の動きを見る時，〈見る〉ことは外から入ってくる光がただ眼球を通過するだけのことではないと思います。特に自身が何かまとまった〈動きかた〉をすることを前提にして見る場合には，視覚から入ってくる刺激のことばかりではなく，自分はどのように行っているのか，それが自分に可能なのかどうか，つまり端的には，自分の能力範囲で似た動きやその体験記憶を探し，その記憶を比較材料にして見なければならないことになるので，自身の体験記憶探しとか工夫だとかが関わる問題になると思うのです。この経緯は，どちらかというと視覚の働きというより，自分の〈動きかた〉の記憶やその工夫のような気がします。そして，この見るということは，実施する当人だ

けに起こることではなく，外から他人の運動を援助しようとして見る時の見方にも当然関係があることでしょう。このような場合には，他人のことだからこそ，その動きに関わる判断はより複雑になると思います。

　私の教え子たちも，先生には何か別なものが見えているのかもしれない，と思っているかもしれません。しかし，私は仏様のように悟りに至ったわけでもなく，自分のこと自体もまだわからないことがあると思っているので，あまり期待されるのも辛いところです。

司会：難しい問題ですよね。自分も教える側にいますが，卒業後に「なぜあの時にできなかった」と聞くと，「先生のいうやり方の方がよいと思っていたけど，なんか変えたくなかった」ということが分かるときがあります。表向きは「はい，分かりました」といいながら，その裏では色々なことが起こっているのですね。だから，その点をよく確認したり，納得させたりしないと，卒業後に知ってもコーチも無駄な努力をしたことを知るだけですからね。「信頼関係ができていなかった」といえば簡単ですが，それを構築するのは凄く難しいですね。信頼関係を築こうとすれば相手が離れる，諦めれば相手が近づく，イメージとしては磁石の同じ極との関係と似ている感じですよね。違う極はくっ付いてしまうから，それは自分と他人が一つになる，あくまでも自分と他人の関係には距離がなければいけないから，同じ極同士で向き合う磁石のようですけど，その距離の中身が難しいですね。

　さらに，今，加藤先生は，教え子のコーチが「見てもらいたい」とおっしゃいました。だけど，見てもらいたいというのは，褒めてもらいたいという意味じゃないんですよね？　その見てもらいたいというのは，向こうが考えている技があるということだと思うのです。それを探って，「それだ！」と言われたい，という意味ですよね。

加藤：でもそれは探り合いだから。

司会：ですよね。

山口：その探り合いのところですよね。そこが一番面白いというか，結局こうやってああやってといろいろ工夫なさった後，教授会から帰っていらした明友先生に，自分の中で何か起こっている，感じているものがあってそれを見てもらいたいからそう思う。

加藤：はい。やっている最中でも，先生の顔色一つで，あまり気に入っていな

いなとか，いろいろ分かるわけです。

山口：そのあたりですよね。だからそれこそがコーチと選手の師弟関係の間で〈響き合う〉ものですよね。

加藤：はい。

山口：「気に入っていないな」「どうして気に入っていないのかな」ということが感じられてしまう。

加藤：理由だとか，そういうものは分からないけど，どうしてだろう？　とやっぱりものすごく考えますよね。

山口：ですよね。それで自分の練習に，その「どうしてだろう」という思いがあるからこそ，いろいろまた違ったふうにやってみるなど，工夫なさるんでしょう？

加藤：はい。

山口：そして，最終的にお眼鏡にかなったというか，これだと，肯定されたときの先生の眼差しを覚えてらっしゃいます？

加藤：やっぱり，うれしいですね。

司会：結局，加藤先生の技の理想像は，指導者の中にあるわけですものね。

加藤：うん。

司会：指導者にこっちがいいと言われる技が理想像だからと。

加藤：それで，こっちがそれを探すわけですね。自分と探しっこするわけです。

司会：理想像はもうそっちの中にあるから，これでいいと言うだろうみたいなことの探り合いですよね。

加藤：そうです。

山口：お二人がお話の内容で，一つ確認したいことがあります。明友先生がおっしゃる「先生の理想像」というのは，見えている先生が「よし！」とする理想的な動きを意味しているとして，それが実は先生の中にはなく，自分の中にある，ということならば，自分の中にある「こうあるべき」とする動きを，結局自分だけで探っているということを意味しているのでしょうか？「そっちがこっちで，こっちがそっち」だったら，そっちはいらなくて，こっちの中で探っているだけになってしまい，そっちがある意味がまったくなくなってしまうのではないでしょうか？　自分の中だけの探りであれば，先生がいてもいなくても同じになってしまいませんか？

司会：例えばある先生が，「この技はこう捌けばよい」という理想像を持っていても，選手自身がそれをすぐに披露することはできません。仮にその技を先生が披露して見せてあげたとしても，実際に動くのは選手自身です。もちろん技を直接見ることができれば，その動感を我が身で捉えながら，自分で技に修正を加えていけます。とはいっても，それは他人の運動を自分の運動として捉える志向的態度の問題です。見たとか見ないとかということより，結局のところは自分の動感世界を模索するしかないのです。大抵の場合，先生の理想像は実際に披露してもらうことができませんから，自分がこれで良いという捌きを行ってみて，「違う」と言われれば，先生がどのようなことを理想像としているのかを探ります。また同様に，「良し」という判断の場合でも，何を良しとしたのかを探ることになります。

金子：ここで一言付け加えておきたいことがあります。というのは，ローマ五輪で優勝した後，私のおかれた立場は全く一変してしまいました。つまり男子チームの監督として苦労したにも拘わらず，次回の東京五輪でも主催国の面目にかけても頑張らねばと，再び競技委員長としてFIGとの一切の交渉を委されてしまったのです。その頃に加藤先生が当時の東京教育大学に入学してきたのです。満足に体育館に行くこともできない毎日でしたが，加藤先生が「技を見て欲しい」と言ってくることは，なかなか強引で，どうしても時間をとらざるを得ないほどでした。やっと時間をとって技を見ても，加藤先生にいろいろ借問をしてもほとんど即答はしない選手でした。私の方は技を見ても自分の経験したことのない技ばかりなのです。それで私の中に芽生えてきたのが〈私の動く感じで見る〉という自己流の訓練でした。やったことのない技を〈私の動く感じ〉で〈身体化 (Einverleiben)〉して見ることは容易なことではありません。すべて想像によって，いわば〈私の動く感じ〉を加藤先生の技に投射して，その良否を捉えるわけです。当時の私は海外試合を見る機会が多く，日本のチーム選手の目標技を探り入れる〈身体移入 (Einleibung)〉という訓練なしには日本チームの東京五輪の責任者として成立しないわけです。技をコーチする人は自ら現役を終わった人ですから，自分ではその技をやって見せられないわけです。とするとコーチは何を持って選手を指導できるのかがフッサールのいう〈実践可能性〉の問題になってくるのです。

司会：このようにして金子先生の中にある理想像の動感メロディーをこちらから探り，当たりをつけ試していくことになります。自分の中にある「こうあるべき」とする動きを行っても，それが金子先生や審判員の目から野暮な捌きといわれることもあるわけです。そのような中で，先生の目に叶う動きかた，メロディー化を試しては，判断してもらい共有することによって，お互いの理想像が一致することになると考えていくことになります。

７ 動感メロディーと音楽メロディーとの類比

山口：よく分かりました。この先言語的な〈基体〉という〈先所与性〉の探り合いのとき，響き合える〈動感メロディー〉が決定的な役割を果たすのだと思います。この点について，少し細部に渡る質問になってしまうかもしれませんが，歌を歌うときのメロディーと比較して，動感メロディーの特徴に近づければと思います。そこで，次の三つの点をどのようにお考えになるか，ご意見をお聞かせください。

（1）まず一つ目の点についてですが，初めて歌う曲のメロディーを練習するとき，小節ごとにリズムをとって，音程をとり，言葉を合わせて練習し，さらにそれら部分部分の小節を全体としてつなげるように練習しますが，競技の場合，どのような経過をたどるのでしょうか。むしろ全体の動きから入って，細部の調整ということになるのでしょうか？

金子：ここで一言申し上げておきたいのですが，山口先生のご提案で〈動感メロディーの響き合い〉のテーマをさらに踏み込んで，音楽メロディーとの比較が主題化されます。私たちの競技スポーツの発生運動学では，コツ・カン統一体としてのキネステーゼ感覚発生に関わる〈身体知〉ないし〈感覚論理（『わざ伝承の道しるべ』§ 4-(a) 42 頁：Buytendijk, F., 1958)〉こそ発生論の中核とされています。いうまでもなくこの概念は〈身体発生〉という概念（『わざ伝承の道しるべ』§ 2-(c)30 頁：P. Auasperg, 1961) と対になっていることは周知の通りです。もちろんこの〈身体知〉や〈身体発生〉という概念はフッサールの〈受動綜合分析〉§ 35 以降の〈感覚発生〉の身体能力が原泉基盤になっているのに多言を要しません。

司会：そうですね。

金子：競技の発生運動学ではコツ・カンの一元化された〈身体化〉（Einverleibung）
という〈感覚発生 (Sinnesgenesis)〉が発生論の起点をなします。こうして私た
ちはまっさきに〈感覚発生〉の〈身体化能力〉のコーチングが表面化し，自
らの〈動く感じ〉を捉えるには，その自らのビデオ映像をみるときにも，「目
で見るな！身体で見るのだ」という〈実践可能性〉が要求されることになり
ます。その自らの〈感覚発生〉の起点には〈身体化能力〉が〈基体〉となり，
その基盤上で他者の〈動く感じ〉に〈身体移入〉(Einleibung) するコーチング
に入っていくのです。ここをこれからの音楽メロディーとの類比分析で「私
の身体で聞く」とうい〈身体移入〉の分析対象が浮上してきます。くどくな
りましたが，一言付け加えさせていただきました。

司会：まず，全体の〈動く感じ〉を掴みます。自分なりに動く感じをメロディ
ー化しますが，緊張と解緊の交替するリズムとして捉える感じです。また，
自分の動感経験を総動員してメロディー化していきますが，そのような感覚
経験（動く感じ）が捉えにくいとき，その動感局面と似た感じの動きかた〈動
感アナロゴン〉を，実際に行ってみて充実させていきます。

　また，運動学では〈基礎技能〉と呼んで，そのような技の基礎となる技の
習得をまず行うことが一般です。このとき基礎技能の目的は，単にその基礎
技が身についたという結果よりも，その〈動きかた〉で動感感覚を捉えるこ
とです。この場合,動感感覚なので種目の壁を越えることになります。例えば，
平行棒での技のメロディー化に成功しなくても，鉄棒での技の動感感覚が関
わることで，平行棒の技のメロディー化に影響してくる場合もあるのです。

　楽譜は小節に区切ってありますが，技の場合はそれぞれがどのような小節
に区切っているかは区々です。運動学はこのような小節にすることを〈局面
化〉として，動感局面の構成化として主題化しています。特にマイネルはこ
の局面化を,運動を行う前の「感じの呼び込み」というようにも述べています。
また,楽譜のように譜面の上に ff.(フォルテッシモ)などの記号があるように，
能動志向性において捉えられるコツは,動感メロディー化されたものの中で，
意識が向かうところのような感じで理解できます。

山口：なるほど，(2) では次の質問ですが，どうにかメロディーの全体が身に
ついてきたさいに，歌の場合はメロディーのまとまりがあれば，その全体を
強めに歌ったり，弱く歌ったりできますし，あるいは，全体の速度を速めた

り，ゆっくりしたりできると思いますが，それは体操競技の場合は，限度が
あるのではないですか？

司会：音楽の場合は各音という部分があり，全体としてメロディーが捉えられ
ると思います。ピアノでも鍵盤があり，特定の鍵盤を押すということが五線
譜に記されているわけですよね。運動の場合〈自分で動く場合〉，メロディ
ーの音符を見て鍵盤を弾くように捉えるわけには行きません。全身を使って
一つの〈動きかた〉がまとまるので，指で鍵盤を押すという動きでメロディ
ー化するのとは違います。ただ，音楽の場合でも，ピアニストの動きを見て
いれば鍵盤を押すという単純な動きで音を再現しているとは思えません。全
身を使って音を奏でるものだと思います。

　ノエマとしての〈動きかた〉の場合は全身が関わって一つの動感メロディ
ーが奏でられるのですが，ノエシスとしての〈動く感じ〉のまとまりは，初
心者と熟練者では異なります。例えば，け上がりは〈蹴る〉というコツででき
きる場合もあります。熟練していくと，〈蹴る〉というコツは消え，〈脇を締
める〉というコツへと収斂されていきます。それを運動学では，これ以上分
割できない〈モナドコツ〉と呼びます。そのコツが〈肩角減少〉という表記
で，伝承されていくのですが，それは〈肩角を減少すること〉に向かってお
り，その動く感じの表現は人によって違いますが，向かっている先は同じで
す。この「もの・こと」の区別を付けないまま，〈もの〉として肩角の現象
を測定するのがスポーツ科学の方法論と区別されるわけです。

　曲はゆっくり弾いたり速く弾いたり実際にできますが，技の場合は確かに
限界があります。しかし，動感感覚の中ではゆっくり動かすこともできます。
細部にわたる動く感じを捉えるとき，動感感覚の中でゆっくり捉えることも
あります。ただ，ゆっくり捉えると技が狂う動感局面もあります。「どうな
っているのか」という関心を向ける動感局面には注意が必要で，指導者はそ
のような指摘は慎重に検討します。剣道の高段者と試合をした学生がいうに
は，「打とうと思うと打たれる」から動けないといいます。膠着状態のよう
に見えても，動感感覚ではまさに生き生きと動いているわけです。

山口：(3) では最後に，歌の場合，メロディーを一旦覚えれば部分的にそれが
崩れることは滅多にないのですが，体操競技の場合の動感メロディーの崩れ
は，金子明友先生のご指摘なさった「宙返りおりで手が離せなくなった」と

いうような「技の狂い」の場合を除いて，どのようなときに生じるものなのでしょうか？

司会：実際に動くとき，その動きはメロディー化されていますが，その動感感覚は〈受動綜合化〉されている〈動きかた〉が多くあります。適切な表現ではないかも知れないですが，右手左手の楽譜を並べるようなかたちで，能動と受動の楽譜があるような感じです。ピアノの練習では，例えば右手で弾くある部分のメロディーが上手く奏でられないとき，そこを意識的に取り出して，反復し習慣化していくと思います。技の場合も，そのように意識的に取り出して習慣化することができる場合もありますが，宙返りで手を離す局面などは，実際に取り出して反復はできません。そのような場合，動感感覚でとらえるのですが，宙返りの離手局面は一般的に受動綜合化されていて，前後の動きを捉えることで，勝手に手が離れるのが自分の経験です。

　能動的に捉えられないところ（音楽で言えば上の譜面が休止符）の時，下の受動的な譜面は動感感覚が機能しています。メロディー全体を壊さない，受動的な動感感覚を顕在化できる場合もありますが，それを間違えると，途端にメロディーが崩れてしまいます。受動と能動が絡み合った動感メロディーの構成化で，さらに位相性によって能動と受動のメロディー化は区々です。

　熟練者が多くの〈動きかた〉に，その動感感覚に意識が向けられるということは，能動的な動感意識を受動意識へと沈み込ませるレベルにあるからだと思います。素人がそれを真似すると，あっという間に技が狂う，あるいはできなくなることがあります。例えば，まぐれでできた逆上がりは，まさに受動綜合化された動きですが，気づかなかった動きに気づこうと，つまりコツを掴もうと慌てて闇雲に能動意識として捉えると，全くできなくなることと似ています。私はやる前に意識的に動感局面を捉えようとするのと，「終わってから気づく」ことを区別して教えています。意識的にその動感局面に志向させたくない場合は，「終わってから気づけるか」ということをテーマとします。その後，その動感局面を意識的に捉えようとさせないで，反復しているうちに受動綜合化された動感変化をとらながら，自然に修正される場合もあります。

金子：何も付け加えて言うことありません。フッサールのいう〈実践可能性〉の生き生きした現場にいる指導者の強みそのものです。

🞵 選手から見る指導者の中の理想像とは

山口：加藤先生が明友先生に自分の練習をみていただいて，「先生の理想像」
　　　と「自分の動きの動感メロディー」とがどこまでピッタリしてくるか，探り
　　　合うというお話から始まり，金子一秀先生に「動感メロディー」と「音楽の
　　　メロディー」との共通性と相違についての詳細なご説明をいただきました。
　　　　ここで，再度，金子明友先生に演技を見ていただいている加藤先生の立場
　　　から，どう感じられているかについて，お話しいただけますでしょうか。
加藤：私の方は，普段先生の言っておられることから自分なりに推測してあれ
　　　これと工夫して動いています。確かに動きそのものは自分の中にあるのです
　　　が，一秀先生の言う明友先生の〈動く感じ〉と自分の〈動く感じ〉の探り合
　　　いかもしれません。先生が何かを感じたと思った時，まずその時の自分の動
　　　きがどんな感じなのかを自分の中で確認しなければならないので，それを特
　　　定するために，また即刻にやってみることになります。そんな時は，何人か
　　　で練習をしていてその順番があるのですが，次の順番を待つことができず，
　　　器械から下りるとすぐに，順番を無視して確認したくなってしまいます。間
　　　をおくとその〈感じ〉がどこかへ飛んで行ってしまうような気がするからで
　　　す。ですから，言語になる以前の〈感じの世界〉のことなのです。鞍馬など
　　　の場合，試技を終えて着地し，向きを変え，二，三歩いて腰掛ける間にも記
　　　憶が薄れるような気がします。時には試技を終えて両足で立った時，その体
　　　勢で鞍馬に手を触れたまま目を瞑るようなこともしました。また，何か手が
　　　かりがありそうな時は，下りた途端，もう一度やってみるというようなこと
　　　もしていました。おかげで，順番を守らない選手，勝手な選手と他人に迷惑
　　　をかけたことも再三のことだったと思います。自分の学校の体育館では後輩
　　　が次の順番に控えていても先輩風を吹かせ，有無を言わさず続けざまに次の
　　　確認（試技）をやっていました。このような行儀の悪さ，自分勝手，など不
　　　道徳なことは試合場ではやってはいけないことなのですがね。
山口：加藤先生のお話をおうかがいすることで思い出されるのが，前回の明友
　　　先生との対談の中で，明友先生が練習の最中，あるいはその直後，「あれ，
　　　と感じるものが残っていく」とおっしゃったことです。これが，はっきり意

識にのぼらずに過ぎ去ったこと（過去把持されたこと）と呼ばれました。この「あれ」と感じたものを確実にもう一度，しっかり「感じ分けよう」となさって，確認の努力を積み重ねようとなさったのだと思います。そしてその確認の努力を通した「感じ分けられたその感じ」が金子明友先生に伝わるかどうか，あるいは，共に感じ合う「共感」が生じるかどうかが，決定的に重要であるのだと思われます。それが，一秀先生のおっしゃる「〈動く感じ〉の探り合い」であり，明友先生が「時には『それだ』とはっきり言葉にされる場合もあるという「わざの伝承」の世界だと思われます。

　ちょっとひねくれた質問かもしれませんが，「自分が確かに何かを感じている気がしても，先生に共感してもらえない」ということとか，先生からみて，「もう少し，こうすればいいのに」と感じられる共感のズレといった経験は，お互いに生じることはないのでしょうか。

加藤：「先生の感じ」と「私の感じ」のズレは，多分，あるのではないかと思います。感じ方や感覚のズレではないですが，確か，モントリオールオリンピック種目別選手権の時だったと思います。私は平行棒の下り技「後方かかえこみ2回宙返り下り」をやらないつもりでいました。この2回宙返り下り自体はミュンヘン大会でもやっていたのですが，1976年大会は自身の体が思うように動かなかったり，小さな怪我が重なってきたり，もうそういうつもりになっていました。また, 30歳間近で将来のことも気になり始めていて，そういうことの影響もありました。そんな中で，大会前の2年間は他の高難度技と下り技を組み合わせることを課題にして練習していました。

　1976年の大会はチーム戦としても苦しい試合でした。そんな中で，もし下り技で失敗したら演技は台無しになるし，勝つチャンスもなくなると思ったからその技をやめようとしていたのです。大会前の冬場の練習では，ディアミドフ（前振り1回ひねり倒立）と後方2回宙返り下りを組み合わせて高難度の技の流れるような組み合わせで高得点を狙おうとしていたのですが，しかし，練習ではディアミドフが思うように習得できず，弱気になっていました。そんなわけで，その試合直前まで安全策をとり，下り技を後方2回宙返り下りではなく，後方伸身宙返り1回ひねりにしようとしていました。この話は私の記憶の中のことであり，時間的な関係が違っているかもしれませんが，ただこのことについて明友先生に叱られたことだけは確かです。私の

弱気を先生に見抜かれたのだと思います。試合会場から練習会場への通路だったように記憶していますが，それがどのあたりだったかもはっきり思い出せません。すれ違った時の会話なのですが「なぜ後方かかえこみ 2 回宙返り下りをやらないのだ」と叱るように言われ，その時，生まれて初めて明友先生の怖い顔を見ました。

　この話は感覚のズレというより，勝負魂の違いかもしれません。先生は，私が後方かかえこみ 2 回宙返り下りはできると思っておられたと思うし，私は弱気の極致状態にあり，両者の考え方にズレがあったことは確かです。ただ私にとっては強烈なカンフル剤でした。おかげさまでなんとか平行棒のメダルを得ることができた次第です。

　背面横移動の技の発生の時のことは，両者のズレの問題としては，先ほどの話の逆パターンかもしれません。先生と同じ時代のアメリカの選手カミスキーという方が「背面支持とび横移動」をやっていたという話を先生に聞き，また，研究室の棚（体操協会研究部の仕事場）の中にその 16 ミリフィルムがあるはずだと聞きました。ついに探し出し，手回しのフィルム編集機で穴のあくほど何度も見ました。しかし，私にはどう工夫しても先生の言う Hüpfen ができませんでした。1 〜 2 週間は粘って練習したように記憶しています。最後は諦め半分の気持ちになり，跳ばなければできるのではという気になったのです。何の成果も無しに先生に見てもらうことはできないので，跳ばずに捌いて，言い訳しようと思ってやったような気がします。私の発想は，正面向きで移動操作をする横移動は，背面でもその移動操作ができるのではないかという発想でした。先生は現にフィルムを撮っておられ，肉眼でも見ておられるわけです。私はそのフィルムから可能性を見出そうとしたわけです。

　そんな経緯で，最初にこの技を先生に見てもらった時は，できない自分の言い訳も込みの後ろめたさがありました。しかし，跳ばずに捌くやり方は，それまでに世に出ていなかったやり方だったのだそうです。先生は世界中に網を張って考えておられる立場，私は世間知らず。おそらく先生の推測と私の感覚にズレがあったといえばあったことになると思います。

山口：「先生の理想像」というときには，見えなくても，差とか誤差とか，何か違いみたいなものが，ある程度，どのあたりに，どうすれば，もう少し近

づくのかな，ということですね。理想像と言ったときには，漠としてであっても，何か目的みたいなものがあって初めて理想像というじゃないですか。だけど，その理想像がはっきり目には見えていないわけでしょう。これだということが分かっていれば，ある程度工夫のしようもあるでしょうけど，そのあたり，どうなんでしょうか。探り合っているときに，ズレがないと探り合いにならないから，これでいいというんだったら…。

加藤：ですから，僕のほうからすると，自分が「絶対これで」という感覚があるけど，明友先生はどう見るのかという感覚なんですよね。

山口：そのときに，明友先生のほうは，ご覧になって，「ちょっとまだ」と思われるのか，それとも「まあ，いいとこいってる」とかって，そういうときの判断というか感じというのは，どういう具合にお弟子さんに伝えていらしたんですか。

金子：うーん，この感じというのは，僕はいつも〈動く感じ〉とかいう言葉をよく使うんですけど，自分でやってみたらどうなるかなと。もちろん僕は，選手を終わってから，加藤君に教える場合には，僕のやったこともない技ばかりなんですよ。だから，僕に経験はないんですよ。そういう体験というか。ただ，その身体感覚経験みたいなものを感じ取ることはできるんですよ。

山口：そこで感じ取ってというのは，どんなふうに感じ取っているんですか。

金子：結局メロディーなんですよ。意味や価値のメロディーがありますよね。ああなって，こうなって，こういかないとこの技は駄目だな，うまくいかないなというのがあるんですよ。

　　　加藤君なんかで言うと，例えば，〈棒上宙返り〉という技が平行棒であるんですよ。その技を捌くとき，手を離す前に身体が反って〈当てる局面〉があるのですが，そこで，うんと肩を引っ掛かけて胸をあてて，「うーっ」とギリギリまで我慢して手を離す捌きができると，「それでいいんじゃない？」と自分はいうと思う。

加藤：私も，そこがないと納得できませんね。

金子：それが，「ぴょん」と回っちゃったら味わいはないですよね。「うーん」と言うか，「ねばっていると」いうか，そういう感じですよね。だから，感じには，必ず感覚と感情が一緒になっているんですね。

山口：ええ。

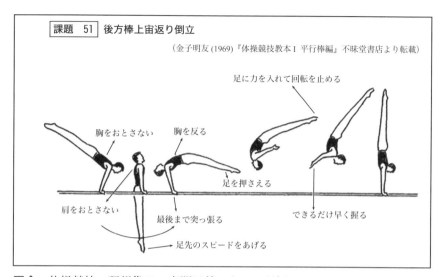

課題 51 後方棒上宙返り倒立

（金子明友 (1969)『体操競技教本 I 平行棒編』不昧堂書店より転載）

胸をおとさない　　胸を反る　　足に力を入れて回転を止める

肩をおとさない　　足を押さえる

最後まで突っ張る　　できるだけ早く握る

足先のスピードをあげる

司会：体操競技の理想像は，専門以外の人には理解しにくいですよね。今の棒
上宙返りも，前に振って手を離して回転をして倒立に収まれば，一応「後方
棒上宙返り倒立」という課題ができたことにはなりますから。技を捌く人は，
皆課題はできていたとしても，その捌きに「野暮な捌き」といわれるように，
体操選手や審判が嫌悪感を抱くような捌きもあるんです。そうならないよう
に，誰もが〈良い捌き〉というように皆が憧れるような捌きを目指すのです。
それが理想像と呼ばれるもので，跳び箱6段跳べたから皆同じ「できた」と
いうわけにはいかないのが，体操競技求めている理想像です。美しさ，リズ
ム，冴えなど人間の美的価値を引き出す捌きを求めていくわけですから，そ
の捌きを目指す習練の道は，芸道の技を磨く世界と共通していくわけです。
でも，今の体操は「着地が止まった」といえば〈同じと〉考える傾向があり
ます。技をやっている本人も驚いているような〈マグレ〉の着地は，体操選
手は見抜けると思います。技の最中に着地をする先読みが高度に機能し着地
を止めにいく選手は，「上手い」と言葉が漏れることもあります。このよう
な理想像とか技捌きが習練の対象になっていたのは，やはり規定演技があっ
たからでしょう。世界中の人が同じ演技をして，そこで優劣をつけるわけで
すから。皆がミスもなく規定演技を実施すれば，全員金メダルというわけに
は行きません。特に規定演技の理想像を決めるのは，世界中で規定演技をど
う捌いてくるかを予測し，どのような理想像を描いて世界で勝負するかを考

えてきたから，日本の体操は強かったのでしょう。

> **【解説】規定演技の廃止**
> 　評定競技としての「体操競技」は，以前は規定演技と自由演技がありました。規定演技は，全ての体操選手が決められた演技を実施しなければなりません。1996 年アトランタ大会を最後に規定演技は廃止されました。現在は自由演技のみで競技されていますが，満点を 10 点とする規則も現在ではありません。2006 年から演技構成の技の難度を得点化した D スコアと，演技の完成度として美しさなどの実施を得点化した E スコアの合計で，最終得点が決定される方式になりました。D スコアの審判員と E スコアの審判員が採点した得点を合計することになります。このことで，フィギュアスケートのように〈世界最高得点〉というようなことがいわれるようになりました。

加藤：棒上宙返りについては，やっぱり，一言いわせてもらいたいという気がするんですよね。早田卓司選手なんかもうまかったんです。それから，松元正竹さんなんかも，身近な人ではうまいほうだったと思います。みんな，「すとん」と倒立に入る格好ですけど，早田選手のが一番かな。ちょっと硬めに見える体線だけど，本当に空中での高さがあるように見えるんですよね。そうして，真上から「どーん」と倒立に止まって。実際はそんなに高く上がっているんじゃないですけど，あの捌きに影響を受けていたのも確かです。僕も最初からそういう格好で覚えてきたので，棒上宙返りの捌きかたにはずいぶんこだわりました。

　一方で，上手くいかなかったのが〈ディアミドフ〉という技なんですよ。ディアミドフという選手が初めてやった技で，「体操競技教本 I 平行棒編」

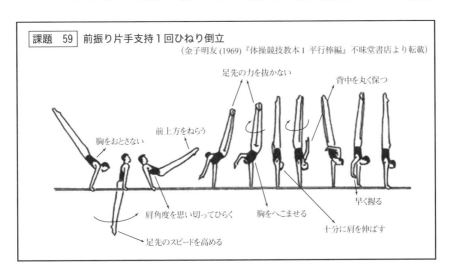

課題　59　前振り片手支持 1 回ひねり倒立
（金子明友 (1969)『体操競技教本 I 平行棒編』不昧堂書店より転載）

胸をおとさない
前上方をねらう
足先の力を抜かない
背中を丸く保つ
肩角度を思い切ってひらく
胸をへこませる
早く握る
足先のスピードを高める
十分に肩を伸ばす

にその技の練習方法が載っていましたね。当時は三木四郎選手も同じ技の練習をしていました。

棒上宙返りの〈動く感じ〉は，「前へ振って」「高く振って」「胸を当てて」「がばっと止めて」，自分を空中に放り上げて，倒立に落っこちてくる技なんです。でもディアミドフは，棒のしなりに乗っかって，〈きりもみ〉みたいに足先を上に向かって高く振り上げ倒立になる技なんです。棒上宙返りの技捌きにこだわった結果，ディアミドフでもその癖が出て，ディアミドフは，片手支持のままで捌くから，棒上宙返りの捌きの癖は，肩に「がーん」と返ってくるんですよ。これで肩がすぐ駄目になっちゃって。これは，三木四郎さんの振りと僕の振りとは根本的に質が違うんだと思って。振り方が違うんだということを感じた経験ですね。

それでも，何とかできるようにはしたんですけど，横浜で試合をやったとき，このディアミドフからそのまま，後方抱え込み二回宙返り下りにつなげる組み合わせを狙ってやろうと思ってやったんです。けど案の定，片手支持の途中で止まってしまって，大失敗で，やっぱり僕の本性というのは隠せないなと。

司会：採点規則が変わり体操競技の求める方向が異なってきているから，そこまで〈わざ捌き〉にこだわる選手は減ってきましたね。何か中途半端にわざを覚えて，それで次の新しいわざを覚えていくというような感じで，深みが消えていったというか。

一つのわざ捌きにこだわって熟練したことが，別の技を捌く無意識の障碍となることはよくありますよね。熟練していくとだんだんと技捌きへの意識は消えて，まさに身体が覚えた世界へと入っていくのですが，違う技になると，せっかく染みついた別の技の良い癖のようなものが邪魔することがよくありますよね。他にも鉄棒の下り技で後方抱え込み二回宙返りを覚えたあと，今までできていた1回宙返りができなくなったり，ひねり技でも二回ひねりを覚えると一回ひねりができなくなったりすることもありますよね。それで，より難しい技を覚えても，できなくなった一回宙返りなどを覚え直すことがありますね。でもこれは大切で，運動学では〈解体分析〔Abbauensanalyse〕〉と呼ばれることが，自然に経験される機会ですかね。そこで覚え直すと，今まで気づかなかった〈動く感じ〉が分かったりと。動感メロディーの再構成

化は，色々な技を覚えるための動感基盤となるのでしょうね。「できていたのに，できなくなる」という経験は体操競技では日常茶飯事ですね。

金子：そういうように，われわれは全部〈感じ〉なんですよね。〈感じのメロディー〉ですね。何か流れるものがあるんですよ。そういうものでやりとりしていると，「あれは何をコーチしているんだ？」と傍目からは見えるわけです。言葉じゃないから。でもそれが重要だと思います。しかし今の選手たちは，何か言ってもらおうと思って，終わると必ずコーチの前に行くでしょう。

加藤：そういうふうにしなさいと言われているから，行っているだけなんじゃないですか？

司会：本人たちに後で聞くと，そういうのも多分にあるようです。

金子：加藤君なんか，終わってすぐ僕のところに来たことはないじゃない。

加藤：そうですね。僕，大分それで悩んだことがあるんだけど，自分が終わって，何を言われるかもあるんですけど，終わって，ここから一歩でも向きを変えるとどこかにその時の〈動く感じ〉がどこかに行っちゃうような，何か忘れちゃう気がするんですよ。だから，なるべくその場で動感を振り返り考えて，それからですね，聞きに行くのは。そうしないと，せっかくのアドバイスも自分の動きの修正に役立てられないですからね。

司会：ルールが変わっても選手はやはり技を覚え熟練させなければなりませんから，やはり〈動く感じ〉は無視できませんよね。それにもかかわらず，自分の〈動く感じ〉にあまり関心を持たないのはどのようなことなのでしょうかね。

9 練習ノートの意義

山口：高校のころとおっしゃっていましたか。ノートを取るようになられたと。

加藤：そうですね。

山口：それって，ずっと？

加藤：ずっと通してはいないんですけど。

山口：気になったものって，やっぱりノートに取っていたんですか。

加藤：一部は取ってあります。

山口：結局，忘れちゃいけないからということですよね？ 試合が終わった後とか。

加藤：いや，忘れちゃいけないんじゃなくて，朝1回練習，夜1回練習，それ
　　　をノートに付けているとき，それを思い出して書いているとき，これも練習
　　　と一緒なんですね。そういう意味です。

山口：練習と一緒ということは，練習していることを書いていると。

加藤：そうです。復習しているというか，やっているわけです。それは表象で。
　　　こうやって考えていると，結論が出なくなっちゃうときがあるんですよ。そ
　　　れで，そのまま寝ちゃってとか。どんどんどんどん駆け巡ってですね。

山口：だけど，翌朝ぱっと解が出てきたりとか，…。そうなっていけばいいで
　　　すけど。

加藤：ですから，自分の練習，今日はどうだったなというのをやらなくても反
　　　すうしている部分というのは，これは練習と一緒だと思うんですよ。

山口：では，ノートに取るということはどのようにするのですか。

加藤：いや，そんな，書けないですよ。整理できないです。

山口：もちろん。だけど，何か残っているものを書くんでしょう？やっぱり。

加藤：何か残っているものだから，文字にならなかったりするんですよ。走り
　　　書きだったり，メモみたいなものだったり，「ぎーっ」ときつい線で書いて
　　　あったり。むしろ字にならないですよね。だから，恥ずかしいからあまり他
　　　人に見せられない。

山口：それをやって，後になって読んだときに，そのときの感覚って思い浮か
　　　びますか。

加藤：鮮明ですよね。

山口：鮮明に思い浮かぶ。

加藤：ぎーっと，旋回でこうみたいな線だって，これは何を思ってどう書いた
　　　のかを思い出せます。

山口：それも言ってみれば〈感覚記憶〉に関わるもので，結局感覚って，どう
　　　いう表現を取ろうと，一番具体的にこの身の，体で表現しているそれって残
　　　っていくわけじゃないですか。どういう形であれ。

加藤：また忘れてしまったりすることもあるんですけど，大事なときに，ぼっと。

山口：またよみがえりますよね。

加藤：それがあるし，とにかく文字にならない部分が多い。私は文章が下手だ
　　　からかもしれないんですけど，感覚を文字にするという習慣は，相当訓練し

ないとできないということですよね。まず，自分に〈感じ〉があるということを知らなきゃいけないし，それを書き表せるかどうか。国語の先生に頼んだって，運動を知らない人じゃ駄目でしょうし。

司会：自分も練習日誌を書こうとしたのですが，3日坊主でしたね。皆がどのように書いているかも知らず，ただ格好いいというような動機だったから，練習の時間を書いたり。結局すぐに飽きて終わってしまいました。今思うと，何か残しておけば今読むと面白いと思うのですが，今から現役に戻れるはずもないし。ただ，面白いなと思うのは，他人が読んでも分からない記録ですよね。練習日誌を小説のように多くの人に読んでもらって，ベストセラーにはならないですよね。〈動く感じ〉を文字にするというのは，その動感の感覚発生を記述するのですが，記述したものから自分の動感を蘇らせるのは，本人でも難しいときもあるのでしょう。だから感覚発生の伝承問題は極めて難しいのかもしれません。

山口：これはやっぱり，書くということは，その自分の，あまりはっきりしないけれども残っている感覚に正面から向き合うということじゃないですか。

加藤：そうですね。

山口：正面から向き合って書けるか書けないかという，ぎりぎりのところで格闘するかしないかということですよね。格闘という，要するに〈向き合う〉ということがないと，残っていかないじゃないんですか。

加藤：技の動感について，メモで書いたり，日記として書いたりするようなところでやることは，練習を1回得したのと一緒なんです。

山口：それって，教え子さんたちやお弟子さんたちに，書けとおっしゃっていますか。今でも。

加藤：僕はなるべく口に出さないようにしていますね。いや，意地悪ではなくて，どうかなと，相手を見てしか言えないですね。興味を持ってくれないのであれば，言っても仕方ないかなという感じなんですけど。

山口：なるほど，皆がそうしているわけじゃないんですか。

加藤：はい。

山口：それって，書き残すことはやったほうがいいんじゃないですか。

加藤：うん，ですね。自分の技を反省する，今度こうしたらいいのか，どうすべきなのかということを考えること自体が練習ですから。

山口：はい。それに正面から向き合うか，向き合わずに流しておくかって，大
　　　きな違いじゃないですか。それで，正面から向き合う機会として，書くとい
　　　うことは重要ですね。

加藤：一回，何でもいいから書いてみたらいいと思うんです。多分，そんなに
　　　簡単に自分の運動感覚，感じというのは，人に分かるようになんか書けない
　　　んですね。

山口：それって結局，動感メロディーということも，言葉にすると動感メロディ
　　　ーだけど，その内実って複雑なもので，それが育ったり，大きくなったり，
　　　弱くなったり，あるいは崩れたり，変化したりというようなこともあるわけ
　　　ですよね。恐らく。

金子：結局，私たちの〈感覚発生〉は〈基体〉という基盤上で具体的に形象化
　　　されていきますが，その〈基体〉とは端的な感覚発生ですが，その本質は〈先
　　　言語的述定命題〉であり，〈先反省的〉であり〈先所与〉されもので，言語
　　　表記するのに先立っている基体という担い手の世界なのです。ですから日誌
　　　に残すのは，ノエマとしての〈動きかた〉の洞察がテーマになってくること
　　　になります。

司会：自分が教えていた選手に，練習中に「今の感覚を書いておきなさい」な
　　　ど練習ノートを練習中に持たせたことがありました。技の練習では，できた
　　　りできなかったりと，行ったり来たりするもので，良くなったかと思ったら，
　　　また以前解決した問題が出てきます。教えている自分の記憶でも，「いつど
　　　こで，この選手が今と似た状況で，自分がどのようなことを考え，指示を出
　　　した」という記憶が蘇る時があります。その時選手に「いつ頃の練習ノート
　　　の記録で，同じ問題を解決したところがあるはずだ。読み返しておきなさい」
　　　と指示することもあります。だからコーチの時は自分も練習日誌をつけてい
　　　ました。とはいってもメモ程度ですが，書くということは，それだけで感覚
　　　記憶に残るものなのですね。書いたという記憶さえあれば，どこか探せる可
　　　能性がありますから。一生懸命練習をしている選手に，場当たり的に言葉を
　　　かけても逆に失礼だと思い，コーチになってからのメモは何十冊もあります。
　　　現役時代は練習日誌が書けなかった自分なのに「不思議だな」と思うことも
　　　ありました。何かコーチは自分ができなかったことを人に押し付ける癖があ
　　　るのかもしれませんね。自分と同じ失敗をしないようにという願いですかね。

10 理念化と本質直観—その人の歴史性—

山口：それをどうするかなんですけど，もちろん，日々訓練で，練習で苦労な
さっている方は身に付いていくんでしょうけれども，それを言葉にすること
の意味といいますか。明友先生は，それこそ理論家でいらっしゃるし，マイ
ネルの運動学の基礎がおありになって，そして現象学も消化なさっていて，
書くということの意味合いをどんなふうに考えていらっしゃいますか。

金子：一番僕がこれと思うのは，よく現象学で理念化という言葉を使いますね。
ある現象が起こった場合に，その中の最も理想的なイデアル (ideal) なものが
あったら，イデアリズィールング (Idealisierung) して，その中の理想的なもの
を取り出そうと思う。それじゃあ，そのある現象の中のある一つのことに集
約するわけでしょう。

山口：はい。

金子：そんな単純じゃないことがあると思うんですよね。だから，イデアリズ
ィールングする，理念化するということは，数学的なシステム論の世界では
可能でしょうね。いわば，いろんなシステム理論というのは，自然科学的な
意味では，そっちを使っているわけですよ。だから，メロディーを奏でると
いうことはそういう意味ではないです。私たちの世界は，ある場面があった
ら，そこから，一つのことで代表，最も理想的なものを一つポンと出せばそ
れで済むというのではないんじゃないだろうかと思うのです。

　それで僕は，例えば鉄棒の伸身一回宙返り下りだったら，楕円の車輪で鉄
棒を押すタイミングから，あとはひとつの動感メロディーが流れ出します。
「ア，アーン」というようなリズムです。「ア」という感じは，ちょうど鉄棒
にぶら下がってる〈あふる〉前あたりの感じで，「アーン」は〈あふり〉な
がら空中に放り出される感じです。だから手を離すなんて，全然頭にないわ
けですよ。流れの中にあるだけだから。宙返りをやる人で腰を使わない人っ
ていないわけですよね。だから，最後の手が離れるところというのは，そこ
に，それを独立して理念化することはできないんですよ。だから，その感じ
をそのまま〈感じ〉の流れに乗るしかないと思います。

加藤：前後の関係があるし，自分の今までやってきたことも関係するし，自分

の像としてこっちがいいんだという思い込みみたいなものとも関係するし，だけど，やるときは，本当に，いちいち考えていられないですね。

金子：考えていられない，つまり〈先反省的〉なのですね。

司会：このことが何か最近歪んで伝わっている気がします。技ができている人に聞けば，色々なコツを言葉で教えてくれます。その言葉を頼りに運動中に内言で語ったところでうまくならないはずですが。ところが，実際に教えるときに「もっとそこを意識して」とか具体的な注意をすると，運動中にそのことを一生懸命理念的に意識するんですよね。ところが，運動中はそのような意識がないのが一般的で，たとえば歩くときに「右足，左足を交互に出す」とか「膝を曲げてから膝下を前に出す」など考えることはありません。歩くという意識すらないときもあります。私たちが技を行う前の意識的な注意と，技が終わったときに振り返りながら反省することはあるのですが，それが運動中の理念的な意識ということにすり替わって，酷い場合運動中に心の中で言葉を使って，たとえば「膝を伸ばす」など復唱していた選手もいました。話の腰を折ってしまったかもしれませんが，スポーツ科学の分析結果が役立つときは，本人が何らかの感覚へと置き換えているわけです。それを無視して，「スポーツ科学でできるようになった」というのは我田引水ですね。この問題は一度よく考える必要があると思いますね。

山口：理念化ということと，本質直観というのは，またちょっと違うと思うんですね。本質直観というのは，具体的なものを一回通っているので，本能とか，人間の歴史とか，個人の歴史やなんかも全部詰まった中で，つまり，動感メロディーというのが出来上がっているというのは，個人の歴史の全体が背景になっているんですよね。

金子：そうです，そうです。

山口：ですから，その動感メロディーがこれでいいとか，あるいはここに近づいているとかというところは，言ってみれば，フッサールでいえば本質直観にどう近づくかということになるんです。そのときに〈自由変更〉が必要なのですが，例えば極端に色々試してやってみるみたいな，練習のときの失敗のことも含まれるように，そこに行き着くためには，動感メロディーに行き着くための紆余曲折といいますか，工夫の仕方の中で初めて，ある種の理想的な求めていくべき動感メロディーの在り方がはっきりしてくると思うので

す。それを，コーチと選手の間のせめぎ合いの中で，一つの動感に向かっているというときの，そのせめぎ合いの中身というのは，今までずっと練習してこられた，昔の少年のころからの身体感覚から全部含めて，そして，明友先生はご自分の身体体験を全部重ねた中で，全てのことが重なり合っているわけですよね。

加藤：多分，お互いの経験のぶつかり合いと言えばぶつかり合いかもしれないですね。そういうことですので，僕らは〈動きかた〉で考えているわけで，ほとんどそういうことだと思うんですよ。それで，どんな線がいいか，どんなメロディーがいいかというか，それを考えると，体操だけじゃない，家庭がどうだったか，音楽をやったことがあるのかないのかが，みんな関わってくるような気がする。

山口：ですよね。全歴史ですよね。言ってみれば。

加藤：はい。

11 競技スポーツの普及と養成ー〈動く感じ〉の原発生ー

山口：次に，一般の体操クラブのお話をおうかがいしたいとおもいます。2004年のアテネの大会のときに28年ぶりに金メダルを総合で取ったさい，小野喬先生と一緒に感慨を持たれたエピソードを以前お聞きしました。あのときに，ずっと運動クラブを育て上げてきた成果が実ったとおっしゃっていましたね。

加藤：はい，今までは体操競技は学校の部活動に頼ってきたんですよ。

山口：今までずっと。

加藤：器械が個人で買えるような額じゃないので，体操ができるところは学校しかなかったんですよ。僕らのころ。それを小野さんたちが，東京オリンピックが終わったときに学校から離れたところでスポーツクラブ経営を始めたんですね。

山口：それって結局ある種の環境づくりじゃないですか。

加藤：そうですね。

山口：もう子どものころから体操になじむことができるような環境ができたということですよね。要するに，子どものころからしっかりと体操に慣れると

いう環境がいかに大事かということですよね。

加藤：大事ですね。だけど，あまりにも大事にされて，他のことを何も知らない子が最近多くなってきたから，逆に困るんですね。

山口：そうですか。フィギュアスケートでも似たような話を聞きますね。

加藤：一人での行き帰りは危険なこともあるんだろうけど，親の送り迎えなどがきっちりしていて。送り迎え付きの練習で習い事の延長線上かなと思うときもあります。

山口：習い事のね。その流れでも，本人はある種の動感メロディーの養成のところを究極的には目指しているわけじゃないですか。

加藤：そうですね。親がそれを感じるかどうかは分からないですけど。

山口：それは，親には分からないでしょう。何か打算の方に親の関心が集まっていることもあるのではないでしょうか。

金子：それは学校教育以外のクラブのことで，民間のスポーツクラブでしょう。

加藤：はい。

金子：「結果を早く出さないと」という考えが強く出れば，そういう動感メロディーのことにあまり関心を持たなくなるところが難しいですよね。

加藤：そうですね，深く考えているかどうかはちょっと分かりませんね。やはり動感発生ということを大切に考えていかなければならないのですが，結果だけに関心が集まってしまうところが難しいのだと思います。

　すべての人が生きている限り何らかの形で〈動く感じ〉が働いているし，〈動く感じ〉が関わっているわけです。また，生理学的な個々の感覚は別にしても，〈動きかた〉は一般に意識の起点と言われる脳の支配下にあるように思われやすいのですが，元の元を正せば人は生を受けた時点から何らかの〈動きかた〉をしているわけです。もちろん，脳も関わってはいますが，まだ原本能が働くだけの状態です。それでも動けるのだから，言語，論理思考よりも先に身体の〈動きかた〉はあるわけです。子どもが立ち上がる頃でも，何回転んで立ち上がったかなど克明に覚えている人はいません。それが，どこからかは判らないけど動くこと自体が〈感覚記憶〉として残るようになっているようです。

　その〈立つ〉という〈動きかた〉が人真似か衝動かは分かりませんが，立ちたいと感じた時に立つのでしょう。その時には自分に可能な，その時まで

に体験のある〈動く感じ〉を目いっぱい駆使して立ち上がることになるでしょう。そして，その立ち上がる〈動きかた〉は再び，感覚記憶となっていくのではないでしょうか。腰を下ろしてしまうことも，転ぶことも，成功したことも失敗したことも含めて，多くの〈動きつつある感じ〉が記憶に残り，忘れ去られたりするようになっていくのではないかと思うんです。忘れると言っても全く無しになるのではなく，どこかに隠れたようなあり方ではないかと思えます。

　もちろん，そのころは論理可能性による取捨選択といったこととは関係無く，衝動的だと思います。そしてまた，いつから始まるかは分からないのですが，自分と周りの状況を考慮する意図的な取捨選択ができるようになっていきます。さらに発展すると，慣れとでもいうんでしょうか，意図的な手間が省かれ，癖なども一緒だと思うんですが，情況によって何も考えずにでも動けるようになってきます。

　こんな考え方をすると，動く能力は生まれたときから備わっており，少なくとも取捨選択といった思考的な脳の働きより以前に〈動きかた〉があるのであり，〈動く感じ〉が全ての感覚の連携，統括，ないし脳の育成までも援助していると思わざるをえません。

　一般に2〜3歳くらいまでの思い出せない〈動く感じ〉の発生は，成長後の動きと別扱いされるように思うのですが，全ての人が皆，この状態を経過して成長しているということは，この時期の〈動きかた〉とその後の〈動きかた〉の発展は大いに関係のあることです。つまり動感感覚という人間特有な〈実践可能性〉の芽もすでにあるのだと思います。

司会：私も同感です。スポーツを自然科学的に分析するといってオリンピック選手の技を分析しても，幼児の運動はそのように分析しないのですよね。子どもに「スポーツ科学的分析結果を伝えても分からない」とでもいうのでしょうか。同じ〈動きかた〉を覚えるという人間の営みなのに，子どもがそれを覚える仕組みも分からず，すばらしい技能だけに関心を向けるのは，どうも都合がよすぎると思うのですが。子どもの時に勝手に覚えた〈動きかた〉が癖となり苦労することもあるのに，その辺についてはスポーツ科学の人たちはどう考えているのでしょうかね。

山口：加藤先生のおっしゃる通りだと思います。フッサール現象学は，発生的

現象学という研究領域において，人間の身体運動能力の形成を，自然科学研究のように外から観察するだけでなく，乳幼児から幼児にかけて次第に〈身体の動きかた〉が身についてくるとき，その乳幼児の側から身体の〈動感〉がどのように獲得されてくるのか，その経過を考えてみようとします。

　このとき，赤ちゃんにとって，外から見える身体の動き（例えば手の動き）と身体の内部で感じる手を動かすときの〈動く感じ（動感）〉が，早く動かすときの動感とその見え，ゆっくり動かすときの動感とその見えが，ピッタリ〈対（ペア）〉になって与えられることに，大きな興味をもち（関心を向け），何回も繰り返し，動かしてみることで，「動感と動きの外観との相応関係（これが受動的綜合による連合化と呼ばれます）」が身についてくると説明されています。

加藤：私も山口先生の言われる「生まれたての子どもの手指の話」は心から納得できます。「自身の指が動いているのに気づくこと」，「それを繰り返すこと」，これらは山口先生の言われる，この誰が強いたわけでもない幼児の行動はものすごく重要なことだと思います。この「動く・気づく・繰り返す」の循環は，スポーツをやっていて専門的な段階になっても絶対にあることだと思います。思い出す，比較する，考える，やってみる，繰り返すなどは，大人になるとある程度意図的に行うことができるようになるのですが，成人のような考え方がまだできないと思われる幼児の動きのパターンとそっくり似ています。

　ケンケン（片足とび），ジャンケンのチョキ，縄跳び，スキップなどの，動きの左右，あるいは手足の分離支配などなど子どもの遊びには山ほどこの過程が散らばっているように思います。この種の動きは，訓練すれば場の情況を察知しただけで自動的にできるようにもなるのです。これらの〈動く感じ〉の発生，〈動きかた〉のシステムなど，幼児のうちにすでに芽が出ているのですよね。

　これらの動きの展開の諸関係を説明するには，まず自身の身体が動くことがあり，それを繰り返すということと，それにまた，その動きに伴う情況があることにも気づくことになるということが重要でしょう。つまり，感覚と記憶が働くようになるわけです。そのようにして繰り返すのですが，そうすると，動くことと，「おやっと思うこと（感じること）」の順番ははっきりし

ていると思います。そしていつでも，あるいは情況によって使い分けできる
ようにもなるという思考や意識を経過していないように思えます。いわば自
動化した〈動きかた〉にも発展するのではないでしょうか。絶対に動くこと
が先のように思います。

　これらの発展経緯を可能たらしめる何かの機能がないと人の身体運動は説
明がつきません。そこでは，動感感覚という周囲情況も含みすべての感覚と
つながっている感じや感覚を想定しないと説明がつかないことになるのだと
思います。

12 自然科学と〈動く感じ〉

加藤：ところが，物を基盤にした自然科学が主体になってきた昨今，この動感
を理論的に説明しようと思っても，それぞれの科学分野が独立し，互いに不
可侵関係を結んでいるようにも見え，〈動きかた〉のシステムにはほとんど
立ち入りません。私たちが学生の頃〈学際研究〉が話題になった時期があり
ました。スポーツの世界では，心理，生理，力学といった自然科学が一つの
テーマで集まり，人の〈動きかた〉に対してプロジェクトを組むのですが，
その企画が終わるとそれぞれの科学分野には成果として報告されるのです
が，親身になって〈動きかた〉の面倒を見てくれるわけではありません。プ
ロジェクトが終わればいつも，寂しく後に残されるのが〈動く感じ〉それ自
体でした。現在の自然科学がいけないとは言いませんが，明らかに人間の運
動の捉え方が一面的で他人任せだと考えざるをえませんでした。

　一見，精密科学は世のため人のためになるような印象を与えるのですが，
私には，その科学は人の動きを〈原発生〉から見ることをしないという印象
を持っていました。実際，それらが〈動く感じ〉，〈動感〉など正面から取り
上げることはなかったのでしょう。ただ，大学の授業関係で杉靖三郎先生の
心身相関論を受講したとき，なるほどな，と思ったことが記憶にあります。
しかし，その他科学的な研究を見聞きしていると，それぞれに孤立状態で，
真に人間の〈動きかた〉に関わらない運動科学の専門家が多いように感じて
いました。今でもなお，物を基盤にした精密科学的思考が優先され，私が思
う〈動感感覚〉などは相手にされない風潮というか，背景があるのだと思い

ます。

山口：加藤先生のおっしゃるように，自然科学による研究は，〈動感〉そのものに関心を向けていないのだと思います。学際研究と言われても，結局のところ外からの観察に終始する自然科学的な観察や実験などをとおした自然法則とデータの寄せ集めであり，人が身体を動かすとき，どこの筋肉がどう動き，筋肉が動くのは脳から信号が送られて生理的反応が生じ，といった，物の運動の観察と変わることはありません。それをいくら寄せ集めても，「痒いところをどうやって掻けるか」，「どうやって立って歩けるようになるのか」ということの一切に，納得の行く説明はできません。

　脳科学者の方に，「意図的に身体を動かすこと」と「自然に身体が動いてしまう（例えば，地震のときの身体の揺れ）こと」との違いは，脳科学的に証明できるのか，とお尋ねしたところ，「わざと身体を動かすのか，先に身体が動いてしまうのか」の違いは，運動の脳科学の研究対象にはならない，という回答でした。なぜなら，身体が動くときの脳の部位の活性化の観察が脳科学者の研究対象であり，動かすときの主観の関与は，外からの客観的観察では，常に除外されねばなりません。つまり，脳の活動を物理−生理的な反応として，すべての主観性を排除しなければならないからだというのです。赤ちゃんが興味津々で大事件かのように自分の手の動きを繰り返し確かめているとき，この興味がどこから湧いてでて，それがどのように身についてくるのか，彼らにとってはどうでもいいのです。赤ちゃんの本能的関心とか興味ということは，「飲みたい，食べたい，動きたい」といったまったく主観的な本能的欲求（価値づけや意味づけ＝本能志向性）であり，これを研究テーマにできなければ，人間の身体の運動とその際の動感感覚について，何も語ることはできないのだと思います。

　ですから，「わざとか，わざとでないか」の脳科学研究をとおして「嘘発見器」が開発された時がありましたが，重要な裁判で活用されたことはこれまで皆無なのです。

加藤：「幼児が自分の手の動きに気づいて何度も繰り返す」話は私にはものすごく納得できます。その他の科学と言われる分野では，なぜ物や物質を根元にしないと科学にならないのでしょうかね。

　スキージャンプのＶ字型に板を構える飛び方もそうです。あのシャンツ

ェは生卵を上から滑り落としても着地の衝撃で卵が割れることはないように
できているのだと聞いたことがあります。しかし，風の向きは気まぐれで，
その方向，強さの変化はどうしようもありません。確かに，板をＶ字型に
構える方が浮力は得やすいのでしょう。ジェット機の形みたいなもので，お
そらくは風洞実験などで物理的には計測・証明されていたことだと思います。
あの着地点が見えない滑走開始の時，また，気まぐれな風の向き，強さなど，
人が飛ぶ時には，飛んだ人間が解決したはずでしょう。ところが，ニュース
その他では科学の成果，勝利という言い方をされていました。私は，現実に
やったのはジャンパーだと思ってしまいました。

司会： 競泳で水着の開発が盛んなころ，記録を出したのは水着のおかげのよ
　　　うな風潮があって，北島康介選手が「泳ぐのは俺だ」といったことを思い出
　　　しますね。

加藤：端的には私の考えも山口先生の考えと同じだと思います。全部ではない
　　　と思いますが，脳科学の成果は物体という基盤上の研究であり，不思議な行
　　　動をとる人間の〈動きかた〉の追求ではないように思います。ノーベル賞の
　　　山中伸弥先生の人工幹細胞の研究だけは何か他の科学研究と違いがあるよう
　　　な気がします。しかし一般的には，脳も体も確かに目には見えないような物
　　　体の集合体で出来上がっているのでしょうが，人が動くという側面から考え
　　　ると，脳や骨格のこと，または人間を物体として考えているせいでしょうか，
　　　人の〈動きかた〉については無責任な研究のように感じます。物を基盤にし
　　　た考え方は外科医の手術には貢献する可能性はあるでしょうが，人間の〈動
　　　きかた〉の追求，開発とは程遠いもののように思います。どの科学も人類に
　　　貢献したいと思っているとは思いますが，どこまでが物としての分析対象で
　　　あり，どこからが人間なのかをはっきりさせてもらいたいものです。

司会：そういえば，確か冬期長野オリンピックが終わったとき，「Asahi
　　　Shinbun Weekly „AERA "(1998.3.2)」という雑誌に「科学的トレーニングの限
　　　界」というタイトルで,当時の堀井選手と清水選手の記事が載っていました。
　　　その副題には「何とも皮肉な結果だったと言うしかない。科学軽視の清水が
　　　活躍し，重視の堀井と白幡は低迷した。科学では解決できない部分がスポー
　　　ツにはまだある」と書いてありました。興味を持って読んでみると，清水選
　　　手の写真の下には，「勝負は一歩の踏み出しのリズムで決まる。ああ，気分

いいなという感覚です」とコメントが載っていました。その後さらに興味がわいて清水宏保選手について書いてある本をいくつか読みましたが，やはり〈動く感じ〉を大切にしていました。動感感覚のことが一時話題になっても，またスポーツ科学の力に押し潰されてしまうようです。どうしても自然科学者にとって〈動く感じ〉は邪魔なのでしょうね。だから，体操競技などで〈技が狂った〉等という端的な感覚経験は，スポーツ科学では扱わないですよね。スポーツ心理学で扱おうとしても，その理由が細かい個人の〈動く感じ〉の問題だから，結局，現場の指導者が頭を抱えて治していくことになるのですよね。

⓭ スポーツクラブにおける師弟の人間関係

山口：幼児が身体の〈動きかた〉を身につけるプロセスのお話と脳科学研究による運動分析の関係について，大変興味深い加藤先生のお話，どうもありがとうございました。

　では，ここで，先ほどテーマにされていた，たとえば，スポーツクラブで，「動感」を中心にした指導ができるかどうか，というお話に戻りたいと思います。指導がうまく行っているときはいいのですが，うまくいかないとき，色々な問題が起こってくる可能性があると思われます。

金子：記憶に新しいところでは，テレビのニュースで男子コーチが女子選手に暴力を振っている映像が流れて，大きな事件になったことですかね。

加藤：こうするとこの子は元気になるだとか，指導者が勝手にパターンを作って，その中に体罰も含まれてしまっている場合もあるのではないでしょうか。でもそこに何の理屈もなく，ただ感情をぶつけているだけで。選手の側にとってもそこにコーチに対する憧れみたいなものとか尊敬だとかというのは，実はあまり感じていないんじゃないかと思うんですけどね。

金子：その辺が難しいね。

司会：このような場合をよく考えてみると，教える人には「できるようにさせる」ことが求められるわけですよね。だから「できない」から体罰を与えるというのは，自分の仕事を放棄していることにならないですかね。そう考えると，「教えても上手くいかない自分の苛立ちを，選手に八つ当たりしている」ということではないでしょうか。もっと，「なぜ，上手くさせられないのか」

とコーチも自問自答して，自分の反省に向かうべきではないでしょうか。そうすれば選手の〈動感発生〉の問題に関心が向き，発生運動学が理解できると思うのですが。

山口：だけど，先ほどおっしゃったように，選手一人一人の癖とか，人柄とか，ある種の信頼関係がないところに，本当の意味でのコーチングはできないし，それがないと練習にならないということですよね。

加藤：伝わりづらいですよね。

山口：それって，体操クラブではどうなんですか。一人一人の関係とコーチやなんかというのは。

加藤：学校の授業のように，1対多数ではないですね。もうちょっとこぢんまりした，レベルのそろった選手への指導という格好にはなるけど，本当にそれぞれを見ているかというと，分かりません。

金子：ただ，山口先生，この問題は指導者のマネジメント志向にあるんですよ。彼らは外部視点から見ているんです。選手のキネステーゼ感覚の発生する世界に入っていっていないだけなのです。

山口：それでしたら，結局本来の意味での〈わざの伝承〉というのは無理で，要するに動感メロディーがどう伝わるかという話とは別のところで動いているということですよね。そうなると，一番大きいのは，僕は指導者の側の問題だと思います。ですから，教える側に動感メロディーをどうにか継承していかなきゃいけないという指導者自身の中での確信が必要です。そうでなかったら，「何のために僕は体操を教えているんだ」ということがしっかりしていない先生が出てきたとき，それこそ大変なことになっちゃいますよね。

加藤：なりつつありますね。

山口：なりつつありますか。マネジメントということで，薬を飲めばすぐ治るような感じの，そういうマニュアル的な対処の仕方になっているのでしょうか。

加藤：みんなそうなっています。

司会：学校体育でも授業マネジメントが主流になりつつあって，教育実習では指導案の書き方の良し悪しがうるさく指摘されます。そのマニュアル通りに授業ができればよい授業となるのでしょうかね。指導案もなく，立ちどころに皆を上手にさせる体育の先生と，マニュアル通りで誰も上手させられなかった体育の先生とどっちが上なのでしょうかね。プロのコーチは結果が出な

ければすぐに解雇されるけど，教育という世界は特殊なのでしょうかね。

　結局，スポーツクラブそのものの活動が悪いのではなく，早く結果を出してクラブを有名にしたいとか，会員が増えるようにとか，経営的な問題が絡んで指導者もそれに翻弄されるのでしょうかね。

山口：そうなっているなら，そこが根本的な問題ですよね。

⑭ 学校体育の基本問題に向き合う

加藤：そういうクラブでは，子どもに遊ぶ時間，勝手なことをする時間も与えない可能性もありますね。この間，母校である高校が創立80周年ということで帰ったときに，驚いたのですが学校が大規模になっていて千何百人も生徒がいるようになったんですよ。それで，その創立記念の行事に参加した時，プロジェクターの接続を確認しておきたいと思って，体育館に行ったんです。最初体育館に入った時，暗幕が引いてあり，暗くて何も見えなかったんです。僕は大きな声を出しながら，ちょっとできますか，みたいな話をしながら体育館に入っていったら，1500人近い人数が呼吸も聞こえないぐらい静かにしてそこにいたんです。

山口：何をしているんですか。

加藤：分かりませんが座っていました。何かきょろきょろはしているんですが，驚くぐらい静かでした。びっくりしました。

山口：子どもだったら普通，ぎゃあぎゃあ，みんなで騒いでいるものでしょうけど。

加藤：いくら高校生だからといって，でもまだ子どもですよ。呼吸も聞こえないぐらい静かにしているなんて，あれだけの人数が。

山口：しつけられちゃっているんですね，もう。

司会：その〈躾〉というのはいつからどのように行うべきなのでしょうかね。自分はよく銭湯に行くのですが，子ども連れの親子が何人もいます。そこでは子どもが大きな風呂で泳ごうとすると，親に叱られる子どもがいるわけです。でも，しばらくしているとまた泳ぎたくなって泳ぎ始めるわけです。その繰り返しを見ている一方で，親の顔を覗きながら，自分の印象ですが，「自分も泳いでみたい」という衝動を我慢しているように見える子どもがいるの

です。何か「子どもらしくないな」という印象ですが，この頃はもっと衝動的に思うことをやっては，叱られるという繰り返しで良いのではないかと思っています。やがて「泳がれると迷惑」と子ども自身が感じるようになれば，泳がなくなるのではないかと思いますが。この時期に，〈正しい躾〉と称して子どもの衝動を止めることは正しいのかどうか，難しい問題ですね。

加藤：多分。これじゃ，教育というか，しつけというか，生徒は何を勉強しているんだろうと思いましたね。ちょっと違和感があったんですよ。

金子：それで今，やっぱり指導者養成なんかそうだけど，そういう指導者養成機関というところでは，昔ながらの〈感覚のメロディー〉だとか〈コツ〉とか〈カン〉とかというのは非科学的だから駄目で，全部，もっと合理的にやらなきゃいけないとなっているるようですね。

山口：ただ，合理的じゃ試合に勝てないじゃないですか。そんなもの，何の役にも立たないわけでしょう？　だとすれば結局，本当に矛盾の中に立っているというか，つまり〈動感メロディー〉のゆらぎの中にいて，自分で感じるところなくして試合なんかあり得ないわけでしょう。となれば，それをどうにか受け継いでいかなければいけないわけだし，そして，それに代わるものはあり得ないんだから，外からいくらこねくり回してしてこうやれといって，何分間こうすればこうなるみたいな，そんな機械的な話じゃないわけですよね。となれば本当に，今，明友先生がおっしゃったように，どんな指導者養成をするかが決定的に重要になるじゃないですか。

加藤：そうですね。

金子：だから，指導者養成用の本格的な理論システムというか，専門的内容というか，そういうのが不足していると思いますよ。

山口：教科書がないというか，ある種のスタンダードというか，それをどうにか頑張って理解すれば，みたいなところがないと。

加藤：最近，話を聞いていたら，道徳が正課になったということです。学校の教育として入ってきたなら，正課だから必修ですし，成績評価をつけなければならないでしょう。でも道徳は評価するものなのかどうなのか。だけど運動なら評価というか，できた・できないというのはいろんな段階でありますけど，やったことがない，何か持っている，できる，その3段階ぐらいはどんなことをしたって分かりますよ。今の教育はそれにあまり意味，価値を置

いていないように思います。動くなんてことは，そんなものより受験勉強を
やったほうが試験に通りやすいから，そっちのほうの優先順位が上なんです
よ，やっぱり。

金子：先生は，倫理学の本をお書きになったでしょう。

山口：『人を生かす倫理』ですね。

金子：あれは重要ですね。あの問題，今，体育で一番不足している問題ですね。
だから，伝承論の研究というと，これまでの話のように倫理や道徳も教育的
な面として含まれちゃうから，みんな二の足を踏むわけですよ。

加藤：うん，ちょっと恐れ多いという。

山口：おっしゃるように，道徳の評価は簡単にできることではないと思います。
どの学校でも抱えている「いじめの問題」があると思うのですが，加藤先生
のおっしゃるように，受験勉強が中心の教育の現場では，体を動かす体育の
時間が削られるだけでなく，クラスのみんなと先生とが一緒になって，自分
たちの思いを言葉にして，お互いの言葉をじっくり聞き合い，本当の意味で
の〈話し合い〉の時間は，ほとんど持たれていないのが現状だと思います。
　小学校で仲良くすることと喧嘩することは，子どもたちにとってごく当た
り前の日常に起こるのだと思います。このとき「わざとそうしたのか，知ら
ずにそうなったのか」子どもの〈動きかた〉の中では，自分ではっきり区別
することができないのかも知れません。『人を生かす倫理』の中で，現象学
の分析による〈ゼロの運動感覚〉において「自分にとっての運動感覚の自覚
の瞬間」について述べてみましたが，「いじめ」とか「喧嘩」というとき，
子どもの随意運動について，体育の先生が積極的に語れることはないのでし
ょうか。

加藤：それについてのことですが，例えば小沢俊夫先生の「昔話と語り部の話」
と「道徳」との関わりを思い出します。小沢先生はグリム童話が専門の先生
でした。退職の頃からかテープレコーダー持参で日本民話の語り部を訪ね歩
かれ，生の語り話を集めておられました。グリム童話もその昔の民話の時代
はそうだったらしいのですが，手を切り落とす，馬の脚が一本ずつ切り落と
されるなど，非常に残忍な内容を易々と子どもに語って聞かせるのだそうで
す。大人が聞けば，馬が一本ずつ足を切られて最後は一本になっても追いか
けてくる，などは明らかに作り話で現実的ではないのですが，この残酷さと

非現実さの同居はグリム童話にも日本の民話にも共通なのだそうです。聞く子どもに現実らしく映るのでしょう。これらの話は悪いことを戒めるためばかりではなく，手を切り落とされても，別れ別れになった母親に会いたいなどの感情をも表現，示唆することにも関係するのだそうです。確かに人が人道的にやってはいけないこと，あるいは親への愛情のようなものを形成するのに必要なことかもしれません。だから，子どもに語って聞かせた民話はある意味では道徳教育なのではないでしょうか。だから小沢先生は，常にハッピーエンドで終わるディズニーの物語を嫌っておられ，幼稚園の先生にはディズニーの絵本を使うのをやめなさいとまで言っておられました。

　この話には私たちがスポーツをやっていて同じように感じるところがあります。その代表格なのが怪我とルール違反であり，また，競技によって異なるそのスポーツ種目らしい振る舞い方などもそうだと思います。大怪我やルール違反は競技そのものをダメにしてしまいます。怪我はある程度仕方ない場合もありますが，〈怪しい我〉と書くのですから，大半が自分自身に帰します。最悪の場合は人生を変えなければなりません。最近の子は怪我をしても医者に直してもらえると思っているところがあるようですが，怪我の現実は，怪我をする前の状態には戻らず，怪我が治ったという解剖生理学的な判断だけなので，厳格には元に戻ることとは言えません。誰しも思い出してみればわかることだと思うのですが，怪我が治ったからといって即座に怪我をする以前と同じやり方をする人はほぼいません。当然ながら，怪我はそれをする前の無垢な状態には戻りません。〈怪我の功名〉みたいなこともあるのですが，名選手と言われる人の多くはその怪我を表に出さないように，別な方法で解決するか，似たような怪我はしないように注意，工夫をして表に出さないようにしているはずです。

15 怪我にどう向き合うか

山口：今のお話の中の怪我の原因についてさらにお聞きしたいと思います。怪我の原因は「大半が自分自身に帰する」ということですが，このことは，選手にとっても，分かりすぎるほど分かっていることだと思われますが，それでも怪我をしてしまう理由は，どこにあり，加藤先生は，それをどのように

回避しようとなさっていたのですか。「別の方法で解決する」その方法と「似たような怪我はしないように注意，工夫」の仕方について，どのようにお考えですか？

加藤：同じ怪我を繰り返すのは，賢くないという証拠だと思います。それでも私のように怪我を繰り返すのは，確かに賢くはないけど，「やりたい」，「やってみたい」という衝動みたいなものがあるからだと思います。

　　怪我を一度経験すると慎重にならざるをえません。怪我をするとそれ以降，一切怪我をするようなことはしないようになるか，新たな方策を探しもう一度やり直すか，というこれらの分岐点になると思います。しかし，新たな方策があったとしても，怪我が治ったばかりであれば，おずおずとやり始めざるをえません。だから，怪我をする以前のような後先もなく立ち向かうようなことはできません。体操の演技の場合であれば，他の周辺の力でカバーして行うようなこともあり，また，怪我をした体に負担をかけないような他のやり方を模索したり，異なる技で演技を組み替えたりすることもできます。いずれの解決方法にしろ，やりたいという衝動というか欲みたいなものがその深層にあるからそれらが模索されるのだと思います。しかし，この欲みたいなものはどこからくるのでしょうかね。

　　怪我続きだった学生時代に，誰に聞いたか思い出せませんが「転んだらただ立つな。石でもなんでも拾って立て」とか「足がダメなら手があるだろう。手もダメなら頭があるだろう」など厳しいことも聞かされました。アキレス腱を切った時，私たちの時代は4週間くらい入院させられましたので，入院中は，看護婦さんの目を盗んで十字懸垂，プレス倒立などを想定し，上半身を鍛えていました。そして，4週間後，久しぶりに体育館に行った時，まずつり輪のプレス倒立と十字懸垂をやってみました。確かに強くなった実感があり，嬉しかった記憶があります。可能性と欲とは，ある程度ペアになっているように思います。

　　また，先ほども述べましたが，やはり子どもだけでなく最近の学生も怪我をしたらお医者さんに治してもらえると考えているように見えることがあります。そんな時，私は言ってあげるのです。「お医者さんは，怪我をする前に戻してくれるのではなく，怪我をして壊れた体を修復してくれるだけで，怪我をする前の自分には戻してくれないんだよ」と。「一応医学的には治っ

た状態に戻るとしても，自らの〈動きかた〉はまた一からやり直さないといけないんだよ」と諭すのです。いずれにせよ，自分の体のことなので，お医者さんの責任にはできないことですからね。

司会：たまたま自分も，所沢にあるリハビリテーションセンターの体育学科の学院の運動学の授業をもっています。そこでは障がいを持った人への体育指導に関わる院生が集まっているところで，授業内容は普通の運動学なのですが，そんな関係もあって時々リハビリテーションについて考えることがあるんです。普通，リハビリテーションといえば日常生活への復帰を目標にしますし，生活に支障が出ないよう努力するし周りもそのサポートをします。ところが，体操選手のリハビリテーションで技をどうするかという面倒を医者は診てくれません。解剖生理学的な通常に戻ればそれで終わりなのですが，加藤先生のいうように治った身体は，怪我をする以前の技と同じ感覚にはなりません。だから，治った身体で新たに技を覚えるような感覚に復帰していくわけです。指導者も似たような経験がなければ，そこに立ち入るのは難しいと思いますが，それでも怪我からの復帰も〈代行〉できる指導者も実際にはいるようですね。

加藤：メキシコオリンピック大会の折にあるドクターに会いました。その方は私が大学一年生の時に右肘関節の関節ねずみの取り出し手術をしてくださった先生です。その方はメキシコ大会日本選手団のチームドクターでした。選手村で何か体に異常があればお世話になる関係でした。自分の体調のことだったかどうかは思い出せませんが，当直のその先生に相談に行ったとき，「なんだ，お前だったのか」と言われ，私を覚えてくれていたのだと思い，気が楽になりました。しかし，そのあとの言葉が引っかかったのです。「よくここまで体操ができるようになったな」ということを言われ，お医者さんは体をある程度治すけど，その後できるようになるかどうかは別な話なんだ，とその時やっと気がつきました。

　メキシコ大会を終え，その年の冬，一試合終えた安堵感もあり，また水泳臨海実習の単位が取れていないことから卒業できないことがわかり，同級生を見るにつけ自分が寂しいと感じていたこともあって，野沢温泉スキー場の民宿に入り浸っていた時期がありました。4年で卒業することは諦めて留年したのですが，次の冬もスキー場へはよく行っていました。まだ大学紛争や

過激思想派の活動がニュースを賑わせていた時代であり，メキシコの大会は腰椎分離症で胴体に石膏を巻かれて帰ってきたのですが，1年も経てばかなり体は動けるようにはなっていました。スキーの体の使い方と体操競技の体の使い方が異なるのは当たり前のことですし，中学生の頃は新潟のレベルの低い地域でアルペン選手もやっていたので，スキーのことはある程度知っていました。

　大学5年目の終盤，2月の寒い時期にスキー場から大学に戻り，練習に参加した時，腰のだるいような痛いような感じを持ちながらマット運動をやっていた時にアキレス腱を断裂してしまったのです。ロンダード・後転とび・後方宙返りの，宙返りの蹴りで右腰の後ろ下あたりにバレーボールのスパイクを受けたような衝撃を感じ，マットに落ちました。痛みはほとんど無いのですが全く足首の感覚がなく，やってしまった，と感じました。ほぼ完全断裂でした。

司会：今はスポーツ医学が進んで，アキレス腱の断裂は完全に復帰できる怪我となりましたね。その復帰への期間も短く，最近では寺本明日香選手がアキレス腱を断裂したニュースが流れましたが，もう復帰していますものね。

加藤：その後のことは前にも述べましたが，4月頃になっても後方宙返りの蹴りはできませんでした。アキレス腱を伸ばすことが怖いのです。階段の上り下りでも怖さを感じます。足首の曲げ伸ばし（可動域回復），踵を浮かせる（力を入れる），などいわゆるリハビリテーションが続きました。初めは負傷した足で立つのも怖い感じでした。踵を浮かせて立つには反対の健常な足と合わせて負傷した右足の動きを誘発するしかない状況でした。夏頃までこの訓練をしたと思います。ある程度ジャンプができるようになると，体操競技では，今度は左右の足の均等な力配分が必要になります。このころになると健常な足にだけ負担をかけるようになりやすいので，それを避けなければなりません。

　これらのリハビリの大まかな経緯を通じて，最後まで残ったのが怪我をした方の足首を最後まで曲げ切る，つまりアキレス腱とそれに続くふくらはぎを完全に伸ばしきることの怖さでした。

　その当時，すでに後方かかえこみ2回宙返りが行われ始めており，強い蹴りは時代の要求ともなっていました。後方宙返りの蹴りはいわゆるエキセン

トリックな力の入れ方が必要であり，アキレス腱切断経験者には辛い部分なのです。それまでの後方宙返りは，思い切り体を沈め，地球の芯を蹴るごとく蹴飛ばし，宙返りの高さを競うというものでしたが，アキレス腱負傷経験者にはその沈み込みができません。やはり心のどこかに怖さがあるのです。一方，ゆかの2回宙返りという時代の要求も避けては通れず，工夫を余儀なくさせられました。強く蹴って高く上がれば回転の量が増やせるという考え方から，回転効率を良くすれば高さの問題は半減するのではないかという考えに至り，回転効率を上げるには上体を起こして蹴った方が良いことに気づきました。すると，足首を深く曲げて沈み込んだ体勢が緩和され，アキレス腱を伸ばす怖さが薄らいだのです。競争の本質としては宙返りの高さは大切なのですが，〈回転効率〉を考えたら，この思いつきで視界が晴れた感じでした。

司会：発想の転換というやつですかね。

加藤：通常，怪我をしたいと思って怪我をすることはないと思います。怪我の話は自慢すべきことではないのですが，子どもの頃の記憶を辿ってみると，大小数え切れないほどの怪我をしていますし，記憶にないものも入れたらどれほどの怪我をしていることでしょう。私は子どもの頃，母親にしょっちゅう「むこうみず」と言われていたことが記憶にあります。無鉄砲，あるいは後先のことを考えない行動をとるのです。自分のことだけではなく，遊んでいて他人を怪我させたことも含めてのことでした。小学校前半くらいまでは母親の言っていることは単に「悪い子だ」と言われているくらいにしか感じていませんでした。今思えば母親の「むこうみず」という言葉を上の空で聞いていたような気がします。怪我は自他共に良いことではありませんが，そこから何か新しいことが生まれてくることもあると思うのです。私の場合は職業ではなく，いわば遊びの世界のことなのでそれで済んだのかもしれません。プロ選手が大怪我をした時は，子どもとは異なり，生活に直結した問題になるので，大変なことになるでしょうね。ちゃんこ料理ができるお相撲さんもいて，お店も開ける人もいますが，競技一筋でプロをやっている人はそのプロ活動が生活維持に直結してくるわけですから。

　また，ルール違反は，ホイジンガーの言うように，子どもの遊びはその約束の枠を超えるようなやり方をすると，その世界から締め出されることにな

ります。子どもの遊びにはその世界があり，成人の社会とは異なって自分より
がりの世界だと思うのですが。それと同様，スポーツの場合，ルール違反は
競技から締め出されることになります。スポーツ競技もの規則破りも似たよ
うなもので，100m 競争のスタートのフライングは人の目では判定がつかな
いことを機械に任せているのも似たようなことかもしれません。

　子どもの頃はどんな種目に適しているかわかりません。身長が急に伸びた
り，柔らかさや筋力もはっきりしなかったりします。体操競技，フィギュア
スケートなど早くから親しまなければダメだと言われる種目の多くは，実際
に競技できる体ができるまでの間にその種目らしい雰囲気に親しみ，慣れる
ことに大半の手間がかかっているのです。上達するには筋力，関節可動域，
力などいろんな要因がありますが，早くから特定の種目に親しんだ子で柔軟
性があるからといっても簡単に他のフィギュアスケートや体操競技には転向
しにくいと思います。というのは，外形的な因子だけではない，様式や習慣
のような「慣れ・馴染み」が関係するからだと思います。

16 〈動きかた〉を〈見る〉とは何か

山口：ここでは，スポーツ教育に絞って，昨今，問題になる点について，先生
　方のお考えをお聞かせください。

金子：問題の一つは，スポーツ運動学の指導の考え方が非科学的だから駄目だ
　という集団と，それに対する反対派との確執でしょう。こっちは現場で技を
　教える人たちの集団ですよね。それが今，指導者の側に問題が起こっている
　んですよ。これはつまり，先ほど述べたように，みんなマネジメントに行こ
　うとしているということです。

山口：これをどうにか指導者養成用の教科書づくりをして，枠組みや骨組みを
　しっかりすることが必要でしょう。そのときに，もちろん今問題になってい
　る外から見て計測によるやり方と，それを完全に無視するんじゃないけれど
　も，肝心なところは何なのかというところに合わせて計測データは取り込む
　というような，そういう両方を合わせた大きな枠組みをしっかり立てるとい
　うことが大事じゃないかと思うんですよね。

　つまり，どちらか一方を駄目だと言っちゃうと，向こうは反発するばかり

だし，お前たちのやっているデータを集めるのは結構だけど，データをどうやって解釈するのかと言ったときに，意味とか価値などに結び付けざるを得ないわけです。ですからそのときに，現象学はモデルとして，発生的現象学の大枠みたいなものが例えば神経現象学において，脳神経科学や発達心理学の知見を積極的に取り入れて，現象学の大きな領域の中に位置付けるということはすでにできています。分かりやすい「範」というか，誰でも，大学院生じゃなくても，学生でも分かるような組み立て方みたいなものを出すというのが，これからのスポーツ運動学と現象学講座の一つの大きな目的ですよね。指導者養成用の教科書を書くという。

金子：それはやっぱりなきゃいけないでしょうね。結局，私たちがスポーツ運動学で言っているのは，全て〈感覚発生〉の問題なんですよ。結局，人間が動けるようになるかどうかが問題なんですよ。動くのは本人が動くんだから，本人が動くのに，外から見て〈動きかた〉が「いい・悪い」と言っているんじゃ駄目で，〈動く感じ〉をどう教えるかというが一番大切なんです。私が考えるに，〈動き〉というのは向こうにあって，それをこっちから見てどう感じるかということじゃないんですよ。自分が〈どう動く〉かなんですよ。

山口：そうですよね。〈目に見える運動〉と，体の〈動く感じ〉って，もちろんつながってはいますけど，まるっきり違うじゃないですか。だから，動くといったとき，外に動いているものがあるという前提で，「ストップウォッチで計ってきます」では，それは外に動いている視覚的な動きにすぎないわけですよね。そして，自分の動感メロディーと感じているのは，この体の内じゃないですか。だから一番問題にしなきゃいけないのは，例えば明友先生が16ミリフィルムカメラでお撮りになった，大開脚下りの，目に見えている動きをどうやって自分の〈動く感じ〉にするか，というところでどんな工夫を行ったのか，ということの内実になると思います。それに1年間苦労なさったわけでしょう？

金子：そうです。〈動く感じ〉をどうして紡ぎ出すかというところですね。

山口：〈動く感じ〉を作り上げていったわけですよね。この〈動く感じ〉を生み出すというのが，それこそ指導者の最も大事なところですから。

金子：その通りなのです。

山口：そして，外から見える結果としての動きそのものも，もちろん大事です

けれども，その関係性を明確に結びつけるということも大事です。例えば皆さんは，自分の〈動きかた〉が天井から見えたりするんでしょう？

加藤：テレビでよく放映されるのですけど，他の局よりも変わった映像を作って見せたいと思うようで，つり輪の真上にカメラを構えている。鞍馬の真上にもカメラを付ける。確かにそれを自分で試した時期もありましたが，本人には分かりづらいものです。自分がどう動いているのか，あの選手はどう動いているのかというのが，ぱっと見たときに，「何？　この映像」と思っちゃうわけですよ。筑波に移って早い時期だと思うんですけど，小学校の授業参観に行ったとき，学校に大きなブラウン管のテレビがあって，カメラで撮って見せるという授業があって，それを見させてもらいに行ったの。

　授業の最初に，クラスを三つに分け，つまり，1つめのグループは練習するグループ，2つめはそれをカメラで撮影してもらうグループ，3つめは撮ってもらった映像を見ながら観察するグループに分けるのです。それで授業時間内に3つのグループをローテーションさせるのです。だけど，子どもが物珍しがって，〈観察〉のところへ来たら，「あっ，何々ちゃんが映ってる，イェー」とか，運動のほうには関心がない。せっかく視覚を通してでも何か自分の動きを観察させようと思ったのなら，行動を起こす前に，「自分の動きはどうやったのか」というだけでもいいから，子どもに言っておけば，「イェー」とか，これで終わらなかったと思うんですよ。自分の動きについて考える癖だとか，やっぱりあのころしかできないんじゃないですかね。

司会：それで聞きたかったことがあるのですが，加藤先生が技を覚えていたころはビデオカメラがないじゃないですか。

加藤：そう，ビデオカメラが身近なものになる前。本当に，学校に1台ぐらいしかない。

司会：現役をやっていたころも，絶対自分の技というのは自分では見られないわけじゃないですか。あらためて，そのときに今みたいな機械があったとしたら，技を覚えられました？

加藤：いや，何とも言えない。

司会：そこが何とも気になってね。今，みんな使うじゃないですか。あの当時，加藤先生のときはそれがないから，ひたすら考えて，指導者の先生がどう言うかということで必死に探っていたけど，今はビデオで見て，これをやるん

だよとかと言うと，考えることができなくなるのかなと思ってしまうんです。

加藤：私も，その見るということがすごく気になっていて，見るというのは，何かが判断できるというか，それをしているんだね。何を判断しているかといったら，この人がやっているこの映像と，そこに私の経験を入れて，私ならこうする，やったことがある，ない，などという，それをやっているはずなんですよ，こっちも。だから見えるんですけど，これを抜きにして映像だけ流していっても，何の役にも立たないというかね。

司会：逆に，あったら邪魔ということはないですか。

加藤：そう，邪魔。いちいちそれが出てきたらさ。

司会：そういう勘違いがよく起こるんですよ。どっちが正しいかみたいなね。自分が違ったという〈感覚〉はビデオカメラに映らないじゃないですか。

加藤：勝手なことを言って悪いけど，僕も最初はあれが見られるといいなというのはあったの。だけど結局，〈見る〉ということは，何を見ているんだといったら，〈自分がどう動くか〉ということを見ようとしているわけ。ゴルフの練習場で，100円を入れるとビデオ撮影ができる機器があったのだけど，貧乏性だからたくさん打ってやろうと思って打って。どこから撮っているとかレンズの位置も確認しないで，それで打ち終わって見たら，何を考えて打っていたか，何度巻き戻しても分からない。反省しましたね。「今から何をやろうか」と考えて1回だけ撮って見たほうがよっぽどいいということだね。

司会：そうですね。

加藤：ビデオなどを利用するのは，こっちに考えがあって，自分の状況が分かるだとか，そこにちゃんと見る設定，態度が必要なんです。それを訓練しない限り見えないものですよね。

司会：ビデオに映らないということを学生に説明するのが，今，大変なんです。実際に練習をしていると，一回一回感覚は違うじゃないですか。「今，違った」と言って，でもビデオで見たら同じだったというと，学生は自分の感覚のほうを疑ってくるんですよ。だから「違うって，感覚のほうが正しいんだって，ビデオに映らないんだよ」と言うけれども，その日本語がおかしいと思っちゃっているんですよ。学生はビデオに映らないはずはないと思っているから。

加藤：ああ，感覚の流れだとかリズムだとか映るはずない。

司会：だから，その辺のところをちゃんと理解しないといけない。こっちは〈力

　　の入かた〉に違いがあるのを見ているんです。

加藤：下手すりゃ，やる気があるのかどうかまで，最初から見ているんだからさ。

司会：そういうところで，今の学生たちは，自分で「違うな」とせっかく感覚で気づいたことを，自分で潰していっちゃうように見えるんですよね。

加藤：もったいない。

司会：本当です。だから，逆に最近は見せなかったりもしています。

加藤：うん，そういう意味で映像の活用は注意させたほうがいいかもしれない。

17 〈動感メロディー〉を〈身体感覚〉で見る

山口：ここでビデオを練習で使うか，という問題と関連して，お聞きしたいことが二つあります。一つは，選手が練習に打ち込んでどうにか技を習得しようと一所懸命，努力していることを前提にした上で，加藤先生のおっしゃるように，その日その日の練習ごとに「やる気があるのかどうかまで見えている」場合，「自分のやる気の問題だ」と選手に気づかせることができる方法はないのでしょうか。

司会：「やる気があるのかどうかまで見えている」かどうかということについては，やる気というよりも身体の〈動きかた〉の違いがわかるという意味だと思います。やる気が出ない，何となく気分が優れない，体調が悪いなど色々なことが練習には絡んできます。技でも「どう動いたら良いのか分からない」，「答えが見つからないまま探る」などという〈動きかた〉のとき，やる気なく見えます。いわゆる〈虚ろ〉な感じです。

　　そのことには，「恐怖に怯える虚ろ」，「体調不良による虚ろ」，「答えが見つからない虚ろ」など多くのことが絡みます。それは外から見た形の違いではないので，聞き出すこともあります。あるいは何かアドバイスをして，その表情などにも関心を向けます。上手くかみ合わないと，虚ろなままの表情ですが，少しうまく通じてくると，光が見えたような表情が見えてきます。あるいは練習仲間に「彼女は今日どうしたの，いつもと違うけど」と様々な探りを入れます。

　　相手も，先生は友達と違いますから，「やる気がない」と言えるはずもありません。また，先生には言えないこともあります。そんな探りを入れなが

ら，「技をよくしたい」という関心に向かっていればさらに深く立ち入るし，それ以前の問題であればその日を諦めて様子を見ることもあります。あるいは試合前などでは「今なぜ，今日練習をしているのか」という意味を諭し，動機づけに立ち入ることなどをして，自分を鼓舞するように仕向けます。

　人間が動くことは機械のそれとは違うので，その状態によって正しい言葉でも意味が取り違えられてしまいます。女子選手の場合，この関係を構築するのは結構難しいです。相手が先生という存在感をどう考えているかという問題が絡んできます。医者に行けば，自分の具合の悪いことをすべて伝えます。嘘をついても，結局自分のためにはなりませんから。でも，指導者には嘘をつきます。このような関係となるのは，日本の体操女子の指導の根っこにある問題でもあるのですが…全く理解していないのに「ハイ」といってその場を逃れる選手もいます。日本のスポーツ界に長く伝わってきた〈悪しき伝統〉のようです。だから，わざと嘘をついて「ハイ」と言わせて，「いま，ハイといったね」，「ならば…」と突っ込んでいきます。こうして，話を聞かない生返事は，あの先生には通用しないことを覚えてもらうわけです。

　このように指導者と選手の関係の構築も難しいのですが，動感問題を探るには必要だと思っています。コーチや指導者は，「ライセンスを持っている」とか指導者自身がその肩書きで「自分が指導者だ」と思っていることが多いようです。でも，選手の側からいわせれば，そんなこととは関係なく「あの人は私の指導者ではない」ということがあるわけです。おそるおそるでも，先生に尋ね，「あの先生には思うことを伝えてもいい」という関係を作ることが第一です。いつも「この選手は自分を指導者と思っているのか」という疑いを持つ態度は指導者には必要だと考えます。とはいっても，人は親にでも嘘をつきますから，人との関係に嘘は必ずついて回ります。結局，冗談や本当の話をしながら，選手が先生から何を聞き出せるのかという能力を育てていくことが基本だと思っています。

山口：練習の際の指導者と選手の間のかかわり合いは，いずれにしても選手も指導者も能力を最大限に実現できるように，一所懸命であるという基本的状況が前提にされていることが納得できました。それを前提にした上で，選手のその日の調子，全体的な体調，身近な出来事など，練習に影響するさまざまな要因が考えられると思います。

　　もう一つ重ねてお聞きしたいのは，どうして選手が指導者に「嘘をつく」
　ということが生じるのか，という質問です。お医者さんに限らず，「嘘をつ
　いて」自分のぶつかっている問題の解決に繋がらないことは，うすうすでも
　分かっているはずです。その場しのぎでは，いざとなったとき，困るのは自
　分であることは，分かっていないのでしょうか。

司会：これは日本の文化と密接に関わっていると思います。以前アメリカのコー
　チと話をしたとき，できないから「教える，やらせる」という日本的な管
　理主義的な考え方を否定されたことがあります。本人が立派な人間として成
　長するためには，不足しているところを本人が自ら埋める努力をさせるべき
　で，「それを他人が補ったらいつまで経ってもその人はその能力が欠けたま
　まである」という考えです。

　　例えば日本の女子の体操競技では体重管理を厳しくするのが一般的です。
　先生の見ていないところでお菓子などを食べると罰を与え，その行動を戒め
　るという考え方です。ところが，アメリカのコーチは，罰を与えるのではな
　く「なぜそれはいけないのか」を諭すことを第一とします。そのような文化
　の違い，考え方の違いがあると思っています。

加藤：日本でのサーカスのイメージは，明友先生曰く，角兵衛獅子の女の子が
　叱られながら芸を覚えていく，といったイメージだそうです。子どもがそれ
　を見に行くと，人さらいにあうといわれていたようです。日本の女子の体操
　競技の指導もこのイメージに近いものがあります。体操コーチの体罰事件な
　どがその例でしょう。

司会：日本では「先生に怒られないようにする」という態度が染みついている
　ので，嘘をついてもその場を回避しようとする習性が大学生でも抜けない場
　合があります。先生が見ていないとき「サボる」というのも同じで，「やら
　されているから，サボる」のであって，自ら自発的に行うことは「サボる」
　という考え方はないと思います。

山口：その一秀先生のおっしゃるように「力の入れ方の違いがあるのが見えて
　いる」場合，「どう違っているのか」「どうしたらその違いが直るのか」ビデ
　オと無関係に，直接，選手に伝える方法はないのでしょうか。

司会：力の入れ方の違いは，自分の経験と照らし合わせて感じ取れます。ただ，
　この経験というのが不思議で，自分が同じ経験があったというだけでなく，

やったことのない技を教えているときでも，自分の中にその技ができる〈動く感じ〉が生まれてきます。〈自らの動感で見る〉〈身体で見る〉ことによって，動きの中身の違いが感じ取れていくことになります。「なんか違う」，「自分だったらこのタイミングで動くはずだが」と，未経験の技でもこのような動感が捉えられます。それをさらに，相手の動く動感と自分がこうしたいと修正したい動感とを照らし合わせながら，「なぜあのタイミングで力を入れるのか」ということを，実際に自分の動感経験で〈代行〉していきます。つまり，問題のある技の捌きを，自分の動感で実際にやってみる，組み立ててみることになります。すると「こう動くから（こんな動感で捉えているから），ここに力が入るのか」ということが自分の動感で分かってきます。すると，今度はそれをどう伝えるかという問題になるのですが，確認のため「相手の動感と同じ動感」の話をしてみます。最初は「多分，こんな感じで動いているのでは」と聞けば「そんな感じではない」いわれ，何度も代行形態を修正し確認していくうちに，その確信がつかめると，つまり他人の動感が自分の中で構成されると，「だから，そうではなくてこんな感じ」と伝えます。このときはほとんど「擬音や擬態」というオノマトペの世界です。特に大切なのはそのメロディーの緊張と解緊のリズム感です。「ウン，ではなくウッという感じ」などと伝えていきます。そこでは「ッ」という意味は，短く力を一瞬に入れるようなイメージが生きてくるのです。

金子：この〈動感メロディー〉というのは音楽メロディーと違って，耳で聞くことができません。それは具体的な〈具象化対象 (konkrete Gebilde)〉として，自らの身体感覚でありありと統握するしかありません。このことはすでに2年前の拙著『わざ伝承の道しるべ（§28-b）』で立ち入っているので省かせてもらいます。この〈動感メロディー〉はカテゴリーの事態分析対象ではなく，感性的直観分析の対象であり〈基体〉という先言語的〈事態基盤 (substrat/phypoteisis)〉であり，自ずと〈先所与〉されるのは周知の通りです。この奇妙な〈基体〉という〈原泉基盤 (Sachlage)〉こそは，〈事態 (Sachverhalt)〉というカテゴリー対象の基盤でなく，感覚発生の対象となることが〈端的感覚経験〉の核心となるからです。

山口：自分と相手のあいだで，動感が伝わり合うときの様子が，少しずつはっきりしてきたように思われます。オノマトペが有効な手立てとなっているこ

とも納得できます。オノマトペが感覚にぴったり相応して，まるで感覚そのものが直接，表現されるかのように，自分と相手のあいだに共有される感覚のように伝わるのだと思います。オノマトペの場合の音声による聴覚と発声するときの運動感覚とが，ちょうど，乳幼児と母親のあいだで上手に真似られていたように，聴覚と運動感覚との連合が，その都度できあがりつつ，繰り返されることに，「動感の伝わり」の基盤があるのかもしれません。

　ここで二つ目の質問として，このビデオの問題に入る直前に，「皆さんには外から自分の動きが見えるのか」とおうかがいしましたが，それに関連して，確か，一秀先生のお話ですと，能の『花伝書』にある「離見の見」ということが起こるということでしたが，この点について，どんな時に，どのように起こるのか，お話を聞かせていただけないでしょうか。

司会：体操競技では，先ほどの話のように技の理想像というものがあります。特に昔，規定演技が行われていた際に，そこでは世界中の選手が同じ技を行ってその「捌き方」で優劣をつけることになっていました。そこでは「自分がやりやすい」というような次元ではなく，世界中の人がその演技を素晴らしいと認めるような，理想像を考えるわけです。それは，単なる形，例えば倒立の角度などではなく，動きのリズムの強弱も含めた，各技の捌きや演技全体としてのリズム感なども含め，まさに動きとしての技の理想像が求められます。加藤先生はこの理想像にこだわる選手でした。その理想像は自分で構築するよりも，むしろ当時国際技術委員 (FIG) だった，明友先生が理想像を構築していました。だから，加藤選手はまだ見たことのない理想像を，つまり明友先生の理想像の動感メロディーを学びとっていくことになります。

　また，世界で初めて発表する技なども，未だ誰も見たことがない技ですし，その動きかた，動感など誰も知らないわけです。体操競技において世界で初めての技が発表された例は，過去に多くあります。それは形として，今で言えば合成写真を使って架空の技を作るのとは違います。まだ見えない理想像や新技に向かって，どう動けばそれが実現できるかを考えていったわけです。特に規定演技の時は，外国選手と違う捌き方などを探し，それで世界と勝負をするわけです。体操日本の黄金期は，この日本の理想像が世界を席巻したおかげだと思います。そのような時代のまっただ中にいたのが加藤澤男先生で，私も中学の時から同じ体育館で練習をしていました。毎日出会うわ

けではないですが，加藤先生の練習を見ることもできました。いつも，うつむいて何かを考え，ふと動き出すような記憶があります。そんな中で，明友先生と加藤先生との師弟関係は，明友先生の考える技の理想像をどう盗むか，ということにかかっていて，それを実現すれば世界で金メダルが取れる，ということが見えていたのだと思います。だから，「先生に褒めてもらいたい」というレベルではなく，「よし，いまのはいい」と言われたとき，自分のイメージを修正しながら，明友先生の頭の中にある理想像に近づいていくことになったのでしょう。

　私もそうですが，当時はビデオなどで撮影することもありませんから，皆自分の動きがどうなっているかは，〈動く感じ〉しか残っていません。それを想像表象の中で映像化しようにも，他人の同じ技の記憶が頼りになります。他人の同じ技を見てその動感を捉え，それを自分の動感と重ね合わせながら，「多分自分は，あそこの力の入れ方が違うから」と考えます。多くの人の同じ技と動感を見ながら，「多分あの選手のこの捌きと，あの選手のこの姿勢」などを重ねながら，「多分自分はこうなっている」というイメージを作っていくのです。

　また，鏡を使いながら，自分の動く感じと見える姿を確認していきます。自らの〈動く感じ〉を変えると写っている姿が変わるわけから，その感覚と同じ時は鏡の〈動きかた〉と同じというような理解をしていきました。体操競技は採点競技ですから，他人からどう見えるかということが分からないと，自分が気持ちよく技を行っても，減点されて良い得点が出ません。着地が止まっても，一歩動いた人の方が全体として高得点の場合もあります。つまり，そのように「審判員の見る目」を持っていなければ，競技者としての練習にはならなかったわけです。特にこのイメージ作りが下手な選手は，時に自分の技を撮影してもらって見たとき，「これは自分ではない」ということも起きます。その点で，加藤澤男先生は，この動感表象能力が誰よりも優れていたから，美しい体操と世界で認められたのではないかと思います。

　一方，お粗末ですが私もそのような経験をしてきた中で，今教える立場にいると，例えば車輪を正面から見ても，倒立を経過する局面を横から見た姿勢として見ることができます。だから，正面から技を見たまま「倒立での身体の反りが強すぎる」など指摘することもできます。それは，改めて横から

見た像を自分で構成し，それについて語っているのではありません。動き全体，反った〈動く感じ〉をとらえている自分の動感感覚を頼りに指摘しているのです。まさに自分の身体が反っているから，それを直すという感じです。

　運動学の場合，実際に人間は自己運動として動いているので，単なる図形として見るのではなく，自らの〈動く感じ〉でその技を捉えながら，その違和感を感じ取ります。正面から車輪を見ていても，倒立経過の際に身体が反っている選手には，自分の体が反っている動感が生まれます。勢いなく苦しそうに倒立経過をするとき，その感じは自分の中にも生まれます。すごく簡単にいえば，〈共感〉するということです。その上で，改めて今感じた状況を映像化したような想像で思い出すことも可能です。この〈動く感じ〉がとらえられることによって，正面から見ている姿勢でも横から見た姿勢としてとらえ直せるのではないでしょうか。

金子：正にその通りです。私がFIG（国際体操連盟）で技術委員をしていたときの委員長はスイス出身のFIG会長でしたが，いろいろと教えてもらいました。このFIGの会長のガンダーさんは，審判員もコーチもいつも〈動感メロディー〉を捉え〈同時に動けること (Mitturnen)〉ができなければ，採点もコーチングも不可能だと断言していたことが印象的でした。

18 離見の見と間主観性

山口：次のお話に入る前に，ここで区切らせていただき，「動きの理想像」，「目に見えない新しい技の理想像」，「自分で同時に外から見ることない自分の運動像」，さらに，自分に見えないはずの自分の動作が，自分の外から見えるという，いわゆる「離見の見」についても，おうかがいしてみたいと思います。今までの，お話の内容は，とてもよく分かります。特に興味深いのは，金子明友先生のご指摘にあるように，「はっきり，見えることのない新しい技の理想像に近づこうとする」というとき，先ほどのお話にあった「動感の探り合い」ということと同じことが，問題にされているのであろうと思われます。まるで新たな芸術作品の創造に等しく，選手とコーチのあいだで少しずつ感じ合わされていくのでしょう。その意味で，一秀先生のおっしゃるように，二人の人間のあいだで成立する〈動感の響き合い〉が求められている

のだと思います。ということは，新しい技の実現というとき，まさにこれは，選手個人の内部で生じているのではなく，選手と指導者のあいだで動感の共振として成立することなのだと思います。現象学の用語で言えば，間主観的に実現しているということを意味するのだと思われます。

　このことは，金子明友先生が，1952年のヘルシンキオリンピックで初めて直接ご覧になったシュワルツマンの大開脚跳び越し下りを自分の技としてご自身一人で習得なさろうとしてときにも，そこで16ミリの映像として残っている運動像に内属する動感メロディーにどうにか近づこうとなさったといえるのだと思います。その意味で，シュワルツマンの動感メロディーとの動感の共感を目指されたのだと思います。このように理解してよろしいのでしょうか。

司会：まず「離見の見」についてですが，自らが動く〈動く感じ〉が観客からどう見えるかということで，体操競技で審判員から見た自分の技捌きの視点と同じ世界と思っています。自分が捌く技の動く感じ，それによって表現されている技を審判員の視点から捉える感覚能力がないと，体操競技では結果が出れば同じという自己満足の世界にとどまってしまいます。当然それでは〈自在化〉への道を歩むことはできません。

　また，小学校の校庭をイメージしたとき，自分が遊んだ鉄棒などが見え，また絵に描くこともできます。そこではさらに，自分が空を飛んで鳥瞰図のように小学校の校庭を見ることもできます。鳥瞰図のように実際には上から見たことはないのですが，自らの現前化（準現在化）の中で自由に動き回れます。それはいろいろな知識や経験の〈感覚能力〉から想像されるものだとは思いますが。

　自分が見知った感覚経験がこのような，小学校の校庭を鳥瞰図的に想像でき，見ることができるのだと思いますが，我々の場合は実際に〈動く感じ〉がまさに身体に残っているのが先です。その〈動く感じ〉を頼りに，他人の自己運動に志向して，その〈動く感じ〉を捉えることになります。似た感じ，違う感じ，想像がつかない感じなど，言葉では説明しにくい動く感じが私の身体感覚で捉えられていきます。そんな段階を経て，自らが構成しにくい動感，あるいは違うのではないかという動感などについては〈借問〉によるやりとりをします。いわゆる，他人の動きを自分に移し込みながら，自分その

ものの動きの感じを重ね合わせたり，理想像を構成しそれと重ね合わせたりします。あくまでも自らが動く感じという，実際に動く動感を捉えることになります。その動感を頼りに，外から見た自らとしての想像ができるわけです。動感が捉えられなければ,それは形として現れても意味が違います。「離見の見」も〈動感身体能力〉なしには構成されないのです。動く感じとしての動感形態が捉えられ，それが生きた〈具象化対象 (Gebilde)〉を紡ぎ出す端的感覚能力〉として想像を生み，さらにそれが他者から見た自己として捉えられるのではないでしょうか。

山口：とても興味深いお話をありがとうございました。とりわけ，自分の身体運動のさいの直接見ることのできない視覚像と運動感覚の繋がり，他の人の身体運動の外から見える視覚像と直接感じることのできない他の人の運動感覚との繋がりを重ね合わせる，というお話と，小学校の校庭を思い出し，俯瞰的に眺めて見ることのできるということから，さまざまな記憶が混じり合った想像によってイメージできる視覚像の世界と，自分の身体で感じている「運動感覚（動感)」との相違についてのお話は，大変興味深い論点であると思われます。

　そこで第一の論点ですが，他の人の動きに動感を感じるとは，他の人の動きがみえて，受動的綜合をとおして，自分の身体の側に「無意識に起こってくる動感」を感じ分けることだと思います。見て，想像をたくましくして，一所懸命に感じ入ろうとして感情移入することではなく，鏡で自分の動きを見て，同時にその動きの運動感覚を感じているように，（ちょうど，乳幼児が自分の手の動きを見て，運動感覚とのつながりを無心に眺め入っているように），その動きを見れば,動感が「乗り移ってくる」というのが適切かもしれません。

　ただし，そのとき，注意しなければならないのは，「動きの理想像」の実現というとき，それを見るだけで「動感が生まれてくる」のであれば，理想像の実現に何の困難も伴わないはずです。新しい技を習得するのに，その技をみれば，動感が湧き上がってくるわけではありません。そうではなく，理想像に向かって練習を繰り返し，像の変化と運動感覚の変化との緊密な連合関係を身につけて初めて，新しい技をこなしている他の人の動きの動感との共感が初めて可能になるわけです。つまらない補足かもしれませんが，このように考えてよろしいのでしょうか。

司会：その通りだと思います。これは質問の答えではありませんが，その点については，今自分も悩んでいるところです。それは，理想像という具象化された表象という〈理念化〉の問題と，自らの動感で構成する〈理想像〉というところです。「できる気がする」というとき，その「できる」は「できたことを知っている」わけではありません。自らの動感構成化によって，自らの動感でそのように感じ取れるのであって，言葉にするといつの間にか外部の対象との比較のような観点に引きずり込まれてしまいます。「できる気」は，確かにできるかも分からない未来予持に向けての構成化ですが，それは過去把持された自分の動感経験が先所与されると，理解されます。この理想像の共有というのは，まさに内在的な動感感覚の超越論的分析世界にあるのではと思っています。

山口：そして第二の点ですが，「離見の見」の場合と同様，仮に自分の動きが上から見えるということがあったとして，それは，自分の動感とそれにともなう動きの像が，像と動感の密接な連合が，像から動感の方向とは逆に，動感から像への方向として，自然に像の動きとして見えてくる，ということを意味するのではないでしょうか。おっしゃるように審判の目にどう映るかという決定的な基準による客観性の成り立ちは，練習の成果として，自分の動感に相応する動きの像が，その連合に相応して，できあがってくるということであり，動感が動感メロディーとして全体的なつながりとして成立していればこそ，その動感メロディーに相応した動きの像の全体的な変化が見えているといえるのだと思われます。いかがでしょうか。

司会：その通りだと思います。これも質問の答えではないのですが，現在のように自らの再生化映像が見られなかった場合，そのような像意識はどのように先構成されていくのかに興味があります。自分もそのように自分の技を色々な角度から想像できるのですが，それにはどのようなキネステーゼ身体経験が絡んでいるか，今後も考えていきたいと思っています。

山口：一秀先生，丁寧なご説明ありがとうございました。加藤先生は，この問題について，どのようにお考えでしょうか。

加藤：目から入ってくる情報は確かにあるのですが，その外部刺激に動きとして対処するときにはどのように動くかを決めなければなりません。私らの行うスポーツの動きの場合はことさらです。次にどのように動いて対処するか

という時，全く未経験の動きができるでしょうか。熱いコーヒーがこぼれた時，手を離すとか，手を引っ込めるとか，また驚いた時，足がすくむといったことも，実行したことのある動き，体験のある動き，似たような動きなど，動いて得た体験的感覚記憶があるかないかによって大きな違いになると思うのです。学生に冗談として言うのですが，「脳は全く未経験な動きをやれと命令を出せるでしょうか？　脳は No というでしょう」と。

　目を通して見る時には最終的には自身の動きの体験があるか否かによって，人ごとに対応の仕方は異なるのだと思います。現実に他人の動きの判断を扱う指導や授業の場合，相手がどの程度の動きの類似体験があるかによって反応が違ってくると思います。目で見て分かったと感じる場合は，それに類似した動きの体験があり，その両者を思考的に可能かどうかの判断をする過程があるからだと思うのです。まず視覚では捉えることのできない形式的な動いたという自身の体験像が記憶にあり，それとフィルムやムービーのような視覚を通して得た像と比較・検討されて自身のこれからの動きの像に関わってくるのだと思います。だから，視覚的に得た像の理解は人によって異なるのが当たり前だと思うのです。

司会：判じ絵などで見える人と見えない人がいるのがその典型ですかね。

加藤：何かを行おうとした時，これから行おうとする動きの気づき，工夫，努力など，動きに関わる全てがこのあたりの経緯の違いにあるような気がします。我々が指導・援助の側に立った時，実行する側のその辺りの事情を知らずに口に出すのは不遜なことにもなるので，まずは実行者の類似体験を探して見る必要があると思います。

　総じて他人の動きの促発として私にできることは，可能性のある類似した体験を探してあげる，あるいは新たに簡略化した類似体験を与えてあげることくらいでしょうか。動きの学習は何らかの動きの体験の糸口が必要であり，明友先生の「わかる」と「できる」の間に生じるはずの「できる気がする」，「できる気がしない」を考える必要のあること思います。

⑲感覚発生の工夫ー〈身体移入〉の問題性

山口：とても詳細なご説明，ありがとうございました。もう一度，確かめる意

味でも，見ることと動くことの関連についてもう少しお話を続けてみたいと思います。

　あたり前のことかもしれませんが，見ることと体の動きってつながっているじゃないですか。そのときに，例えばこうやって動かしているときの自分の動く感じがどうなるかということを，この動く感じを確かめたければ，より強く確かめたいのだったら，例えば目をつぶるという工夫の仕方もありますよね。そうすると，こうやっているとか，こうやっているやり方がとか，より鮮明になると思います。普通にこうやっているときには，視覚のほうがどうしても強くなるというか，その点は分からないですけれども，いずれにしても感覚自体を強く意識する工夫は必要だと思います。

司会：体操競技の技の練習で目をつぶるという閉眼法という練習があるとどこかで聞いたことがあります。できる技とできない技がありますが，実際に目をつぶって技を行うと，自分の〈動く感じ〉に集中できるんです。

加藤：そうですね。視覚というのはやっぱり，人に説明するのに，何か分かってもらえたような気がするんですよ。だけど，自分たちが見ているのは目に見えない，自分の中にある〈動く感じ〉を見つけているわけなのです。

山口：そうなんですよね。感覚を問題にするときに，いろいろな工夫の仕方があって，例えばこれは，脳梗塞になって，右が動かせないとか左が動かせないというようになった人にリハビリをするときに，どういう訓練をするのか，いろいろな方法があるのですが，目をつぶらせるというのも一つの方法なんだと思います。

　それは目を閉じて，片方の側，例えば右手を動かそうとします。そのとき，右手を動かしているところを見ていても構わないというときもあります。そして今度は，左は動かないんですけれども，そのときに治す人が，他動といって，その人の動かない左手を取って動かしてあげるんです。動かしているときに，直接，動く感覚はないのですが，右手の普通に動くほうの動きの感じを意識させて，その動かない左手の側に移し込む訓練をするというのです。右手の動く感じを明確に感じさせて，他動で動かされる左手に，目を閉じたままでもいいし，目を開けていてもいいんですけど，要するに，この動くという感じを移し込むという一つの訓練の方法なんです。

　脳のシナプス結合を強化して，信号が流れるようにするとき，いわば身体

記憶の強化が試みられます。うまくいくという感覚記憶をうまく動かせない手の動きに移し込む，イメージトレーニングとも言われることもあります。つまり，今ここで取り上げなきゃいけないのは，いかに自分の体の内的な〈動きかた〉の感じを強化し，そこに注意することをどうやって養成できるかという問題点です。どのようにビデオに映っているかじゃなくて，動いているときの自分の内感というか，内在感覚に注目するのです。

加藤：自分の〈動く感じ〉ですね。

山口：それですよね。〈動く感じ〉をいかに大切にし，いかにこれがもうちょっと良くなったとか悪くなったかを判断する。

加藤：動きの中で「さっきと違った」とか「ここが良かった」とか，ときには褒められたということで，褒められて感じることもあるんです。やっぱり，観察するということは，見る側にかかってくるわけですが，そのときの自分の〈動く感じ〉というのは必ず持っているわけです。

山口：はい。そのこっちがあるということをどうやって養成できるかということですよね。そして，これは金子明友先生がおっしゃっていた，樵の絵のお話があったじゃないですか。こうやって斧を振り上げて打つときの。

金子：ホドラーの樵という絵画ですね。正式には岡山の大原美術館にある，フェルディナント・ホドラーの『木を伐る人』です。岡山の大原美術館に行ったとき実際にみて，まさに斧を振り下ろす瞬間の息を止める瞬間が感じ取れる絵ですね。単なる静止画ですから，前後の動きも見えないのに，なぜその瞬間に特定できる感覚が蘇るのですかね。斧を振り下ろす「ちょっと前」あるいは「振り下ろし始めた瞬間」など，時間を自由に動かせるのですがね。まさに，息を吸ってこれから振り下ろそうとする一瞬の呼吸が読み取れるわけです。それが絵画のすごさなのでしょうね。

ホドラーの「木を伐る人」

山口：それです。結局あれも，見る人の身体感覚が移るから，息を止めるというの

が見た瞬間に分かるわけですよね。通じてくるわけですよ。そういった，いわば見るときに体の動きの感じが感じられるような見方を，どうやって引き出せるかということが究極の問題です。

金子：そうですね。

加藤：そこまで来ると，体操だけの問題じゃないですね。やっぱり音楽でも芸事でも，自分がやっていることと違うことでも誘い込み，つまり〈触発化〉が可能ですから，転用可能性があるんでしょうね。

山口：ええ。つまり，自らの身体感覚でやるということですよね。

加藤：やるときの〈感覚ヒュレー（素材）〉をどうやって〈触発化〉するかという，いわば〈身体移入〉の問題が浮上してくるのです。

山口：ということは，体操競技に限らず，いろいろな，どんなことであれ，お稽古事であれ適用できる話ですね。

加藤：全部システム化するのは大変ですが，これはコーチングの端的感覚経験の方法論になります。

⑳ 練習と失敗について

山口：例えば最近は，高校・大学になっても，自分が将来，仕事として何をやっていいか分からないという学生がほとんどのようです。要するに，学生にはなってみたけれど，それから先がはっきりしていない。どういう仕事をしていいか分からない。文系とか，政経に入って，結局，何をしていいか分からないというのが多数を占めています。特別に専門化しているとか，特定の自然科学の専門領域に分かれている場合は別ですが，いわゆる文化系の人たちは，結局，自分で自分の身体を動かして具体的に何かやるということの，いわば主観的な〈動きかた〉の経験とか特殊な感覚の体験を培うということが必要になってくるということがよく分からないのですよね。先ほど，加藤先生がおっしゃりたかったのは，スポーツに限らない身体に関わるすべての仕事や習い事にかかわる〈身体移入〉という問題なのでしょうね。

加藤：はい。

山口：まさにそのとおりなのですが，とりわけ，体操競技というか，競技スポーツ一般になると，自分の身体を自分で動かすのですから，それこそ，この

微妙な〈動く感じ〉の違いが求められるキネステーゼ感覚なくして何も語れないことになります。

加藤：他の誰でもない，自分が動くんですから，他人の責任にはできないですね。

山口：そうですね。だけど，やっぱりこれは，ビジュアルな世界というか，この20〜30年間，ゲームとかで，子どもがそういう世界の中で生きているじゃないですか。

加藤：ちょっと怖いですね。

山口：まさにその通りで，生の現実というのは何かといったら，自分の身体が何かにぶつかるとか，抵抗があるとか，触るとか，味わうとかという，この身体が中心にならないと，具体的な現実の世界の意味が出来上がらないじゃないですか。

　僕の子どもも，10か11歳のとき，ゲームをしていて，自分で人工の町をつくるのですが，そのゲームに夢中になっているうちに，夜うなされてしまい，泣きだしてしまうのです。「どうした」と聞くと，「夢でゲームをして怖くなって」というのです。

　バーチャルな世界と幻想のような世界の中におぼれ込んじゃうと，これって，10代というまだ危うい時期に，現実の持っている抵抗感というか，生きるということの具体性に触れる機会がなくなるということの，ものすごく大きな問題だと思います。

金子：ですね。

山口：ツールとか，道具とか，こうなればああなる，こうなればああなるみたいな世界でものが動くと思っちゃうのが問題ですね。もちろん，テレビでもスイッチを入れれば点くし，電気でも何でも，こうなればああなるという，そういうところだけでしか生きていないことになってしまいます。これを作るまでにどれだけのものが必要であったのかとか，全然考えないじゃないですか。コンビニに行けば，みんなものはそろっているし，コンビニに行っただけじゃ，物って，お米にしたって何にしたって，お百姓さんが作っていることさえ分からない。肉を食べられるのは，屠殺する人がいるからです。いろんな苦労を全然分からないままで，出来上がったものだけこなしているという，それが文化とか文明だとかと思っちゃっているという，表面的なところに留まってしまっています。あなたの身体は自分で動かすんですよって当

たり前のことなんだけれども，それを，薬を飲めば風邪が治るみたいな感じで生きているから，結局，内側の感じを育てるということが，全然ピンとこなくなってしまいます。

司会：いまスポーツの世界でも〈e スポーツ (Electronic Sports)〉をスポーツ種目に取り入れる方向が取りざたされていますよね。ヴァーチャル・リアリティーというか仮想現実の問題もそうですが，ここでいう競技は画面の中で展開されて，それをリモコンで操作しているのが人間なわけですよね。何か複雑な世の中になってきましたね。これをスポーツとして扱おうとする理由はどこにあるのでしょうかね。

山口：さて，ここで加藤先生にお聞きしたいことが幾つかあるんですけど，個人総合の金メダルを取ったときに，これはメキシコのときでしょうか。そのときに，「自分では点数は気にしないようにしていた」ということでしたね。つまり，自分の心が乱れちゃうからということですよね。そして，次の4年間の間に，練習して，工夫して，「点数が分かっても心が乱れないようにしようという課題を立てた」とおっしゃっているじゃないですか。これ，言うのは簡単だけど，ものすごく難しいことじゃないんですか？ どんな工夫をなさったかお聞きしたいんですけど。

加藤：私が小学生のとき，PTA 参観で母親が来るわけですよ。とにかく私はじっとしていない子で，目が離せない。「恥ずかしくてお前の授業は行けない」と言って，1年生のときに1〜2回来た程度で，あと全然親が来なかったんです。僕は何も感じていなかったんですけど，結局，自分勝手なことをしていた子どもだったみたいなんですよ。

　　そういう感じで育って，小学校のころに，今日は通知表をもらう日がきて，1学期ごとにあるじゃないですか。そうすると，先生のコメント欄があるじゃないですか。そこに先生が手書きでいろいろ書いてくるわけですよ。母親もそれを読むのが嫌で，またか，またかという感じで。

山口：元気があり過ぎると。今だと，多動症と言われちゃうんですよね。動きが多過ぎるとかいってね。

加藤：色々言われるものだから，小学校のころは，通知表をもらう日だと，朝から顔が上気するぐらい緊張して。こっちは評価されることについてすごく感じていたんですね。

　　それで，体操競技をやっている最中も，最終予選なんか国際大会に向けて
の大きな賭け試合ですからね。勝ち負けで，一個うまくいったからって大喜
びできるわけじゃない。自分の演技が評価されて，それを見ちゃうと，もう
その瞬間というか，「自分が次に何をやるのか」「どうしたらいいのか」とい
うことに気持ちがいかなくなっちゃうので，見るのが嫌だったんです。それ
で，床板の目を勘定したり，ライトの数を何回も何回も勘定したりして，そ
うしたら場内放送で，「ただ今の得点は」と。

山口：何点ですと，言うんですね。

加藤：聞こえないように耳を押さえて，「余計なことを言わないでくれ」と思
　　ったことがあったんですよ。そういうふうに，僕は他の情報を閉じるタイプ
　　でやっていたんですよね。でも，メキシコオリンピックが終わって，あと4
　　年後，これは「自分の気持ちの切り替えの訓練をしないといかん」と思って
　　はやっていたんです。

山口：何をなさったんですか。

加藤：人の技を見ていても，自分がやるときが来たら自分に戻れるようにって。

山口：どうやって。

加藤：練習で毎日それを注意しながらやっていました。人が怪我したときなん
　　かもそうだけど，その場へ行って介抱してあげるのもいいけど，これから演
　　技を自分もやらなきゃいけないわけですから。ですから仲間が怪我をしたと
　　き，その場まで行ったけど，次は僕の番が来るからというので，「悪いけど
　　頼む」といって戻ってきて。それも，訓練の場なんですよ。

山口：要するに，瞬間的に自分のやらなきゃいけないことに集中し返す。しか
　　し，それって容易にできることではないですよね。

加藤：モントリオールオリンピックで奇跡の逆転劇といわれた話ですが，同じ
　　チームの選手が演技中に怪我をしてしまったのです。体操競技の団体戦は，
　　6人の演技の5人の良い得点で競うのですが，6人の1人が欠けて5人しか
　　いなくなってしまったので，全員の点数が総合点となるから失敗できないん
　　です。だから，怪我した人のことを気にする気持ちがあっても，それを押し
　　殺して自分の演技の成功に集中しなければならないんだ。

山口：ああ，そこまで思うんだ。

加藤：試合をそこで放棄して，やめて帰ってくるわけにはいかないですよね。

自分がやるときは自分の演技をという気持ちを語ることは簡単だけど，それ
ができるには4年間，かなりかかった。場に応じて，その現実で訓練しない
限りできないものですね。具体的な現実をどう捉えるかというのは，置かれ
た情況も絡むので，心を取り出してメンタルを鍛えるのはちょっと違うと思
うのですがね。

山口：その場その場というのは，本当に1回限りのことじゃないですか。

加藤：そうですね。

山口：そうすると，現場，現場…で，その場その場でのぎりぎりのところでの
　　　訓練ですね。

加藤：自分の気持ちの持ち方を，自分で整理して。

山口：それは，言うのは易しいけど，本当にすごいですね。

加藤：試合は何が起こるか分からないんですよ。補欠がこうだとか，怪我だとか，
　　　いろんなことが起きますから，団体戦は自分の点数だけじゃないんですよ。

山口：ですよね。全体の問題ですものね。

加藤：だから自分の演技に一喜一憂はできないんですよ。でも，自分のことだ
　　　け考えていることも必要です。

山口：そうすると，完全に自分に集中するというのは，一気に100パーセント
　　　ということじゃなくて，だんだん，訓練によって少しずつ出来上がるように
　　　なっていったという感じですね。

加藤：ですね，はい。

山口：ですけど，やっぱり気になることは気になるわけでしょう。

加藤：子どものころから，評価されることについて，多分，僕はちょっと恐怖
　　　症みたいなところがあったから，それが自分の点数を見ないほうに最初は結
　　　び付いたんだと思うね。だから，人一倍この訓練が必要だったのかもしれま
　　　せんね。

山口：以前講演なさっていたときに，石橋を叩いていくことと賭けることとい
　　　うことを二つ対比なさっていましたね。要するに，石橋をたたいてもやらな
　　　きゃ駄目だと。失敗もその中に含まれているんでしょうけれども，でもどん
　　　なに石橋をたたいていたとしても，いざ試合になったときには賭けが入って
　　　こないと駄目だとおっしゃったでしょう。

加藤：はい。自分に賭けなきゃいけないです。

山口：そのときの賭けのリスクというか，それは…?

加藤：練習は，そのリスクを少なくするために，試合で失敗したときこうやると駄目なんだとか，練習中に失敗するとこれが原因だとか，それが練習の対象になるんですよ。体操競技のトレーニング計画は緻密で，試合期の練習というのがあって，試合の準備をするトレーニング期間というのがあります。そこでは，一発でこの場で決まる状況に追い込んで，慎重に考えてうまくいくのではなく，自分の力を出さなきゃいけないんですよ。

山口：出せる土台みたいなものですね。

加藤：ええ。だから練習で失敗しろといわれるんです。練習で失敗して，その失敗の繕いのできない失敗というのは絶対駄目ですから。自分が繕えない失敗は，諦めがつくまで練習しないといけないのです。こんな失敗が万が一にでもでるようなら，僕はもう負けてもしかたないんだと，決めなきゃいけないんです。決めないで諦めきれないで中途半端にその技を使ったらとんでもないことが起こりますから。その失敗がカバーできるようなものであれば，そのカバーの仕方を練習する。どの範囲ならカバーできるか，その範囲を超えれば繕えないとか，だから，失敗がないと練習が成立しないんですね。

司会：以前加藤先生の逸話で，代表決定の NHK 杯の会場練習で失敗ばかりしていたという話を聞いたことがあります。その後加藤先生にその話をしたとき，失敗の出し方が自分でできれば，それをしなければ良いから，会場練習でそれを試していたといわれていましたが。

加藤：かもしれない。その時誰がいたか覚えていないけど，怪我をしたあとから，失敗の練習を本気になって始めたと思う。

　　みんな，演技前の 3 分間アップでうまくいかないと，不安になっちゃうの。それは，普段の練習が悪いんだ。練習で失敗しても，次こうするって，試合近くになったらその練習をしているわけだから，練習が足りないんだよ。

司会：確かに，自分が教えている選手が平均台の試合前の 3 分アップで失敗すると，自分の演技までの時間，失敗した技をゆかの上で一心不乱に練習をしているのです。平均台の技は床と似ているので，床場で動きながら確認できるものですから。遠くでその選手をみていると，今まで練習をしていた技捌きとどんどん変わっていくわけです。それをみて，たぶん失敗するなと思いました。長い時間をかけて身に付けていた技捌きを，たった一回の 3 分ア

ップの失敗で変えようとしているのですから。多分，3分アップの失敗の理由も分からず，床の上なのに何度もその技を行いながら「大丈夫，大丈夫」と念じていたのでしょうね。

加藤：そうだよね，知らないうちに成功の確率という考えが歪んでいくんだよね。練習中でも，上手くなっていくと成功の確率が上がるのは確かだね。でも，どうして成功の確率が上がったということに関心が向けば，失敗の理由が見えてくる。結果はすべて自分の手足を自分で動かしているから，答えは自分の中にあるはずだね。でも，普通は成功するとうれしくて，何も考えずに成功を期待してただ回数をかけるんだよね。それでもよく分からないうちに，その成功の確率が上がってくる。だから，よく分からないまま試合をすれば確率が期待できるかもしれないけど，やはり試合は一回しか演技できないし，成功させたいという気持ちが芽生えれば，それだけで確率は変わってしまうと思う。

司会：自分も選手に失敗を知っていれば，それをしなければ後はどのレベルか分からないけど成功しか残らないというのですが，よく理解できない選手がいます。その時，「ババ抜きで絶対に勝つ方法は」という例で，誰にも分からないようにババに自分が分かる印をつける。そうすれば，それを引かなければ…。つまり失敗を知るということは，ババに印をつけることと同じと説明すると，納得はします。でも，頭では理解していても，失敗は悪いことで，その記憶を消すように成功の確率を上げようと躍起になる選手がほとんどですね。

　以前，「〈賭け〉と〈博打〉は違う」とどこかで聞いたことがありました。プロの賭け師は，負ける賭けはしない，〈賭ける〉というのは勝つことで，勝つか負けるか分からないことは〈博打〉だと。昔の丁半博打のようにどちらがでるか分からない勝負は賭け師は賭けないと。

加藤：でも，今の体操は博打的要素が強くなってしまいましたね。試合で初めて成功したなどということが選手から語られるようでは終わりですね。賭け師と賭博師が一緒に試合をやっているようですね。ルールもそれに合わせていくから，賭博師が勝ってしまうこともあるのですね。

司会：その意味では内村航平選手は凄いですね。試合という場を心得ている気がします。

加藤：内村君も 10 年以上選手生活を過ごしているわけですから，試合については知り尽くしていることだと思います。ただし，知っていても「できる」こととは違うので，今まで体験してきたことのベースの上で自身が対処していることだと思います。

　ここが試合の勘所だから，勝ちたいから，等々という周囲の状況から考えることもあるのですが，現実に実行する当人は，自分自身が実行することに没入しているのではないかと思います。勝ちもなく，負けもなく，自分の思うことに。少なくとも私はそうでした。勝負の局面で勝ち負けや世間体が顔を出したら，自分の動きは制限されるように思うからです。

㉑ 老いと感覚

山口：モントリオールの前に少し危機的な状況が来て，自分の中で，教員としてやるのか，選手としてまたモントリオールにも懸けるのかという，その狭間の中で，少し揺らいだ時期があったとおっしゃっていましたね。

加藤：かなり揺らぎましたね。

山口：そして，そのときに，自分で十分に練習できないということは分かっていて，練習していても，自分の体力がその翌日やなんかにもう一回回復していないということに気づいてきたと。

加藤：25 〜 26 歳を過ぎると，やっぱり疲労回復だとか，小さな擦り傷，軽い突き指をしたなどという治りに，ちょっと時間がかかったりします。

山口：一般的に，人間の体力の頂点は 25 歳ぐらいとか，いろんな説がありますけれども，要するに加齢によって，疲れやすくなったり，他にも色々な体の不調整みたいなものが出てきてしまったりするということを聞きますが。それに従って練習が少しずつできなくなっていくということ自体に対して，自分なりにものすごく，自分に対して不満だったわけじゃないですか。

　結局これって，どんな優秀な選手でも，どんなスポーツにしても，ある頂点に立ってから，そこから少しずつ下がってくるとき，イチロー選手にしたって，松井秀喜選手にしても，どの選手にしても，そういうときが自分の中で分かってくる，「ああ，ちょっとできない」とか「体力が落ちてきた」とかというときの対処の仕方というんですか。これって，ものすごく苦労なさ

ったと思うんです。欲とか何とかじゃなくて。

　この前の内村航平選手のうまくいかなくなったときのこともちょっと触れていましたけれども，自分のうまくいっていたときの身体の記憶がちゃんと残っていて，なのにどうにもならない。そして，練習するんだけど，練習しても疲れが残る。だけど，練習しなきゃいけないというのは分かっている。だけど，回数が少なくなってくるという，ある種の悪循環みたいなところに，どんな気持ちで，そのころ，どう対処なさろうとしていたのですか。

加藤：色々対処を考えても，やはり練習しなけりゃいけないんです。でも，それができなくなっていくんです。つらいものです。だからそのときが引き時なんですよね。自分は，今の選手みたいに引退記者会見を開いた覚えもないです。アマチュアですから当たり前ですが，今はアマチュアでも引退会見があるから不思議ですよね。

司会：いまはアマチュアとプロの違いをあまり考えなくなりましたね。聞いた話だと，プロはアマチュアを嫌うとか。生活を支えないアマチュアの競技活動はまさに自分の思うことに純粋に向かえば良いのですが，プロは失敗をすれば生活すらままならなくなります。プロが背負っているものの大きさとも戦っているのに，アマチュア選手に負けるわけにはいかないからですかね。

加藤：今の子どもたちはプロ志向が強い。子どもはあまり考えていないからそうなんでしょうが，大学生でもプロへと転向したがるようです。サッカーとか野球でプロ選手として生活できる人はほんのわずかですがね。

山口：ゴルフとかね。

加藤：それで生活できるかといったら，ごく一部ですから。あとは考えれば分かることじゃないかと僕は思うんですけどね。それも，一生現役のプロ選手でいられるわけがない。でも，感覚は年をとらないからやっかいですよね。

司会：体が年を取って，この感覚とのギャップで気づくんですよね。

加藤：そう。

司会：現役を去ってから宙返りをすると，床が近くにあるんですよね。自分ではいつも通りの感覚でも，現実は全く違う。でも，動かないと逆に感覚は冴えてきませんか？

加藤：ええ，先鋭化されてきて，他のものをそいでいく感じだね。

司会：はい，加齢とともにできる気が強くなっていくんですよね。現役を去っ

て色々なことが分かってくると，今だったらもっと良い動きができると思う人は沢山いると思います。でも実際にやると，感覚は合っているのに，動きが伴わない。老いた体と先鋭化された感覚とのギャップですね。それで，だんだん動く気が失せていく。

山口：そりゃつらいですよね，ものすごくね。

加藤：できそうな気がする。だけど，一番先にやっぱり足腰からきますね。下のほうから。

㉒ 試合との付き合い方

司会：ではここで話題を変えて，試合とのつきあいかたについて聞いていきたいと思います。

加藤：今の選手は試合数が多すぎるのではと思っています。だから試合と試合の間の練習期間も試合に近い練習になってしまうのではないかと。自分たちの時は，オフというか，次の試合に向かって自分の材料を仕込む時期というのがあったのですが，いまは，練習の仕方が全く違うんですよ。

山口：なるほど。蓄える時期というか。

加藤：それがなくなってきていて，今の選手は。

山口：一発試合みたいになっちゃって。

加藤：今の選手はかわいそうだなと。明日も試合，今日も賭け試合，また来年も…。

金子：あんなにやって大丈夫なの？

加藤：なんか，心配でしょうがない。僕だったら体がもたないと思います。

山口：この前，白井健三選手でしたかね，鉄棒で２回落っこちたでしょう。確か手が離れちゃって落ちちゃったんです。白井健三選手ってものすごく勢いがあって話題になった選手じゃないですか。でも，どうしてあんなふうになったのか。要するに，試合ばかりやっていると，それを修正する時間がなくなるのですかね。

加藤：賭け試合が多くなると，そうなるかもしれませんね。自分の時代は，まだ２年に１回オリンピックか世界選手権の代表決定に向かえば良いので，このセットですから，２年，２年で考えればよかったのです。

山口：その間に全日本選手権が入ったりして。

加藤：全日本選手権は当然入ってきます。それで，最初のオリンピックで怪我をして，その翌年はほとんど動いていないので，世界選手権に間に合わせようかと思ったけど，それもちょっときつかったので，やめにしているんですよね。

山口：1969年ぐらいのことですかね。

加藤：ええ。そんなことから僕の練習期間というのは4年スパンになってきたんです。ここで試合をやって，あと4年あるというと，すごい楽ですよ。

山口：ためられるんだ。

加藤：ここの試合，ここの試合と立て続けにやったら，たまらないなと思うんですけど。ドイツのコーチか誰かにいわれたのですが，オリンピックに焦点を合わせてくるから，「あいつは戦略的にオリンピックを狙う選手」だと。

山口：策士だというわけですね。

加藤：怪我で偶然そういうサイクルに入っちゃっただけなのに，いわれたときは気分を害しましたね。

司会：逆に監物永三選手は世界選手権のサイクルに入っていましたね。一つ聞きたいのですが，オリンピックでも演技のときは何か考えていましたか。

加藤：あまり演技後のことは考えないですね。

司会：演技中やりながら何か考えるってありますか。

加藤：演技のことしか考えていないので。

司会：変な質問ですが，演技中考えるとは言葉で考えているのですか？　というのも，学生に「何で失敗したの？」って聞くと，「注意するのを忘れました」っていうんですよ。

山口：やりながら。

加藤：やっている最中は，流れだな。

司会：ですよね。終わってから技を考えたりするときはいろいろあっても，いざやっているときって，全部自分の持っているリズムしか出てこないですよね。

加藤：できないことは練習をして，最後にはもう切り離して，これで失敗したらもうどうしようもないという練習をしていた時期が長かったので。でも，技が崩れそうになったとき，もう一歩，疑いもなくこっちという幅の中での調整はあったかもしれないな。でも，それも感覚での話で，「そっちへダー

っと入っていかなくちゃ駄目だ」という感じ。

　　ミュンヘンの前に明友先生に怒られたことがあるんだけど，平行棒の2回宙返り下りを抜こうとしたんだ。そのとき「お前，何で抜くんだ」といって，結局入れることになって，結果としてはメダルを取らせていただきました。

山口：その技を抜くと抜かないのと，どういう違いがあったんですか。

加藤：その当時の試合のレベルの情勢を全体的に見た戦略は明友先生のほうがよくご存じだったんだと思います。

山口：そうか。2回宙返り下りは入れなきゃ駄目だと。

加藤：ええ。

司会：本人は抜きたかったんですか。

加藤：抜こうと思った。あのときに，予選でディアミドフ，2回宙返り下りをやるつもりでいたんだけど。横浜で予選をやったときに。ディアミドフを失敗して。安全策を取るのには，最後は抜こうと思っていたんですけど，明友先生に叱られました。

金子：しかし，コーチするというのは難しいよね。結局，コーチというのは，引退してからだからね。そうすると，自分がやったことがない技を教えなきゃいけないという。技を教えれば良いだけでなく，それと一方で，試合の戦略や戦術も立てなければいけない。今のコーチは試合の戦略・戦術を立てることをしても，選手に技の〈コツ〉や〈カン〉を教えることはあまりしていないのではないかな。実際に動く選手は理屈では教えられないのにね。

㉓ 時間意識の重要性

金子：理屈というと，現象学はスポーツの理屈に入れてもらえないんだね。逆に言うと，スポーツ科学はみんなスポーツ科学であって，現象学はそれとは違うということになる。だから時間ゲシュタルトの問題を攻めたんですよね。そうしたら，数学的な時間というのが問題になる。フッサールは面白いですね。読んでいて，時にはツァイトゲシュタルトを使っていると思うと，別のところではゲシュタルトを使わなくなるんだ。「あれ？　何でかな」と思ったら，これはもう形式的なもので，数学的な，数学化された時間だから，これは問題外という。そっちは発生の問題に関わりがないからね。だから，こっ

ちは時間ゲシュタルトという，生き生きとして，生命と関わったような，感覚体験と関わっている時間というのだけは，その時間ゲシュタルトを持っている。

加藤：時間論ですよね。筑波でつり輪の揺れを一生懸命考えていたころですね。吊り輪の倒立で本当に静止してしまうと，次の振り下ろしが自分で動きだせないんですよ。どうでも良ければ振り下ろせるのですが，吊り輪で倒立から振り下ろすタイミングを間違えると，ブランコのように大きな揺れがでるんです。よく吊り輪の演技で，ブランコのように揺れている選手は，振り下ろしのタイミングを間違えたわけです。そうなったとき，その揺れを止めるタイミングの振り下ろしもあるんですが。だから，完全に静止していると，揺れが出ないように振り下ろすタイミングが分からなくなってしまうのです。だから，他人に見えなくても，1ミリでも前後に吊り輪が動いている方が，やりやすいのです。さらに揺れの対応の仕方にどのくらい調整範囲があるのかなと思って考えたら，振り下ろし方，ぶら下がり方，ひっくり返り方，手の回し方，幾つもテクニックがあるわけよ。でも，みんな知っているわけ。経験しているわけ。

司会：自分は今のテクニックの一部しか分からなかったですね。

加藤：それを考えているときに，さっきはこうだった，昔はこうだったと，自分の中で行き来している，それに気が付いて，その時の間は，過去と現在と未来という時間が全て一緒に動いているわけです。その矛盾に気づかず，経験からそういう時間もあると思っていたら，「それは意識時間だろう」と先生にいわれた記憶があります。経験する時間感覚と物理の時間とは違うんだよといわれたんですよ。

山口：それだけ，意識時間ということは，普通の人はあまり考えないことなんだと思います。恐らくそこに大きな違いというか，認識のずれというか，それがある。時間というと，やっぱり時計の時間を考えちゃうんですよね。何秒とか，何分とか。

司会：そうですよね。時計や定規のなかった古代人でも，朝夜の区別はついただろうし，遠い近い，後・先の区別もできたと思うのですが，その時間感覚が先にあるのに，数値化された物理時間だけに関心が集まるのですね。

金子：奇妙なのは，測定競技の選手達ですよね。陸上とか水泳とかの選手の話

を，最近，特に気になって調べて，新聞記事なんかも注意していると，ほとんど言うのは感覚のことなんですよ。

加藤：100メートルのスタートの問題は，川口鉄二先生が論文としてまとめましたよね。

司会：確か，陸上競技のフライングの問題でしたね。（川口鉄二 (2007)：「時計計測と動感地平のあいだを問う」伝承7号　運動伝承研究会編）

加藤：0.1秒の人間の反応時間の限界を定めてフライングという定義を作った話ですよね。でも，人間が訓練すれば，それより早く反応できるというやつがいるわけだから，人間には可能性がある。それを，お前は違反だというわけです。

山口：違反？　その違反は審判が決めているのですか，それともビデオで決めているのですか？　審判だとすれば，人間の目ですので，選手のもっている，100分の1の正確さは，審判の目に見えるまで，通常の場合，0.5秒かかりますので，0.5秒前にスタートするとしてしか見えようがありませんので，早くスタートしたとしてしか，見えないことになります。

司会：確かにベンジャミン・リベットの脳科学の実験結果は，スポーツ科学には強烈 な影響を与えますよね。人間は0.5秒以上の持続がないと意識できないということだから，フライングの判定は機器に頼るのですかね。でも，反応時間の遅い人は，いかに0.1秒に近づけるかが問題となるわけですよ。そうなると〈先読み〉するから，結局スタートの音よりも，「on your mark,set」といったあと，いつ号砲を鳴らすかを〈先読み〉してスタートする。それが0.1秒を切らなければフライングではないですよね。これは多くの選手がやっていることだと思います。だから，人間がやるスターターとの相性が悪い人は「あのスターターは走りにくい」などいうわけです。だから，0.1秒でなくてもある基準点があれば良いわけで，結局0秒でも良いということになりますよね。この〈先読み〉を禁止するなら，それぞれの選手の反応時間を調べて，その限界より早いスタートをした選手は，フライングとすれば良いのですが。そうすると一緒に走ることの意味も変わってくるかもしれませんね。

加藤：公式な試合ではスタート，ゴールともそれぞれに審判員がいるのは確かです。他方では，人目には見えないところで電子計測係の人がいます。人間

が審判員としてそこに立ち会いますが，現実にはほとんど競技の結果を直接に判断することはないようです。オートリコール機能というような電子計測器の結果を知らされ審判員はフライングというわけです。

　そうなると，先に走り出せないように競馬のゲートのようにするのですかね。それならフライングしようとしてもゲートにぶつかってしまうので，フライングという考え方が消えるかもしれませんね。

司会：僕もそう思います。あれが一番ですね。でも，絶対に陸上競技をやっている人たちは「競馬と一緒にするな」と反対しますよね。では，どうしたらよいのかということは検討されているのですかね。

金子：結局，スポーツの各種目の競技論としての研究が立ち後れていることが指摘されますね。そちらを研究しないうちに科学的思考が入ってくるから，ややこしくなりますね。体操競技の美的価値は機械で測定できると考えるのでしょうかね。ならば，先に絵画の美的価値を科学が扱って欲しいのですがね。何億もの価値がある絵画を科学的に解明しないで，スポーツに入り込んでいくのは，やはり競技スポーツは〈隙〉が多いのでしょう。

24 わざの伝承に向き合う

山口：さて，少し，テーマを変えて，「わざの伝承」ということで少し話を詰めておきたいのですが。

金子：このままだと，山口先生，伝承というのは途絶えますね。技がつなげなくなっちゃいますね。だって，コーチがマネジメントコーチばかりでしょう。本当に技ができている連中は，みんなプロになっちゃう。あの内村航平選手はプロでしょう。そうしたら，全部洗いざらいしゃべれば自分が負けるから，しゃべらないでしょう。

山口：内村選手たちも，もう上に立っていて，本当のところは技の感覚を伝承していかなければならない立場じゃないですか。そうしたら，それなりの，マネジメントだけじゃなくて，動感メロディーといった根本的なところを伝えていかなきゃいけないわけじゃないですか。

　一方では，体操クラブや大学の学生たちの中で，優れた人たちをオリンピック選手まで育て上げていくという，そういう課題の中で，今まで話された

ように，自分で体験して経験してきている人が初めてそれを伝えることができることになります。ですから，内村選手みたいな人たちが次の選手を鍛え上げるために，動感メロディーに根差して，どうにか底上げするというか，つくり上げていかなきゃならないわけですよね。そういう後継者をどう養成するかということについて，加藤先生が選手をやめたころから，大きな課題だったのだと思われます。

加藤：はい。学校の授業は別として，僕はまだ現役をやりながら筑波大学で勤め始めたんですけど，今みたいに運動学なんていうのは授業としてはない時代でした。今大学の授業だったら，運動学でしかこの問題は解決できないんじゃないのかな。

司会：うん，そう思いますね。

山口：運動学として，学問として伝えていく，言葉にして伝えていくという体制というのはどの程度出来上がっているんですか。

加藤：教員免許取得の必修科目となっていて，制度上はあるんですけど知識の伝達にとどまっているようです。

司会：運動学は本来実習を伴う必要があるなどかもしれません。マイネルも，「運動学は－それは単なる理論にとどまってしまってはいけないのであるが－単に研究され，学習されるだけでなく，利用されなければならない」（マイネル143頁）といっていますね。指導現場は，知識を教えるのではなく〈できない人を教える〉のですから，何が問題か，欠点かを先に見つけなければなりませんね。その能力の養成法としての運動観察の実習が行われないから，マネジメント管理に傾斜してしまうのでしょうね。

山口：例えば，剣道でも流派の違いがありますけど，それはそれなりの家伝や書物があって，教典もあるし，そういった教則本もできています。

　しかし，結局，身体の中で育ってくるものを，身体を通してしか本当は伝えようがないわけじゃないですか。そして，書かれたものと同時に，もちろん自分の体験が必要なわけです。その二つが一緒になって，初めて伝わっていくということだとすると，コーチと選手の関係が崩れてしまって，自分で勝手にやるということだとすると，もう内側の動感メロディーを伝えようにも，伝えるということの意味そのものがなくなっちゃうわけじゃないですか。

　そもそもそういう形で伝えるということがなくなった瞬間に，一人一人の

選手が全部自分のテクニックを身につけて，そのつど，それで終わりになってしまう。そうなったとき，ある種の伝統の厚みや積み上げてきたものが，伝承される可能性が途絶えちゃうことになってしまいます。

司会：そうですね，素晴らしい選手の技能は誰にも伝わらずに墓場に埋められてしまうことになりますね。

山口：例えば，加藤先生が明友先生に見てもらって，すり合わせた中で探り合うということがなくなっちゃったときに，求めていく理想の形みたいなものに届きようがなくなるわけじゃないですか。見てくれて，そしてお互いに探り合う…というのは，相手があって初めて探り合うことができるわけですから。他の人の身体がなくして，自分の中だけで，鉄棒とつり輪といった道具の中だけでどうにもなるものじゃないし，それはもう，技の狂いを克服なさったときの動感メロディーがお互いに通じ合うということがあったからこそ，技の狂いを克服できたわけじゃないですか。

　ということは，見て，受け止めてくれる身体がないとき，技の狂いを克服しようもないことにならざるを得ません。

加藤：今の選手，コーチは，そういうことを考えてやるコーチの人というのは少ないのでは。選手自身が仲間の技を見ながら，真面目に体操の話をしているんじゃないですかね。

山口：なるほどね。結局1人じゃ，無理ですものね。そうすると，それを強化していくというか，指導者がいないのであれば，お互いに学び合うことが確保されるというのが，唯一の可能性というわけでしょうか。

金子：確かに伝承ということは，今，消えつつあることは事実ですね。実質は起こっていると思うけど，例えば，先生がいなくったって，お互い同士，知らない人同士でも学べるからね。

加藤：その可能性は，まだ残っているんですよ。

金子：いわばそれは，昔の剣の時代だったら，相手を探して歩く武者修行と一緒ですよ。

山口：そういうことですよね。それでは，時代を超えての伝承はまだ難しいところにいるのでしょうかね。この前，野中郁次郎先生と書いた本があるんですけど，その中でホンダの〈ワイガヤ〉というのと，京セラの〈コンパ〉というのがあって，京セラの100畳ぐらいの大広間で，みんなで飲み合うん

ですって。別に飲めなくてもいいんですが，みんなで，10人ぐらいのグループが10ぐらいできて，がんがん言い合って，テーマを決めて話し合って。そういう，人と人が破天荒になって，徹底的に議論を重ねるんです。

破天荒というのは要するに，腹の底から問題を全部吐き出して，全部言い合って，こっちがいい，あっちがいいと遣り合うことです。それが京セラのコンパというんですけど，ホンダのワイガヤというのは，3日間かけてそれをやるんだそうです。それでがんがんやり合って，みんな子どもに帰ってというか，殴り合うところまではいかないのですが，感情的な問題も表に出てきて，ぐたぐたになって，これから何をやっていくかとか，どうやって社長を超えていくかとか，いろいろなテーマを出し合うんです。

そういった，本当に全人的なというか，人と人とが本当に腹を割って，さらけ出して，それこそ伝承の研究会が起こったときと同じような環境でしょう。要するに，飲んで，本当に言いたいことを言い合ってと。そういう場があるのとないのと，大違いですよ。やっぱり，ものをやっていくときには。何か新しいものをつくろうとすればそういうことは必要ですよね。

加藤：だけど，最近は学生とのお付き合いも，ちょっと難しくなってきているんですよ。

山口：それ，問題だと思います。僕たちのころは，ゼミの後はみんな飲み会だったものです。

司会：お酒を飲むにしても，無理矢理飲ますわけにもいかないし，そのような会に強制的に参加させることでも問題になることがよくありますね。本人が嫌がることをさせれば，すぐに何々ハラスメントになる世の中ですからね。

25 これまでの鼎談を振り返って

司会：さて，ずいぶん長い時間の鼎談となりましたが，そろそろここで終わりにしたいと思います。では，最後にこの鼎談を振り返って，感想をお願いします。

金子：今回の，「動感メロディーの伝承」と題した鼎談に接して，これまで〈意味発生〉としてルビ付きで多用してきた私は，Sinnesgenesis (FTL §85-③)という用語を〈感覚発生〉としてルビなしで表記できる変化をうれしく感じ

ています。現象学の先生方は，この Sinn を〈意味〉と訳されますから，私もそれに倣って〈意味発生〉と訳してきました。しかし，いつもルビをつける〈意味発生〉としていました。ところが最近の山口先生の大著『発生の起源と目的 (2018)』では，その端的な感覚経験の成立を〈感覚記憶〉の発生起源として論じておられました。今回の鼎談で〈感覚の発生〉というご発言が多く，とりわけ第5節の「動感メロディーの響き合い」の先生のご発言は感動いたしました。その〈端的感覚経験〉が響き合ってはじめて〈わざの伝承〉が間身体的に成果される件りが極めて印象的だったのです。言うまでもなく，この端的な感覚経験という先述定対象は，〈感性的直観〉の分析対象 (Hua,XIX：論理学研究IV. 第5章〜第6章) であり，カテゴリー直観の対象ではないのです。ですから加藤先生のいうように動感メロディーの感覚経験を言語化することは難しいことになります。それだけに，スポーツ発生運動学では，この〈究極の基体〉をカテゴリー自体の基盤的な役割をもつ〈Sachlage (原泉の基盤)〉として捉えていきます。こうし始めてフッサールのいう〈二形統一体 (Zwingerhaftigkeit)〉としての二面性が意味成立することになります。こうして山口先生の感覚記憶の発生起源のご研究の重大さに一驚させられた対談でした。重ねて山口先生の発生起源という感覚論を身近にお話しできたこと感謝している次第です。ありがとうございました。

加藤：金子明友先生，山口一郎先生という大先生方の話の輪に入れていただき，幸せだったと感じております。私は自分自身の運動・動きについて色々考えてきたつもりですが，どこまで考えても道具・物・機械の動きではないように思えるのです。人の動きには勘違いや間違いもありますが，どこまで考えても最終的には個人の中での発生であるように思うのです。

　私自身の動きも確実に衰退の一途をたどっていますが，これからは，この衰退を友にして〈動く感じ〉，つまり「動感」を考えていきたいと思います。一秀先生，この対談を企画していただき，ありがとうございました。

山口：今日は，「わざの伝承」というテーマを中心にして，加藤先生の体操競技での輝かしいご活躍を振り返り，金子明友先生と加藤先生との師弟関係において，どのように「わざの伝承」が実現されてきたのか，大変興味深いお話をおうかがいすることができました。私にとって，もっとも興味深いお話は，コーチとしての明友先生と選手としての加藤先生とが，お互いの間の「探

り合い」をとおして「予感される理想像（理想的なもの）」が具体化し，新た
に創造されていく，というプロセスのお話でした。まさに共に創り上げてい
く「共創」の実現といえると思います。また，前回金子明友先生との対談で「動
感メロディー」の共有をとおして「技の狂い」を克服なさったことに驚嘆し
たのですが，今回は，「技の狂い」の質を見極め，その場で克服できないと
見極めた場合，その「技を避ける」という判断の的確さにも驚嘆いたしまし
た。それに加えて，今回は，一秀先生のお話しになる，選手に向き合ってコー
チをなさるときの，具体的な個人の歴史全体を担っている選手との対応の
仕方が，克明に語られていることにも感動いたしました。コーチと選手のあ
いだの信頼関係がいかに重要であるか，深く納得できました。皆さんの深く
広大なスポーツ運動のご経験をお聞きできて，ありがたく感じ入るとともに，
現象学の考察をとおして，どうにかそのご経験を言葉にしてみるお手伝いが
できればと思っております。

司会：今回，鼎談の進行役という司会の立場だったのですが，話の内容が楽し
くつい立ち入った質問などをして申し訳ありませんでした。加藤先生とは
色々な機会でお話を聞くことはあったのですが，今回はさらに深い話が聞け
て非常に嬉しかったです。スポーツに限らず日常生活でも，このような〈動
く感じ〉の違和感は誰でも感じ取っているとは思います。それが何となく消
えて元に戻るという繰り返しの中にいるのだと思います。「放っておけばよ
い」という程度にとどまらないのが，特に競技スポーツの世界ですから，こ
のような具体的な人間の〈動く感じ〉の構成が開示されていくことは極めて
重要だと考えます。それは現場の指導者には非常に役立つと思いますが，さ
らにわざの伝承へと繋ぐ道を見失ってはいけないことが再度確認できたとこ
ろです。

　現象学者とトップアスリートの対談が成り立つのは，フッサール現象学を
基礎に置く発生運動学が，揺らぎない学問的厳密さを持っている証だと思い
ます。発生運動学は，今後さらに〈わざの伝承〉，もっと広くいえば〈運動
文化の伝承〉へと研究を進めなければならないことが確認されました。

　今後，体操競技に限らず色々な種目で技を極めた選手たちの〈動く感じ〉
について現象学者との対談を企画していきたいと思います。本日はどうもあ
りがとうございました。

私の動感経験と発生運動学

加藤澤男

1. 〈技の狂い〉とは何か

[1] 私が「技の狂い」を知った経緯

　私の思い出せる範囲では，この「技の狂い」という言葉に出会ったのは，大学に入学してからだったと思います。確か，先輩の三幣晴三さんが書かれた文章だったと思いますが，体操部の文集に載せたものだったように思います。そこには，ドイツのスポーツ誌 Olympisches Feuer 10 号に掲載されたものだと記してありました。この，三幣さんが紹介してくださった文章を読んだ当時は，私は〈技の狂い〉ということにはあまり執着してはおらず，ただ漠然と，体操がうまくなるための 10 か条だと思っていました。

　その後，金子明友先生の Zur Geisteshaltung des Wettkämpfers という記事が Olympische Turunkunst, Nr.1 に掲載され，また，「体操競技のコーチング」が出版されて，この 10 か条が解説され現在に至っています。金子明友先生の「体操競技のコーチング」の中の十か条は以下に示す通りで，8 番目に「技の狂いを喜ぶこと」という一項があります。

1.　計画性をもつこと	6.　慢心を戒めること
2.　こつを書きとめておくこと	7.　理想像と勝負すること
3.　見取り稽古を大切にすること	8.　技の狂いを喜ぶこと
4.　器械をいつくしむこと	9.　無師独悟であること
5.　練習仲間と仲よくすること	10.　技は心であること

　私は大学入学後，2年生になるころからだと思いますが，学生として正式に金子明友先生の授業を受けたり，また炉辺談話を聞けるようになりました。先生自身の後転とびが怖くなった話や，先生が指導している選手で，日本代表クラスの選手が鉄棒の後方宙返りができなくなった話，あるいは，平行棒の屈身前方宙返り1/2ひねり下りのひねり方向感覚の混乱などなどの多くの話を聞くことができました。しかし，まだ，その時点でも〈技の狂い〉は自分自身のことではなく，他人事のように聞いていたように思います。当時，私自身はまだ，今までできていたことが〈突然にできなくなる〉というような狂いを感じたことがなかったせいもあると思います。

[2]〈動きかた〉の学習論

　〈動きかた〉の学習論として私が信頼できると思っているのはクルト・マイネルの運動学です。そこで，まずは私が理解している範囲でクルト・マイネルの〈動きかた〉の学習論を取り上げ，それを通して技の狂いということを考えてみたいと思います。

　マイネルは「運動系の学習」の章の中で，〈位相〉という言葉を使って説明しています。この学習の位相とはどのようなことなのでしょうか。〈位相〉という語は日本語辞書では，数学，物理学，言語学で使うそれぞれの意味が説明してあります。マイネルが言っている運動系の学習位相とは人間の運動のことですので，概ね数学や物理学で使われる考え方ではなく，どちらかといえば言語学で使われるような意味で使われていると思います。そして，誰にも当てはまる運動系の学習の大きな階層性，あるいはその時々の習得状況の特徴などが挙げられています。彼の考えを最も簡略に述べれば，以下のようにA，B，Cの3つの位相があるということです。

　A位相：新たな技を覚えた時の様相，つまり〈動きかた〉の発生時の頃の大
　　　　まかな層位。

　B位相：位相Aを経て上手くなっていく様子，つまり欠点を修正して上達
　　　　していく層位。
　C位相：上達した様子，つまり，覚えた〈動きかた〉が自分のものになった層位。
　マイネルの挙げている3つの位相は確かに間違いはないのですが，私には位相どうしの関わりという点でいまだ少ししっくりこないのです。
　私の体験上感じている〈動きかた〉の変化は，確かに位相として当てはまると思いますが，初めて何か動くことができた時から無段階で，というか，千変万化しながら変わっていくように思えるからです。位相として説明されれば，確かに当てはまる気はしますが，現実に動いている側では位相同士の関係が今ひとつしっくりきません。線を引いてその線を境にして，ここからが次の位相だと判断するのは難しいことですし，また，動き始めのA位相からB位相を飛び越して世界選手権やオリンピックに出場するようなレベルのC位相に直接つながることは到底考えられません。必ずB位相を経過してC位相に到達することはわかります。
　しかし，マイネルは位相の解説の初めに，「観察によって確認できるこの位相は，逆戻りできない順序や発達をはっきりと表している（マイネル邦訳374頁）」という言い方をしています。この「後戻りできない順序」については，「生きた人間の動きには2度と同じ動きはない」という厳密な意味なのか，あるいは「単純な勘違いのように今までできていたことができなくなる」程度の意味なのか，それともまた，「できなくなることは修正ということの範囲に入っている」ことなのか，私にはその判断がつきません。
　マイネルの運動系の学習位相の説明の前提や，その項の一番終わりの「運動学習の複合性」を読み直すと，運動の学習を取り巻く諸事項がかなり詳しく述べられております。私にはその説明のほうが人の〈動きかた〉の発展・展開として理解できるような気がします。人を取り巻く周囲変化と自分の〈動きかた〉の関係や，また逆から見て，周囲と関係して変わってくる自身の内部の〈動きかた〉が理解できるからです。
　しかし，位相のことは別にして，現在の学生選手権に出場するようなレベル，つまりマイネルの言う位相Cに近いと思われる大学生ですら，「狂い」と言われるような手も足も動かせない状況が出てくるとのことです。つまり，上級者と思われる段階（C位相）に至ってからも，突然に身動きも出来ない状況に陥

ることもあるとのことです。確かに人間が生きている物理的時間は逆流しませんが，今までできていた動きが，突然にできなくなるような状況は，位相という考え方ではどう理解したらいいのでしょうか。単に学習の仕方が間違っていたでは済まないような気がするのです。

　運動をする者として考えるには，まずは自身ではどうなのだろうかという反省的立場は欠かせないことなので，自分自身の子どもの頃の体験を思い出し，この問題と関係ありそうな例を挙げてみます。

[3] 子どもの頃の「向こう見ず」

　人間一般ではなく，私自身の育ってきた，また自らで思い出せる範囲の過去の行動の中からいくつかを振り返り，自らの〈動きかた〉の展開を考えてみたいと思います。

　「むこうみず」は無鉄砲のことで，後先を考えずにとる行動のことです。私自身，物心がついてから，何年かたった後に記憶として思い出せるようになってからのことですが，「怖い」「できない」という状況がなかったのかと問えば，それらしいことはたくさんあったと思います。しかし，自身で子どもの頃のことを思い返すと，やったことがないようなことを真似しようとしたり，できないと感じたことを無理して実行した時には，おおよそ怪我に繋がったり，あるいは痛い目にあっていたように思います。

　身の回りには，「危ない」「やっちゃダメ」と言われていることがたくさんありました。例えば，「交流電流に触ると雷様と同じで電気が体を通り抜け，死んでしまう」と言われていたこともその一つです。小学校の3年生くらいのことだと思います。雑誌に出ていた磁石の作り方で，鉄に銅線をたくさん巻きつけ，その銅線に直流の乾電池で電気を通すと，その鉄は磁石になるのですが，少し熱を持つくらいは知っていました。電気はいろんなものに使われており，ラジオ，電灯，ニクロム線の電熱器など様々なところで役に立っているのは知っていました。しかし，電気そのものは目に見えません。ある日，電気というものを実感してみたい衝動に駆られて試したことがあります。それは，照明用電球の下に小さな腰掛けを持って行き，電球をソケットから外してスイッチを入れ，そのソケットの中に指を入れたのです。浅はかな考えですが，痛かったら椅子から飛び降りればいい程度の考え方でした。おそるおそる指を入れたの

ですが，指というより身体全部に予想もしていない衝撃が走り，飛び降りるより先に体がすくんでしまいました。

　このような経験はごく一部であり，幼稚園から小学校に入った頃にすべてのことにおいてじっと自分の席に座っていることのできない子どもだったようです。ですから，母親がPTAの学習参観に来てくれたのは，私が小学校へ入学して1年生の折の2回くらいだったと思います。後に母親が言うには，「じっとしておれない息子が恥ずかしくてPTAの参加をやめたのだ」とのことでした。毎学期末の通信簿の担任所見にも，この落ち着きのなさが書いてあり，母はよほど辛かったのか，恥ずかしかったのか，その頃の通信簿を母子手帳と一緒に亡くなるまで所持しておりました。今は，落ち着きのない子どもの行動には，病名が付けられ対応されていることもあると聞いておりますが，私は今，その頃の行動については説明しようがありません。

[4] 野遊びとナイフ

　野山にはいろんなことがあり，遊び場としては最適でした。しかし，その遊びでも対処・処理の仕方を間違うと自身がダメージを受けることも多かったのです。

　私達の子ども時代は〈肥後守〉という簡易な折りたたみ型のナイフを，皆ポケットに入れて野山で遊ぶのが普通だったのです。遊びに使う道具から食べるものまで，ナイフがあれば大抵のことができます。そのナイフで細工をする過程で，扱う材料によって同じ刃の使い方はできないことを知りました。杉鉄砲を作るには笹竹を細工しなければなりません。笹や竹は木とは全く性質が異なり，刃の使い方を変えなければなりません。扱い方を間違えば自分が切傷を負うことにもなります。また，場合によっては生木を扱ってかぶれることもあります。朝起きたら手の皮膚の薄い部分が熱っぽく痒く，それは漆かぶれの証拠なのです。このかぶれは人によって異なり，強い人と弱い人があり，私はめっぽうかぶれやすい体質だったと思います。ですから，漆の木に直接触れなくてもそばを通っただけで，かぶれの症状が出ることもありました。小学校時代は夏場から秋にかけて何度かぶれたことか，思い出せないほどですが，それでも飽きずに遊んでおりました。

　ですから，打ち身，すり傷を負うことが多かったことを考えれば，結構，

無茶な行動をしていたのだと思います。

[5] 自転車乗り

　体操を始める前，小学校低学年頃のことだと思います。自転車に乗ることを覚え始めた頃です。当時，自転車については，子ども用の三輪車以外，大人の使っている自転車しか見たことはありませんでした。三輪車が欲しいと親にねだった記憶もあるような気もしますが，影の薄い記憶しかありません。ですから，体が大きくならなければ自転車には乗れないものと諦めていた感はあります。

　小学校の2〜3年生の頃でしょうか，大人用の自転車は今から思えばハンドルの高さが自分の顔くらいだった頃です。家に1台あった自転車は，まともなチェーンカバーもなく，後輪にスタンドと荷台の付いた全くの実用車タイプのものだったように記憶しています。朝，学校へ出る前，朝食を早めにかきこみ，自転車の空いている時間を狙って家の前の畑道でその自転車に乗る練習をしようと思いました。乗り方は，サドルに腰掛ければ足が届かない高さなので，当然，「三角乗り」です。今の人たちには分からないと思いますが，自転車の三角のフレームの間に足を入れて，サドルに腰掛けずに自転車を漕ぐ方法を「三角乗り」と呼んでいたのです。この乗り方は私の乗り方では自転車が右に傾いた乗り方になるのですが，幅が1mもない細い畑道ですので案の定，倒れてしまいました。

　倒れた時，顔に強烈な衝撃があって目から火花が飛んだような印象があります。転んだ衝撃は大きかったのですが，自電車のチェーンが外れたこともわかりました。顔も痛かったのですが，叱られるのが怖く，まずは外れたチェーンを直しました。その戻し方は姉の様子を見て知っていたのです。一応チェーンは元の状態に戻し，自分の痛さを感じ直しました。倒れた時，ハンドルのグリップエンドが口に入ったような気がしていたので，恐る恐る痛かった口の中を触ってみました。すると，上顎前歯の裏側が欠けて歯が薄くなっていました。血が流れることもなく，ただ痛いだけでしたので，隠れるようにして学校へ行きました。何日か痛みは感じましたが，いつの間にか痛さは気にならなくなり，忘れてしまいました。しかし，70歳を過ぎた今でも，舌先で欠けた部分を触ると歯が薄くなっているのがわかり，あの自転車の転倒を思い出します。そんな子ども時代だったわけで，体操を始めた中学生になった頃も，体のあちらこ

ちら，結構多くの打ち身，擦り傷は負っていました。

[6] 鉄棒の怪我

　その頃の経験で酷かったのは鉄棒の後方抱え込み宙返り下りです。中学2年生の時，地区大会を通過し，県大会に出る権利を得た頃です。当時，中学生の全国大会は実施されておらず，県大会が当時の中学生では最高の大会でした。いわば晴れの舞台だったので，鉄棒の下り技は後方宙返り下りにしようという気が起きたのです。見栄っ張りというか無謀な欲が出てきたのです。懸垂振動からの小さな抱え込み宙返り下りはできました。自分では段階を踏んだつもりだったのですが，その当時の聞きかじりで，振幅の大きさや上下感覚の変化を知る由もなく，演技の構成上のこともあり，小さな後方浮き支持回転（巴という技）からの後方抱え込み宙返りに挑んだのです。案の定というか，むこう見ずというか，手を離す時に体を回転させることしか頭にないまま，手を離してしまったのです。気づいた時にはすでに回転しすぎていました。思わず左横に振り向きざま，左手を床に出して体を支えようとしてしまいました。その手の出し方も，今思えば，すでに回転しすぎ，足がすくわれている状態で手を伸ばし，自分が後ろにひっくり返るのを支えようとした手の出し方だったのです。結果は尺骨頭に亀裂が入り，関節内の骨折でした。これも経験といえば経験なのですが，今考えてみれば，鉄棒の後方宙返り下りは自分では見たこともなく，先輩や上級生の話でしか知らなかったときのことです。おかげで，2年生の後半からは怪我の回復を待ち体操を離れて遊んでいたことになります。

　肘の怪我は三角巾で前腕を曲げて釣るようにして安静を保つのですが，お医者さんには，曲げた腕の手の平を上に向けるようにしなさいと言われたような記憶はあります。楽にしていると，ついつい手の平が下を向く形になるのです。その楽な形で治ったため，腕を伸ばすと肘の内側（曲がる側のくぼみ）が上を向く形になってしまったのです。「前へ習え」のように両手を前に上げると，左肘の内側が上を向いた形になるのです。お医者さんはこの治った後の可動範囲を考えて言われた指示だと思いますが，当時のお医者さんの指示は，私にとっては馬の耳に念仏であって，今は後悔しています。

　この左右の肘の向きと形の変形は，のちの現役時代を通して痛みこそありませんでしたが，体操をやっている時，支持，懸垂姿勢を問わず，左右が不対称

になっていました。今考えれば体操競技選手になるにしては代償が大きすぎた感じはあります。

[7] 最初のハードトレーニング

　苦しい練習で一番先に出てくる記憶は,体操部に入部して間もなくのことで,夏前だったように思います。後転とびを補助付きでやらされたことです。それも,秋には運動会があり,部活動の紹介のために体操部員らしく後転とびができなきゃだめ,というような動機というか,半強制的な練習でした。当時は,練習中に水を飲むことなどは厳禁で,家から塩を持って来いと言われ,その塩と一緒に最小限の水しか飲ませてもらえませんでした。

　両脇に補助者が付き,腰のベルトを両側から握られ,どんな跳び方をしても頭から落ちることはない補助の布陣でした。後ろへひっくり返って手を着き,足が地に着いたら,2歩前進し,3歩目は足を揃えて後転跳びをするという繰り返しです。このリズムに慣れてくると,腰を少し後ろに落とした後傾体勢からのジャンプが出て来やすいのです。

　後で考えてみると,後転とびには逆位の支え,つまり倒立の能力も関係してきますが,倒立の歩行は,5年生の頃,すでにかなりの距離を歩くことができていました。ドッチボールで使うコートのエンドラインくらいの長さくらいは歩けました。当然ですが,体操選手が行うような体を伸ばした倒立ではなく,体を反った逆立ちで,静止することはできなかったのですが歩く競争はやっていました。

　倒立歩きは,後転跳びの際の,ひっくり返りながら腕で支える,という経過を身につけるための下支えとなる重要な能力だったのだと思います。この逆立ち歩きと補助付きの後転跳びは,今も強く記憶に残っていますので,私にとっては重大な体験だったように思います。また後の選手時代を通して考えても,この後転跳び学習の経過は間違いではなかったように思います。

　自身の過去を思い返してみて,結構たくさんの怪我をしていたものの,運動伝承研究会で金子一秀先生がテーマに取り上げた「破局的消滅」という体操競技の試合で身うごきすらできないような状況に陥ったことはありませんでした。中学生くらいまでは,悔しくても,できないことはやらなければ良いと思っていたせいか,金子明友先生の「技の狂いを喜ぶこと」などについては,工

夫すればなんとかなるのではないかと考える程度で，私には真剣に考える余地
さえなかったことになります。

[8] 私の子ども時代の行動

　ここで挙げた私の行動はほとんどが遊びのことであり，遊んだことはここに
挙げたことだけではなく，他にも限りがないほどあります。嬉しかったこと，
悔しかったこと，大小の失敗・怪我・病気をしたこと，あるいは他人に言われ
ても自分の記憶に残っていないこともあります。記憶に残っている断片的な遊
びだけでも，それに付随したことを考えればきりがないほど色々な遊びの経験
があります。親・兄弟・先生などからの影響もあったとは思うのですが，遊ぶ
こと自体は自分勝手ですから，遊びという立場で自身の行動を整理・総括する
ことはほぼ不可能なことです。

　小学生から中学になる頃は，屋内外のボール遊びもありましたが，夏は野山
や川の遊び，親に内緒でキャンプ，冬はスキー，などなど私の育った田舎では
遊びの環境は万全に揃っておりました。私は5人兄弟の3男で，昭和21年生
まれです。それに終戦後の3世代11人家族という時期もあり，とても裕福と
は言えない家でした。しかし，いろんな遊びが可能でした。遊びの環境が揃っ
ていたとはいえ，これらの環境は子どものためにわざわざ設えられた教育環境
ではなく，野山や川など生活のために必要最小限の手入れしかしていない環境
であって，私達子どもにとってはそこで遊ぶ経験は冒険に属する環境だったと
思います。

　今考えれば，中学生の頃は，夏は体操，冬はスキーといった生活をしていた
ようで，中学3年生の頃は顧問の先生に「体操部らしく道具の手入れをして，
体操の練習をしなさい」と言われる有様で，あまり体操部員らしい練習をした
記憶がありません。大小の怪我や病気も経験していますが，それらについては，
自分自身だけに関係しているのではなく，家族や他人に迷惑をかけたことも含
めれば本当に数え切れないほどの体験数になります。

　私の思う自身の子どもの頃の行動は，どちらかといえば，全く気ままで，ま
た兄弟や友達の見よう見まねで遊んでいたのであり，少々拡大して言うならば，
少なくとも小学生までは，体育だけではなく他教科の授業や勉強も，面白い面
白くないという判断は，すべて遊びと同じような基準で考えていたようです。

2.〈動きかた〉の学習と技の〈狂い〉

[1] 私の動感経験から

　私が経験してきた〈動きかた〉に関する自身の過去を，時間を追っていくつか概略しましたが，ここで「技の狂い」を考えるにあたり，〈動きかた〉の学習論に戻ります。

　私自身の覚えた体操の技の中にも，難なく覚えたもの，手間のかかったもの，現役時代を通して手を出すことのできなかったものなど，様々な技があります。そして，覚える過程は難なく覚えたものでも，技の組み合わせ方によっては苦労を強いられるものもあり，本当に様々です。

　この過程は，人によって異なるといえば一言で済んでしまいますが，できたと喜んでも，時と場合によっては逆戻りするようなこともあるのです。とりわけ子どもの頃は，うまくいったこと，あるいは大失敗に至ったことなどは記憶には残りますが，遊びごととして忘れ去ってしまっていることも多くあります。また，試合などの緊張を強いられる場面では，普段は考えもしないことに気づくこともあります。その気づきも，不安をかきたてるものもあれば，忘れてしまっていたような動きが何倍にも増幅されて鮮明に感じられることもあります。

　人間の〈動きかた〉の習得を考える場合，とりわけ自然科学としては精密分析が求められることになります。その精密分析を考えると，物的に細部に至る検証をしなければならないように思ってしまうのが一般です。自然科学の分野が多岐にわたることも関係するのでしょうが，人間の〈動きかた〉を考える際に，人間という生き物の〈動きかた〉を飛び越して，外部視点からの物質・物体身体としての分析・検証になってきているのだと思います。

　我々，生きている人間の〈動く感じ〉を飛び越して説明しても，問題解決にはなりにくいと思います。ですから，人間の〈動きかた〉を分析し，〈動く感じ〉の学習を考える場合には，まず，人間が動くという〈自己運動〉の原点から考える必要があると思うのです。つまり，一足飛びに物質・物体身体の変化の説明に飛ぶのではなく，人間の〈動きかた〉の習得という，〈動感発生〉という

立場をまず考える必要があると思うのです。このような理由から，その発生の始原に，個人の経験を思い出す必要があるので，私個人の経験談を多く示した次第です。

このような自分の経験から考えると，前に述べたマイネルの言う3つの位相は納得してはいるのですが，私の感じている位相とは以下のようになってしまうのです。

①技の学習で，初めて〈動く感じ〉を体験した時

②あとは上手くなっていく過程すべて

③上限はほぼ無いに等しい

私自身の〈動く感じ〉で考えると，はっきりしているのは最初の動感発生までの経緯と，名人と言われるような，どこが限界かわからない状態だけで，あとは全部がB位相といった区分けになってしまうのです。

しかし，子どもの頃の最初の発生の経緯と言っても，自身で全部を覚えているわけではありませんし，慣れてしまえば忘れてしまってどこかに隠れてしまっているようなことも多いのです。ですから私のような考え方は，位相とは言わないのかもしれません。

一見，簡単に思える技の，単なるポーズ（姿勢・体勢）の話ですが，私は開脚前挙が好きで，ゆか，平行棒，つり輪などの演技に多用していました。このポーズの実施仕方は他の技にも影響を及ぼす可能性はありますが，つり輪でメキシコ大会で実施した時の感覚印象がなぜか強く，鮮明に残っているのです。その4年後もまだつり輪の演技に用いておりました。その時の印象は，腰の位置が下がり，胴体がゆるんだ感じがあり，実施している最中にすでに嫌な感じがしておりました。1968年当時の写真と1972頃の写真比べると，自身がどれだけいい加減に慣れっこになっていたかが一目瞭然にわかります。今，2枚の写真を比べると自分でも嫌気がさすほどの違いなのです。これは慣れっこになって何かを忘れてしまっていたパターンだと思うのです。

自身の動きについてこのようなこともあるのであり，技の変化を白から黒に繋がる明度という考え方をすれば，はっきりしているのは両極の白と黒があるだけで，その間の状況は人によって，また周囲の状況によって変わるのであり，動きの発展，展開には縞模様も，また，停滞したり，場合によっては逆戻りするようなこともあるのです。ですから，マイネルの位相を考えると，一般

▲ 1968 年時の開脚前挙　　　　　▲ 1972 年時の開脚前挙

的位相としては許容できるのですが，〈動く感じ〉で考えると，その位相間の
関係が今ひとつ気になるのだと思います。

3.〈動きかた〉の習熟と自動化

[1]〈動きかた〉の習熟と自動化

　〈動きかた〉の学習とは，何か出来ないことができるようになる過程のこと
だと思います。一旦ある〈動きかた〉ができ始めると，今度はその習熟が問題
になります。習熟とは，辞書によれば「習い覚えて，よく通じていること」で，
目的に合った動きがうまく，効率よくできる意味です。また，〈自動化〉とは「人
手によらず，機械やコンピューターで行うようにすること」と書いてあります
が，それも，人間が何かをなすことを基準に区別している言葉のように思いま
す。ここでは物や機械ではなく，人の〈動きかた〉の自動化と言われることに
注目したいと思います。

　人間の〈動きかた〉の習得，さらにはその自動化とは機械とどこが異なるの
でしょうか。当然ながら，人間が動く場合，習熟という点ではうまさの度合い，
効率の良さ，合目的性などのすべてが問われることになります。一方，機械の
場合は一般にその出来具合いの違いは機械の性能を意味します。当然機械です
から，それ自体がその弱点や欠点を察知してその機械自体の動き方に改良を加
えたり努力することはありません。機械の場合には，仕事の目的が異なれば機
械自体を別に設計・製作しなければなりません。この点はとりわけ人の動きが

発展・展開することとは同じだとは考えられません。

　機械は例えば優れた技術の職人の習熟した動きの良いところだけを取り出し，機械的に同じ結果をださせたり，より効率的にするために，一定の目的のために設計・製作されています。機械の場合には出来上がった生産物の良し悪しも問題ですが，その機械を製作するためのコストと，その機械によってなされる生産量ならびに生産物の均一性とが主問題になります。

　科学技術の発展した今日では，センサーやコンピューターを駆使し，ファジー (fuzzy) と言われるような，不確かなことの判断・選択をする電気製品も出てきており，さらには，人と音声で応対したり，人の動きを援助するような，いわゆる人型ロボットも開発が進められています。さらに自動車においては自動運転車まで出現しています。このような機械の発展によって自動運転の車などでは，事故が起きた時，誰の責任かを問う在り方さえ検討され始めていると聞いています。一体，人間の〈動きかた〉を覚える努力は，将来どうなってしまうのでしょうか。

　人間の〈動きかた〉の習得では失敗が生じることも，また出来上がり具合の均一さに欠けることもあります。人間の場合はその人自体の中で，〈動きかた〉が変化発展する可能性がありますが，機械の場合は，より生産効率の良いものが開発されたら部品を交換するか，あるいは交換程度でだめなら廃棄するしかありません。

　ここで一番問題になるのは，人間の〈動きかた〉の習得は機械とは違い，部品交換をしたり廃棄するわけにはいかないことです。いくら人間の〈動きかた〉が熟練し習熟しても，機械のように自動化されたように見えても，人間の動きと機械の動きとは性質が異なります。

　〈動きかた〉の習熟とは，前に述べた辞書の説明のように「習い覚えて，よく通じていること」で，その場合は目的に合った動きがうまく，効率よくできるようになる意味です。また，自動化とは本来「人手によらず，機械やコンピューターの判断によって機械が行うようにすること」ですが，ここでは，機械やコンピューターではなくて人間の判断による〈動きかた〉の自動化と言われることが問題の対象にならなければなりません。

　ここではチャップリンの映画の「モダンタイムス」で風刺しているような，生きた人間が機械の歯車に飲み込まれる映像が思い出されます。人間の〈動き

かた〉はいくら熟練し自動化したからといっても，それぞれの人ごとに，また周囲の状況の違いによって一回ごとに違ってくるものです。そして，その都度の変化の可能性があることは普通であり，その異なりを許容して，目には見えない対応をして同じような結果をだすことだと思うのです。

　人間の〈動きかた〉が自動化するという場合は，周りの状況を察知，それに対する対処・判断，実際の動きや活動に至る，という過程のどこかが自動化されているのではないでしょうか。強いて言うならば，周囲の要求することをいちいち思考し，それに応じた動きの選択・判断・決断するのではなく，周囲の状況さえ分かれば，それに対応する〈動きかた〉の選択・判断・決断の部分が慣れによって素通りされ，手際よく処理・対応をするようなことが〈動きかた〉の自動化と言われることではないでしょうか。物質的な脳科学分析にその答えを求めても，結局その判断する中身の問題は分からないままです。この意識の問題が主題化されるから，スポーツ運動学がフッサールの発生現象学と密接な関係が生まれるのだと思います。

[2] 競技の〈動きかた〉と自動化

　スポーツの〈動きかた〉の習得といっても，私たちが日常行っている〈動きかた〉の習得と類似した点はたくさんありますが，体操競技などの〈動きかた〉は，とりわけ逆位を伴うような動き方は，日常生活の中の〈動きかた〉にはあまりありません。一方で，日本人の箸の持ち方，使い方にしても，歩きかたにしても，多少人と違っていても，慣れてしまえば気にすることはありません。日本人は何も考えることなく箸を使っているのですが，諸外国，特にヨーロッパ系の人などは生活・文化圏が異なるので，その使いかたの差はわかりやすいと思います。このような日常に密着した〈動きかた〉は洋の東西を問わず，生まれたての子どもができる〈動きかた〉ではないのですが，生活する中で繰り返すことによって，習得され変わっていくのだと思います。

　さらに，競技スポーツの〈動きかた〉となると，日常のそれとは目的が異なります。力の使い方が尋常でなかったり，関節可動域の幅が違っていたり，また競争するためには他人と同じであってはならない点が多く，日常の〈動きかた〉の習得とは異なってきます。

　スポーツの専門的な〈動きかた〉も少し視点を変えてみて，人間の〈動きか

た〉の慣れという観点から見ると，スポーツの〈動きかた〉も，日常の動きも似たようなことだと思うのです。ただし，日常の〈動きかた〉はそれほど複雑ではなく，また多少でき方が違っても，目的を達成できればあまり問題は起こりません。

　スポーツ競技の場合は，確かに日常にはない難しい〈動きかた〉を習得することになりますが，その慣れを獲得するために行う練習回数の多さは日常のそれと一緒です。ただし，スポーツの〈動きかた〉の習得は，この回数をかける点で日常のそれと目的が異なり事情は異なります。日常に必要のない〈動きかた〉に回数をかけるのですから，その環境が揃っていない限り，繰り返し回数を増やすことはできません。ともあれ，スポーツの〈動きかた〉や日常の〈動きかた〉の習得，どちらの場合も慣れ親しんだり自動化するためには，繰り返しの回数を必要とすることは同じだということです。

[3]〈動きかた〉の狂い

　この狂いと言われる状態は，体操競技のみならず，ゴルフのパッティングや野球の牽制送球などでもよく聞かれる話です。それぞれの競技で〈動きかた〉の種類や性質は違うのですが，ゴルフのパッティングの場合は億単位の賞金がかかった決勝最後の一打となることもあります。普段ならば目をつむって打っても入れることができる，1mに満たない短いパッティングでしょうが，それが入るか否かによって億単位のお金が入るか否かとなると，事情は異なり，動きにも異変が生じる可能性はあります。手が動かなくなったり，あるいは打つ瞬間に痙攣が起きたように思わぬ力が入って強く打ってしまうようなことも起こるとのことです。

　また，野球の場合，キャッチャーが1塁ランナーの盗塁を阻止しようとして，キャッチャーが捕球後，間髪を入れずに2塁や1塁にボールを投げる場合など，試合本番になると大暴投になってしまう話も聞きました。ゴルフの場合も野球の場合も，プロ選手の場合ですから，少なくとも我々素人の腕前とは雲泥の差があるはずです。それでも，プロフェッショナルと言われる人たちでさえも，この暴投や打ち損じが生じるのだそうです。その結果は相手にアドバンテージを与えることになってしまい，競技の負けに繋がってしまうのです。体操競技の場合は，その競技特性上，逆位，宙返りなどの動きが多いことから，狂いと

いわれる異変を感じた時，場合によっては転落，転倒，激突など生死に関わるような状況にさらされることになるので，その動きの変調は尋常ではないことでしょう。

　それぞれの競技によって受けるダメージは異なるのですが，一度その状況を体験すると，似た状況に入った時，一層頻繁かつ鮮明に不安や危険を感じるようになることのようです。この状況は，明らかに，慣れている自身の動く感覚と周囲の状況変化との関係の中で何かを感じるから，つまり，慣れて忘れていたような感覚に気づいてしまうのではないかと思います。

　昨今の科学技術の粋を集めた宇宙開発や自動運転の車，あるいは公共交通機関の運転などでは人為的ミスを起こさないためにコンピューター判断を併用したりするようです。あるいは一人ではなく，複数の人で同じ任務に就いたりして誤作動を回避したり，また自身で声に出して確認して操作することができます。しかし，スポーツ競技の場合は個人が機械を操作すると同じように，自分の身体の操作をするのではなく，一瞬に自身の動きを判断・決断し動く必要があるのです。しかも複数の人の判断ではなく，自分一人の判断です。

　このように気がつくことによって生じる動く判断や決断の異変は，その主要な原因は自分自身の中の諸関係から起こることだと思います。怪我や病気の場合には自分の変化は明確ですが，徐々に長い時間がかかって変わってくる関節可動域の変化や疲労の蓄積などでは，その変化に気づかないこともあります。結果がうまくいっているうちは思い通りツボにはまってうまく行ったと感じるのですが，そうでない場合が問題なのです。他方，周囲の状況も毎回何か違っているはずで，単純に思考する脳の働きの低下だとか，体調の問題だとか，あるは，心の問題だとか，人間が動くことのほんの一部分の修正だけでは解決できないことが多いのだと思います。

　人の動きとして狂いの原因を考えるには，少なくとも周囲状況変化と自分自身の状態変化の両方を見直さなければならないと思いますが，とりわけ，自分自身の動きの自動化について，それを支えている動感を考えなければならないことだと思うのです。

[4]　反復・慣れ・自動化と狂い

　スポーツにはいろんな種類があることは皆さんご存知の通りです。一般には，

身体の動きを使って競っているのがスポーツ競技です。個人の動くこと自体が評価の対象になるもの，相手と組みあったり，相手と間隔を置いて直接的に対戦するもの，あるいは道具を使うものなどがあります。さらに区別すれば，これらの因子が複合した動きで競われるもの，あるいは計測可能な量的な結果を競うものなどなど様々で，競技の種類ごとに細かな規則があります。

　射撃やアーチェリーのように動きを止めることも含め，どの競技においても身体の動きを使って競うのですが，それぞれの競技を行うために練習・訓練は必要です。初歩のうちは子どもが遊ぶことと類似して，取り立てて訓練するとは言いがたい状況ですが，上達して本格的な競技に向かう段階になると，勝敗を決する場面を考えた上で訓練をすることになります。そこでは子どもの頃の遊びの勝ち負けとは次元が異なり，勝ち負けに対する価値観も大きく異なってきます。

　勝ち，負けが決まる時とは，いわばやり直しがきかないことを意味します。入試や就職試験のようなことも同じかもしれませんが，一回きりということが敢然と立ちはだかることですから，当然のこととしてこの一回きりに立ち向かう練習・訓練が要求されます。そこで必ず行われることが，まず第一に基本的な技能の獲得であり，その上に立って試合で起こりうる状況の設定と，繰り返しによる訓練が求められます。状況の設定にもいろいろあり，選手や競技種目の特性によっては，練習試合として行う試合そのものを習練対象とする場合もあり，自身の慣れ親しんだ練習場で想定上できる限り試合という条件を想定・設定する場合もあります。いずれにしても，失敗ができない状況を体験すること自体が大きな目的になります。

[5] 私の成果と自らの変化

　このような練習に持ち込むためには個々の〈動きかた〉がある程度，技術的に解決されていなければならないのですが，繰り返しとそれによって生じる慣れが目指されることになります。つまり，ある種の慣れや自動化をねらった練習になります。このような練習を通して試合に立ち向かうのが普通だと思うのですが，それでも現実の試合になると，いつもとは違ったことに気づくことも起こります。練習で繰り返し回数を増せば増すほど，一定の状況に応じた〈動きかた〉は自動化し，自動化すればするほど，その動きの仔細を考えなくても

済むようになって行きます。さらに，この自動化が進めば進むほど，動くまでの過程が〈身体化〉され，考えることもなくもなく動けるようになるのも確かです。

　人間が本当に機械になり切れれば良いのですが，人の〈動きかた〉の場合には，〈気づき〉というセンサーみたいなものが働き，普段は気にしていないようなことが気になることも生じます。そのような一瞬に，〈自動化〉されて〈身体化〉されている自分の〈動きかた〉を考えようとしたら，今度は動きに支障をきたすことは明らかです。このような場合，ほんの一瞬のことかもしれませんが，どこかおかしい〈動きかた〉になってしまいます。場合によっては，それは思いもしない結果につながってしまうこともあるでしょう。さらにこのような失敗の経験は「次に起こったらどうしよう」と思うと，なお一層心配になることでしょう。

　このような状況，つまり試合で突然生じる気づきや失敗は起こってはならないことであり，ひどい場合は一旦は試合を想定した練習から離れ，個別の練習の中でその対処・改善策を探る必要があることです。体操競技の場合，短時間のうちに対処できない場合には，その技を試合で使わない決断をしなければならないこともあります。また，他の競技でも，その状況に陥らない方策を練らなければならないことでしょが，少なくとも，失敗を経験した状況を放置しておくことはできないでしょう。

　要するに，人間が〈動く〉ということにおいては〈自分自身の変化〉と〈周囲の状況変化〉とは大いに関わっているので，単なる失敗でも，狂いと言われることにおいても何が原因なのか，どちらの状況変化によることなのかを考え直さなければならないと思います。

4. 周囲状況の変化と自らの〈動きかた〉変化

[1] 周囲の状況と自らの〈動きかた〉の関係

　人間は機械ではないので周囲の状況を感じながら動きます。スポーツ競技であれば，当然ルールを守って競技しなければなりません。また，先述のように，試合では失敗をしてはならないという状況になります。このような周囲状況の

変化は当然のことだと思われますが，人は機械とは異なり，あらかじめセット
したようには行かないことも起こりうることです。つまり，周囲状況は刻一刻
と変化するので，それに対応して自身の動きも変化・対応しなければならない
からです。マイネルも「人間は自分の運動を自動化していって変容するのであ
って，ロボットのように硬直して動き，反応する"自動機械"に変容していく
ことではない（マイネル邦訳409頁）」と指摘しています。

　体操競技では，自らが想定して練習してきたことをやり切れれば良いのです
が，緊張した場面で場違いな行動をとることはできないと思うと，つい慎重に
なるのが普通です。慎重になりすぎたり，また，俗に〈あがり〉と言われる状
況に陥ったり，また，普段は考えてもない一瞬の自らの〈動きかた〉に気づい
たりします。この〈あがり〉と言われる状態も一定ではなく，人によって，ま
た場合によって様々な症状を起こします。中には反応が鈍くなって動きがぎこ
ちなくなる人も出てきますし，俗にいう〈試合筋〉あるいは〈火事場の馬鹿力〉
のような，予想しない反応が起こることもそれに該当すると思います。特に初
心者のうちにはよく起こることで，後で考えると，自分でもびっくりするよう
な「なぜ出来たのだろう」と思うようなこともあります。

　相手と直接対峙することはない体操競技の場合でも，試合でうまくことが運
んでいるうちは良いのですが，チーム選手権で仲間の選手が目の前で大怪我を
しないとも限りません。そのような自分自身の問題ではない，周囲の出来事が
原因で自身の動きに影響が出る場合もあります。

　私の最後のオリンピックがそれでした。自分自身のせいではないにせよ，こ
れからやらなければならない自身の動きに大きな影響が出ます。目の前で起き
たチームメイトの怪我を見て，その仲間の面倒を見ることもできず，さながら
戦場のように，怪我をした仲間を踏み越して試合を続行しなければならない状
況だったのです。残りの誰かが失敗すれば，その失敗した得点がそのままチー
ム得点になる状況で，腕が小刻みに震えたり，頬が引きつるような感じがあっ
たり，口が渇いて飲み込むつばもないような状況でした。試合が終わってチー
ムの仲間に聞いたら皆同じように異常状態だったとのことでした。確かに生身
の人間が動くことなので，何が起こるかわからないのです。普段の練習でその
ようなことを想定することも可能ですが，誰も自分から進んでチームメイトの
怪我など想像したくはありません。

うまくいっているうちは良いのですが，いくら準備をしても思いもしないような事態が起こる可能性はあるのです。その原因の大半が周囲の変化であり，もう一つは周りの変化に対応しなければならない自分の動きの変化なのです。

　このように，一回きりとなる試合では，周囲の変化とそれに対応する自らの〈動きかた〉の変化は，それほど影響があることなのです。自らの〈動きかた〉は，機械ではないので，無感情のようには行きません。いくら平静を装っても，必ず周囲の状況とは関わることになります。場合によっては，突然予想できない〈動きかた〉が顔を出し，動きだしてからそれに気づくこともあるでしょう。単なる失敗ならまだしも，自身の身の安全が確保できないような場合には身動きもできなくなることはあるでしょう。

[2] 自ら動くということ

　自らの〈動きかた〉は各個人によって様々ですが，一見，無目的のように見えても周囲の状況と結びついて行われる〈動きかた〉がほとんどだと思います。金子先生が〈わかる〉と〈できる〉の関係を示して，〈分かる〉と〈できる〉の間には〈できそうな気がする〉段階があると説明しています。動くという決断は，自身の中で，同じ動きの経験の有無，類似経験の有無，周囲の状況など多くのことが関係してきます。動いた経験材料が全く無いような決断はそうあるわけではないということです。

　私はこの〈できそうな気がする〉段階に同意できます。〈気がする・しない〉は〈動きかた〉が言葉になる以前のことで，何か分かったと閃きのようなものを感じた時のことです。おそらく，分かったと感じた時には，何か手がかりになる身体感覚を伴う経験があったからではないでしょうか。また，〈できる気がしない〉という場合は，逆に，分かった場合と同じ経過をたどりますが，自分の経験を掘り起こす何の手がかりもないことが一番大きな要因になるのではないでしょうか。

　子どもの場合のように見よう見まねということもありますが，その場合はまさに自分の感じている〈動きかた〉による表出だと思います。例えば，大人の踊る盆踊りにつられて動く子どもは，踊りの〈動きかた〉の詳細は知りません。笛や太鼓のリズムに合わせ，正しい踊りかたなどは関係なく，気の赴くままに手足を動かしているようなものです。それでも，それらしく踊りに見えるから

不思議です。

　〈分かる〉と〈できる〉はどう違うのでしょうか。大人の場合，上手・下手は別にして，このような場合の〈動きかた〉の外形も目的も分かり，しかも，自分自らその状況に応じて動けると知っていることだと思うのです。ですから，おおよそ子どものような〈動きかた〉ではないと思います。おそらく〈できる〉と感じる時には，〈うまい・下手〉の違いはあっても，自分自身の中で似かよった感覚経験を探し当てた状態ではないでしょうか。

　言語上の〈分かる〉といった場合は，「自分ではできないけど分かる」ことも含まれています。つまり，自身には経験がないのですが，誰か他人が出来ることを知っている，といったことも含んでいる場合もあります。そこでは理念的に理解はしても，自らが動くこととは切り離されています。また，昔はできたのだが，という分かり方もあります。当然ですが，これらの〈分かる〉の違いは区別する必要があると思います。自らが動きを行う側では，他人に私の動きを覚えてもらうことではないので，この双方の〈分かる〉の内容は区別せざるをえないのです。

　私の体験では，特に体操選手の場合には〈分かる〉と〈できる〉の語を，〈できないけど分かる〉の例とは逆に，〈分かった〉という語を〈自らができること〉と同義に使う場合が多々あるのです。おおよそこのような場合には，自身の中に何か〈動きかた〉につながる手がかりが見つかった時のことで，その時の実際の出来栄えについてはまだ不確かな場合が多いように思います。

　このような分かり方をした時，仔細にわたっていろいろ聞き出し，当人自身の感じたことを言語で確認した後，「もう一度見せてくれないか」と頼むと，十中八九はうまく行きません。当人が「あれこんなはずではないのだが」というようなこともよくあります。このような時，当人が「分かった」と感じたことが，今改めてやり直すという場の状況と違っていることに左右されていたり，それまでに経験してきた土台を無視し，偶然にうまくいった時の感じにすがりつこうとした結果だと思えるのです。要は，周りの状況変化と自身の発見・気づきの関係に気がつく時なのです。つまり動く決断をする時の状況は確実に自身の経験やその習熟と関わっていることなので，やり直しのきかない試合という状況の決断と比べたら一番初歩段階の決断の兆候と言えるかもしれません。

[3] 自らの〈動きかた〉と経験ある〈動きかた〉

　分かり方にもいろいろ違いがあることを挙げましたが,「分かった」と感じる時とは,何かの関連が感じられた時で,〈動きかた〉であれば,何か自身が動いたことのある関連や関係を通して可能性を感じた時のことだと思います。この〈動く感じ〉を得た時は嬉しいのですが,現実に動く場合にはすんなり動ける場合や,そうでない場合もあります。よほど下地のある場合以外は,何かを感じた時,すぐに機械のように実行できるとは限りません。類似した動きの経験を,今要求されている情況に応用・対応させなければならないからです。

　また,学生の実技実習を担当していて,今までできなかった学生が何かの技ができた時のことです。周りで見ている学生がこぞって注目します。皆,寄ってたかって「今どうやってやったの」と初めてできた子に集中砲火を浴びせるごとく質問をします。そして,あっという間に何人もの学生が,まるで伝染病のようにできて行くといった光景です。

　周りで見ていた学生達はあまり気に留めていなかった自分の動きに気づき,自分自身の動きに真剣に向かい合う瞬間です。このような状況はそうそうあることではありませんが,そのような場には指導者が居ようが居まいがあまり関係ありません。

　自分自身の動き経験との真剣な対峙で,周囲の条件も関係して,ここからが新たな〈動きかた〉の習得の出発点となるのです。私の場合はこういう状況に遭遇した場合,何も言いません。ただ,怪我などの大事が起きないように周りを注意しているだけにします。それぞれの学生が自身の動きに親身に向き合って一生懸命やろうとする様子は,周りで見ていて清々しささえ感じます。そして,この状況は,現に目の前にできた学生がおり,これからやろうとする学生たちは自身の経験を探し,動く感じが充実している時なので,危険と思われる時以外,周りからの口出しすることはむしろ動く当人の〈動く感じ〉の発生には邪魔なことになると思うからです。

[4] 気づき

　おそらく,自らの〈動きかた〉に関して何かに気づく時は,自身の動感が先鋭化しているはずです。そして,この先鋭化された動感への気づきは,言葉で

はまだ表現できない，あるいは，表現以前の自身の動きに気づいたのであり，その時は言語でどう表現するかという努力よりも，その〈動く感じ〉を逃さないように捕まえ，維持・保持する方が優先される状態にあると思います。このことは端的な感覚経験の重大さを示唆しているのです。その時点から，少なくとも自身の経験したことのある類似した〈動きかた〉との比較，そして，他人の〈動きかた〉との比較，ならびに周りの要求する状況との比較が生じて区別が進んで行き，言語化の道が拓けてくるのだと思います。

　狂いと言われる状況もこれに似て，慣れっこになって忘れていた自らの〈動きかた〉に気づくのではないかと思います。何か柔らかな筆でサラッと撫でられたように感じるのだと思うのです。この機械にはない自らの〈動きかた〉の気づきには，〈未体験の気づき〉，〈応用・転用可能性のある気づき〉があるように思います。何の感覚経験もない気づきは動く決断には結びつきにくいと思うのですが，一方，応用・転用可能性のある気づきは試す，変形・応用するなど，実際に自身が動くことにつながりやすいはずです。〈狂い〉といわれる状態はこの応用・転用可能性のある気づきに属し，どこかに解決の糸口があるはずだと思います。

　〈動く感じ〉は，気づく必要があるのですが，まずは，気づくためには動いた〈端的感覚経験〉という材料が必要になるのではないでしょうか。そして，この経験を伴った気づきは，全部とは言えませんが，訓練することによってその感度や範囲を広げることができると思うのです。このあたりのことが動感 (Kinästese) と言われることのように思います。

　〈狂い〉と言われる状態は，単純な繰り返し訓練の結果が生んだ自動化の最悪の場合だとも考えることができると思います。そこで自身が慣れっこになって忘れていたことに突然気づくことだと思います。現在，この状態に陥った場合，プロの選手でもひどい場合はその活動を止めるしかないように思われています。そして，私の聞いた範囲では，〈狂い〉に陥った場合，繰り返しを中心にした練習に戻りやすいのですが，狂い自体が繰り返しによって生じたものだと思うので，ただ繰り返すだけの練習ではさらに悪い方向へ進んでしまう可能性もあると思えるのです。

　〈狂い〉を感じた場合，まずは状況判断と基礎技能の見直し，つまり，自身の忘れていた〈動きかた〉の克明な省察が必要になることだと思います。ただ

狂ったと諦めるのではなく，狂いを感じるまでの経緯はあったはずだと思います。それを思い出すには時間はかかることでしょうが，どの側面から対応・処置するかという目処が立てば，ある程度の回復可能性はあると思います。プロと言われる人たちが困るのは，この修正に要する時間が許されないことなのだと思います。この状況を脱出するには自分が覚えてきた〈動きかた〉の原点に戻ってやり直さなければならないと思うのです。

　この〈狂い〉の状況を抜け出すには，まずは，できたことに安住してこの狂う回路に入らない注意をすることですが，早期に発見できればまだ救われます。そして，何よりも重要なことは，機械ではない人間の〈動きかた〉には〈癖〉と言われるもののように，自我意識で捉えられないこともあるので，〈先構成〉されている〈端的感覚経験〉ということを正しく理解し，理念的なカテゴリー事態の基盤となる全く別種な先言語的〈基体〉に先反省的に向き合うことが求められるのではないでしょうか。

スポーツにおける身体の現象学的分析
―メルロ゠ポンティを手引きとして―

貫　成人

　スポーツや武道などに見られるいくつかの現象を解明するのに，メルロ＝ポンティの現象学はたいへん有効であると思われます。本稿はスポーツにおける身体の構造を，メルロ＝ポンティなどの装置を用いて分析する試みです。

　スポーツや体育においては様々な局面や現象が見られますが，ここでは以下の六つの現象に注目したいと思います。すなわち，(1)なんらかのスポーツを身につけようとする場合，まず，基本所作や基礎体力などを身につける練習やトレーニングに励みます。(2)練習においては，技法を身につけるために身体各部位をどのように動かせばいいか意識しますが，このような自分の身体部位への眼差しを「内的焦点」とよびます。それに対して，特に試合中にはゴールの位置や，パスする味方，抜き去るべき敵選手の位置や動きに眼差しを向けますが，これが「外的焦点」です。習熟過程では，(3)ときにスランプに陥り，(4)イップスの危険もありますが，(5)逆に好調で「ゾーン」や「フロー体験」にいたる場合もあるでしょう。(6)対人競技では「フェイント」「さそい」「スキ」などが用いられます。

　こうした諸現象は現象学的に分析し，解明することが可能です。以下，まず，

すべての分析の基礎として，メルロ＝ポンティによる身体の現象学を確認します（第1章）。第2章以下では，上の六つの事象のうち，まず，練習（⑴）の構造を解明しますが（第2章），練習の構造を詳細に分析するには，それ以外にもいくつかの装置が必要です。第3章では，ゲシュタルトのメカニズムを導入して，内的焦点と外的焦点の相違（⑵）を解明し，第4章では，さらにフィードバック的複雑系のメカニズムを用いて，型の習得がいかなる構造によるものであるかを明らかにしたいと思います。フィードバック的複雑系を用いると，スランプの構造も解明可能です（⑶）。また，複雑系の部分システムである「引き込み」を用いることによってフロー体験（⑸）が解明されます（第5章）。以上の成果から，スポーツの身体が日常の身体とどのように異なるかは明らかになりますが，さらにスポーツ以外の非日常身体，とりわけ，舞踊身体との相違を明らかにするために，「すき」「さそい」「フェイント」（⑹）の構造を，引き込みなどの装置を用いて分析します（第6章）。最後に，『行動の構造』における行動の三形態によって「イップス」（⑷）のメカニズムを明らかにしたいと思います（第7章）。

　なお，本稿は現象学的装置をもとに上記諸構造を分析する試みではありますが，その拠り所になるのは，スポーツや武術の専門家の発言[1]やインタビュー，テレビ番組などから得られた知見，筆者のまことに乏しいスポーツ経験です。それゆえ，本稿の分析についてはどれも，あくまでも仮説もしくは提案として受け止めていただければ幸いです。

第1章　身体の現象学

　メルロ＝ポンティは行動や知覚などの構造を現象学的に分析し，わたしたちが「身体的実存 (existence corporelle)」（*Phénoménologie de la perception*, Gallimard, 1945=pp.133）として生きていることを明らかにしました。哲学の歴史全体を考えると，これはデカルト，もしくはソクラテス以来の主知主義，すなわち，身体に対する「知性」や「頭」「心」の優位というイデオロギーを根底から転覆

1　以下の具体的事象については，筑波大学の中村剛，鍋山隆弘，山田永子，小井土正亮の各氏に多くを負っており，この場を借りてお礼を申し上げます。誤りや分析の不備などはすべて貫の責任です。

するものに他なりません。

　具体的に, メルロ゠ポンティの分析は以下のようなものです。たとえば, 古来, それどころか現在でもなお, 多くの人が, 身体や肉体は「頭」「心」(または「脳」) によって制御され, その「指示」に従って動くものと考えているかもしれません。それに対してメルロ゠ポンティは, 身体がわたしたちの意識がおよばない自然発生性, 自発性 (spontaneité) を持つことを明らかにしました。

　たとえば, 自転車でカーブを曲がる場面を考えてみましょう。そのようなときには適切なタイミング, 角度で体を, 曲がろうとする方向に倒さなければなりません。いつ, どの程度, 倒せばいいか, 計算式によって求めることも可能ではありますが, それには膨大な手間と時間がかかります。事実, 自転車でカーブを曲がる手前で, 複雑な計算をはじめる人はどこにもいません。目の前にカーブが見えれば身体が勝手に, 自発的に対応し, 適切な仕方で倒れてくれるからです。あるいは, キャッチボールをするとき, ボールが飛んでくる速度や角度などに応じて適切な位置, タイミングで自分の手を出さなければなりませんが, ここでも計算によることなく課題は果たされています。脚や上体, 腕, 手首などがその都度, 自発的に反応するからです (参考: メルロ゠ポンティ『知覚の現象学』みすず書房, 1974, I, 175, 180. 183, 191)。

　自転車を操縦するときだけでなく, 習得する際にも身体の自発性が働きます。そもそも, 自転車の乗り方については知的に制御しうる「コツ」があるわけでもなく, 口頭で乗り方を説明できるわけでもありません。自転車を習得するためのもっとも簡便な方法は, 非常にゆるい坂道を降りるか, ペダルをとって蹴り漕ぎすることだそうです。もともと, 自転車習得がどうして難しいかというと, "バランスをとる"という課題と, "ペダルを漕ぐ"という課題を二つ同時にこなさなければならないからです。上のやり方をすればバランスをとることだけに集中できるでしょう。それによって身体は「自ずと」バランスのとり方を習得し, 自転車に乗れるようになるのです。言い換えれば, こうして"自転車に乗る"という「身体図式」が身につき, 「習慣的身体」になります (参考: メルロ゠ポンティ 1974, I, 239, 243)。

　一方, 自転車でカーブを曲がったり, 飛んできたボールを捕らえたりするとき, 身体が自発的に反応するのは"自転車でカーブにさしかかる""ボールが飛んでくる"という「状況」があるからです。身体は周囲に何もない真空状態

で動くのではなく，一定の状況があるときにのみそれに対応します。すなわち，日常の身体は「状況内存在 (être situé)」(pp.291) です。

　このように機能している身体はほぼ常に意識の外にあります。わたしたちの身体は日々，その都度の状況に自発的に対応しているのに，わたしたちはメルロ゠ポンティに言われるまでそのことに気づかなかったという事実ほど，身体の沈黙性を雄弁に語るものはないでしょう。メルロ゠ポンティは，日々，"機能する身体"[2]を，「客観的身体」と区別しました。後者は，身長や顔写真，血圧などによって測定され，記録され，第三者にとって，もしくは第三者にとってこそ認識対象となる身体です（当人にとって客観的身体はむしろ"遠い"存在です。自分の背中や顔は生涯，直接，見ることができません）。

　客観的身体が基本的に"認識される身体"であるのに対して，機能する身体は当人にすら気づかれず，対象化されることもありません。しかし機能する身体は，沈黙のうちにではあっても常に，働いています。たとえば，東西南北という客観的方角は地図を見なければわからず，常に肌身離さないスマートフォンでも，今どこにあるのかは，探さなければわかりません。しかし，自分の脚が今どこにあるかを問われて探す人はおらず，前後左右上下という方位は地図を見なくてもわかります。方位は，機能する身体が「ここ」「方位原点」となって自ずと決まり，あるいは変化するからです（立位では頭頂が，四つん這いや平泳ぎでは背中が，背泳ぎでは腹部が，逆立ちしているときは足先が，それぞれ「上」となります）。

　逆に簡単な所作が，意識の対象となったとたん，できなくなることがあります。歩けなくなったムカデについての古代インド民話は示唆的です。僧侶がムカデに「お前には脚が沢山あるが，歩き出すときにはどの脚から動かすのか」と尋ねたところ，考えはじめたムカデは身動きできなくなってしまったという民話です。考えなければできたことが意識したとたんにできなくなるのです。

　以上，示されたように，わたしたちは常に密かに「身体的実存」として生きています。カントやウィトゲンシュタインといった哲学者たちは散歩しながら哲学的思索をしたといいますし，実際，考えが煮詰まったときに散歩は効果的です。しかし，歩きながら複雑な思索ができるのも，歩行を始めとする日常の

2　これをメルロ゠ポンティは「現象的身体」とよびました (pp.123 etc.) が，この語は誤解を招きやすいので本稿では「機能する身体」とよびたいと思います。

ルーティーンを身体が自発的にこなしてくれているからなのです。

　では，このような身体の現象学は，スポーツの身体を解明するうえでどのように「使える」のでしょう。

第２章　練習と身体図式

　まず，スポーツ習得に不可欠な練習のメカニズムは，上記の身体の現象学的分析から直ちに導くことができるでしょう。すなわち，練習とは，それまで身につけていなかった所作や技法に必要な身体図式を反復によって習得し，あらたな習慣的身体とする過程です。

　とはいえ，一見，自明なこの過程ではありますが，よく見るとさらに検討すべき余地があります。というのも，先に見たように自転車は，“下り坂をゆっくり降りる”という状況に子どもの身体が自発的に対応することによって習得されますが，通常のスポーツの場合，身体の自発的対応だけで技術が身につくのはむしろ稀だからです。たとえば，バスケットボールのレイアップシュートの練習では肘の角度や手首の使い方を，野球の投球練習では球離れでの指の引っかかりなどを意識して，コーチの言葉による指示に従って試行錯誤を繰り返しながらフォームを身につけなければいけません。このとき競技者は自分の身体に内的焦点をあて，しかも言語を用いています。一方，実戦においては外的焦点に応じて，状況ごとに必要な所作が自動的に引き出されます。実際，たとえばバスケットボールのシュート成功率は内的焦点よりも外的焦点に注目したときの方が高いといいます（第３章）。

　そこで第一に，「内的焦点」と「外的焦点」はそれぞれいかなるメカニズムなのかを解明する必要があります。

　第二に，先に述べたように，普段，容易にできていたことも意識するとできなくなるのでした。ところが，身体の一部に内的焦点を当て，あるべき動きを言語化するときには当然，その部位を意識しています。どうして，それによって動きが改善されたり，それまでできなかった動きができるようになったりするのでしょう。身体技法習得過程で用いられる言語的指示を生田久美子は「わざ言語」とよんで，通常の言語使用とは区別しました。わざ言語は通常の言語使用とどのように異なり，また，技法を習得しようとする身体とどのように連

動するのでしょうか（第7章）。

　第三に，そもそも基本動作の反復によって特定の"型"が身につくということ，それが実戦において役立つということは，いかなるメカニズムによるのでしょう（第4章）。

第3章　内的焦点／外的焦点：ゲシュタルトの自己完結力

　技法を習得，改善する際，実践者のまなざしは内的焦点に向けられています。

[1] 内的焦点の分析

　内的焦点は一見，デカルト的心身関係に見えますが，実は違います。デカルト的心身関係とは，心や知性あるいは脳が身体を対象化し，操作・制御するというものであり，上に述べたとおり，この把握は西洋哲学だけではなく，運動選手も含めた日常一般にも浸透しています。たしかに，投球練習で，球離れの指でボールにスピンをかけようとすると，指の力加減を意識的に強めたり，抜くようにしたりします。ここではまさに知性によって，また，コーチの言語的指示を頼りに，身体を操作しているように見えるでしょう。

　しかし，意識され，知的に操作されているのは現に稼働している投球動作全体のごく一部にすぎません。投球は指先や利き腕だけではできないからです。投球ができるには，腰や膝，足首や足先，背中や肩，首や頭，また，利き腕とは反対の腕など，身体のすべての部位が同時に，かつ，適切に動く必要があります。ところが，その際，たしかに指先に注意を向けているかもしれませんが，指先以外の部位に同時に注意を向け，制御することはできません。にもかかわらず投球そのものはできています。それは，指先以外の全身が，自転車でカーブを曲がるときと同様，自発的に動いているからです。デカルト的心身関係が成立するのは，たかだか内的に焦点が当てられている特定の部位にすぎず，それは，身体全体から見ればごく一部にすぎません。

　しかし，内的焦点に従っているとき，意識されていない身体部位は完全に意識の外にあるのでしょうか。また，内的焦点よりも外的焦点にしたがった方が，成功率が高いのはどうしてなのでしょう。この疑問を解明するために有効なのが「ゲシュタルト」です。

[2] ゲシュタルト

　ゲシュタルト (Gestalt) はドイツ語で「形」を意味し、「加算群」と区別されます。床にぶちまけられたビー玉などは加算群で、ビー玉がいくつあるか知るためには一つ一つ数えなければなりませんし、また、そこから一つや二つのビー玉を取り去ってもすぐには見てわかりません。それに対して、たとえば六角形はゲシュタルトです。六角形は、頂点がいくつあるかは数えなくても一目でわかりますし、一辺が欠けていればすぐ目につきます。メロディー、また、俳句などの定型詩型、シャボン玉もゲシュタルトです。ゲシュタルトは次の四つの特性をもっています。

　第一に、ゲシュタルトの各部分は、単独では持ち得ない意味を持ち、"全体の意味"は"部分の意味の総和"を超えています。たとえば、3本の等長の線分からなる正三角形が頂点を下に描かれていたとしましょう。各線分は「斜辺」や「底辺」、交点は「頂点」、また全体は「不安定」という、単独の線分では持ちえない意味を持っています。一方、できあがった図形全体は「正三角形」という、"各線分が単独で持つ意味の総和"をはるかに超えた意味を持つでしょう。

　第二に、文部省唱歌「ちょうちょう」をハ長調で歌い、次に五音上げてト長調で歌ったとします。そのとき個々の音符は入れ変わりますが、メロディーとしての形は変わりません。すなわちゲシュタルトは「移調可能」です。「正三角形」などの図形などもまた、鉛筆で書こうが、木を切り抜こうが、どのような大きさであろうが、ゲシュタルトとしては変わらず移調可能です。

　第三に、ゲシュタルトからは「図と地」の区別が生まれます。たとえば「文字」もゲシュタルトですが、この紙面において黒い文字は図で、白い部分は地です。図は飛び出して見え、地は図の下に続いているように見えるはずです。

　第四に、正方形の一角が欠けていたり、あるいは、メロディーが途中で終わったりしても、正方形やメロディーとして認知できます。ゲシュタルトには、知覚上の欠損部が自然発生的に補われ、もしくは、全体が明示されていなくてもおのずと決定されるという特性があるからです。ゲシュタルトには全体を完成させる力、つまり、自己完結圧力が備わっています。

［3］　スポーツ身体におけるゲシュタルト

　さて，ゲシュタルトのこうした特性はスポーツの身体にも見いだすことができます。

　第一に，型を身につけた身体において，各身体部位はそれぞれ単独では持ちえない意味を持ち，また一方，全体が持つ意味は各部位の意味の総和を超えています。たとえば，バスケットボールのレイアップシュートをうつ選手の足首は全身を支え，ジャンプして着地した際のクッションになりますが，「支える」「クッションになる」という機能は，いずれも足首単独では持ち得えません。また，シュートの型を身につけた身体全体は，各部位が単独で持ちうる意味の総和を超えた意味を持っているでしょう。

　第二に，野球の投球やレイアップシュート，剣道の打突などの「型」「フォーム」は誰にでも共有できます。競技者ごとの体格差や筋力差によって，たとえばテニスのバックハンドを片手で打つか，両腕で打つかの相違など，構成要素としての細部は変化するでしょうが，全体としての型は一定に保たれています。

　さて，ゲシュタルトがもつ第三，第四の特性は，本章において問題になっている内的焦点，外的焦点に直接，関係します。

　図と地という第三の特性は内的焦点において機能します。すなわち，指先など，意識的制御の対象は図で，それ以外の身体各部位は地となるからです。投球練習において，指先以外の身体部位を意識し，図としたら球離れの練習に集中できませんし，それどころか，動作そのものが不可能となるでしょう。しかし，図となっている指先以外の部位が，意識にとってまったくの無でも動作全体の統合はできません。統合が可能なのは意識にとっても，また，機能している身体全体においても，指先以外の全身が地となっているからです。

　一方，外的焦点においては自己完結圧力という第四の特性が機能しているものと考えられます。内的焦点は，たとえば指先という部分から身体全体を組み立てる，加算群の原理にもとづくと言えましょう。それに対して，バスケットボールのシュートを外的焦点にしたがっておこなう場合，まず，自分の身体やその位置と態勢，相手選手，ゴールなどを含む状況全体に意識はおよびます。そのうえで，シュートをうとうとする時点からシュートが入る時点までがひとつの動的ゲシュタルトとなり，その全体が自己完結圧力をもつのです。外的焦

点が内的焦点より成功率が高いのはそのためであると考えられます。

　しかし，それにしても内的焦点によって身につけ，実戦では外的焦点において機能する型とはそもそもどのようなものであり，型を身につけるとはいかなることなのでしょう。

第4章　型：複雑系としての身体

　野球やゴルフ，テニス，剣道など，たいていのスポーツで「素振り」は基本です。素振りによって競技者はあるべき動きを反復し，それによって新たな身体図式が型として習慣的身体となるでしょう。しかし，それにしても型という新たな身体図式はどのようにして身につくのでしょうか。

　たとえばバットの素振りを考えてみましょう。いくらコーチが理想的フォームを教えても，初心者が振り回すバットは，当初，繰り返すたびに異なる軌道を描き，一定することはありません。四肢の位置やバランス，力のいれ加減が整い，「フォームが固まった」ときはじめて，軌道が一定します。熟練者のバットは何度，振ってもあるべき同じ軌道を描くものです。このように，同一動作を正確に反復できるようになったとき“型が完成”します。逆に，それによってその後，常に同一動作を反復できるようになるでしょう。型とは，同一動作の反復という動的過程を可能にする構造であり，固形物や「実体」として存在するものではありません。

　一方，型には，その都度，繰り返される一回ずつの動作というミクロな単位と，いったん完成すればいつでも同一動作を可能にするマクロの構造という二つの側面があります。この二つの側面の間には，“ミクロの動きがマクロ構造を作り”，“マクロ構造がミクロの動きを規定する”という相互規定的な構造，すなわちフィードバックループがあると思われます。どういうことでしょう。

[1] フィードバック構造

　“フィードバック”とはたとえば次のようなメカニズムです。野戦砲で敵陣地を砲撃するとしましょう。野戦砲では，ライフル射撃のように最初から正確な狙いをつけることはできません。何度か実際に砲弾を撃ってみて，着弾点と目標のズレを観察しながら，射角や方角を調節し，徐々に着弾点を目標に近づ

けていく方法がとられます。このとき，着弾点という「出力」に応じて，射角や方向という「入力」を調節する操作がフィードバックです。フィードバックは「サーモスタット」にも利用されています。冷蔵庫などについているサーモスタットは，出力が過剰なら入力をオフにし，不足ならオンにするというフィードバックの原理にもとづいて，温度を一定に保つのです。

　一方，駅などのエスカレーターでは急ぐ人のために右側を開ける"左立ち"という現象が見られます。鉄道会社などは，これを何度も禁止しようとしていますが，一向になくなりません。とはいえ，左立ちは誰かが発案して生まれた現象ではありません。それは，まったくの"自然現象"であり，しかもフィードバックが二重に働くことによって強化された現象なのです。

　すなわちまず，次々にエスカレーターに来ては左側に立ち止まる人々のミクロの行動（入力）があって，左立ちというマクロの構造（出力）が生まれます。いったんこのマクロ構造が生まれると，今度は，それによって人々のミクロ行動（入力）が制御されます。後から来た人は，その前にいる人々にならって，左側に立つからです。ここに，出力によって入力が制御される第一のフィードバックがあります。

　ところが左立ちではもう一つのフィードバックが働いています。できあがった左立ちというマクロ構造を今度は入力と考えたとき，それによって人々のミクロ行動が制御され（出力），後から来た人々が次々と左側に立つことによってマクロ構造が強化されるからです。これも出力によって入力が規定されるフィードバックです。

　エスカレーターの左立ちにおいては，ふたつのフィードバックが組み合わさって，入れ子のようになっています。このように，ふたつのフィードバックが入れ子のように組み合わさって，ミクロの行動とマクロの構造が相互に強化されあうシステムが「フィードバックループ」です。フィードバックループは自己複製が原理上，無限に続くきわめて強固なシステムと言えます。

［2］型とフィードバック的複雑系

　ところで，型の習得の際には，フィードバックとフィードバックループがそれぞれ異なる場所で機能しています。

　まず，型そのものが生成する際にフィードバックが働きます。テニスを考え

てみましょう。卓球やバドミントンとはちがって，テニスのラケットを振るとき，手首は固定し，腕と上体で「壁」を作らなければなりません。それによってボールを打つとき，力が強すぎても弱すぎてもボールは正しく飛びません。自分が打ったボールの行方（出力）を見ながら手首や上体の力加減（入力）を調整し，適切なラケットの角度をさぐり，この入力の調整は，打たれた球が望ましい軌道（出力）を描くまで続きます。この過程はフィードバックそのものです。より詳細に見ると，ここには，①下半身や上体，肩，肘，手首への力加減など，内受容的筋肉感覚の感受と調整が，②適切なラケットの動きや角度を生み，③うたれたボールが正しい軌道を描く，という三段階があり，競技者の意識は①の内的焦点に向かっています。

　とはいえ，一度や二度，望ましいショットが打てたからといって型を身につけたことにはなりません。望ましい型を定着させるためには何度も素振りを繰り返します。そしてここで“フィードバックループ”が機能するわけです。

　素振りではボールを使わないので，上の③はなく①と②のみが反復されます。このとき，いったん正しい型（①＋②）による動作１が生まれると，次の動作２は動作１の反復ですから当然，その細部は動作１によって決定されます。反復とは，はじめにあったもの（動作１）とまったく同じこと（動作２）をもう一度おこなうことだからです。このように動作１〜ｎを繰り返すことによって，同一動作が反復されるマクロ系列が生まれます。これは，“マクロ系列がミクロ動作を規定し，ミクロ動作の反復がマクロ系列を強化し，それによってさらにその後のミクロ動作が確かなものになる”というフィードバックループです[3]。こうして型が完成します。“型が身につく”とは“競技者の身体がフィードバックループによって構造化される”ということであり，特定の身体図式が，あたかも倉庫の荷物のように，身体に貯蔵されるわけではありません。

　なお，型というフィードバック機構を詳細に見ると，さらに以下の特質を見て取ることができます。

　まず，野球の打撃などの「手本」「模範」となるフォームは確かに決まっていますが，しかし，選手ごとに体格や骨格，筋力などが異なるため，手本を実現するためにどの身体部位をどのように用いるかは選手ごとに様々です。それ

3　動作２〜ｎが，動作１〜（ｎ－１）によってどうして規整されるのかについては，第５章後半における引き込みの分析をご参照ください。なおその分析には「過去把持」「連合」といったフッサールの時間論や受動的総合の分析も有効と思われますがここでは立ち入りません。

どころか王貞治や野茂英雄などのように，一流であればあるほど，その選手独自のフォームが新たに形成されるでしょう。王選手の一本足打法には先駆者もなく，純粋に理論的に導かれたものでもありません。狙って生まれたものではなく，むしろ，トレーニングや実戦の蓄積のなかで，いつの間にか生まれたものと言った方が近いでしょう。すなわち，選手固有のフォームは，(1)練習や実戦における現実の状況に身体が自発的に対応するなかで，選手ごとに異なる身体的特性に応じて，(2)偶然に，かつ，(3)まったく新たに，創造的に発生するのです。こうした創造的な発生のことを「創発 (emergence)」とよびます。偶然に生まれた創発的構造は事前の設計図や設計者，元となる「種子」なしに，いわば，自分で自分を生みだす自己組織系です。このように，①偶然，②創発する，③自己組織的な，④フィードバックループ構造を「複雑系」とよびます。スポーツ身体は複雑系であり，スポーツ身体における“型”というゲシュタルトは複雑系として形成されるのです。

第５章　スランプとゾーン：引き込み

　スポーツ身体を複雑系としてとらえることによって，スランプとゾーンのメカニズムが明らかになります。

[1] スランプ

　スポーツ選手の身体は複雑系なので，各自は自分の身体の細部をすみずみまで把握することはできません。複雑系は偶然，創発的に生まれるものだからです。“容易な技が急にできなくなり，検査を受けたら疲労骨折だった”といった事例は日常茶飯事です。しかも，メルロ＝ポンティが考えたように，身体は状況に自発的に対応するのですから，その都度の身体各部位の動きを自分で把握できるわけもありません。

　一方，スポーツにおける型はゲシュタルトですが，いくらゲシュタルトに自己完結圧力があるといっても，あまりにも多くの要素が欠けてしまえば，ゲシュタルトそのものが変形してしまいます。正方形の一辺が欠けただけなら，まだ正方形として認知されますが，二辺が欠ければ直角三角形に見えてしまうでしょう。スポーツの場合も同様で，ケガで身体の一部が機能不全になったり，

トレーニングによってある部位だけ筋力がついたり，あらたな技法を習得したり，などによって全体のバランスが崩れれば，せっかく身につけていた型のゲシュタルトが崩壊し，それまで容易にできていたことができなくなったり，あるいは，成長が止まってしまいます。スランプです。

　多くのスポーツ選手は訓練中に気づいたことを書き留めるトレーニングノートを作成しますが，諏訪正樹『コツとスランプの研究：身体知の認知科学』（講談社 2016）によれば，スランプの最中とその前後では「ノートに綴ったことば」に顕著な相違があるそうです。スランプでスコアが向上しない時期には，ノートに詳細な身体部位に言及する言葉が並びますが，スランプを脱してパフォーマンスが向上しはじめると詳細な言葉が減り，全身や大きな身体部分を表す言葉が増えるのです。スランプになると選手は手当たり次第に細部に目を付けて，試行錯誤を繰り返しますが，そのようなときには内的焦点にばかり目が向き，全体の関係性は見えません。身体は複雑系なので，それは当然です。一方，スランプから脱出できるのは，なんらかのきっかけで偶然，複雑系が再調整されることによります。そうなればもはや細かな身体部位の調整を模索する必要はなくなり，身体を全体としてとらえることができるでしょう。諏訪によれば，スランプは上達への準備期間となる「必要悪」であり，「悪い時期」と「良い時期」は交互に繰り返されざるをえないのです。スランプとその脱出は身体的複雑系の調整局面と言えるでしょう。

[2] フロー体験と引き込み

　スランプは，身体的複雑系の不調ですが，複雑系の歯車が上手くかみ合ったとき「ゾーン」もしくは「フロー体験」が訪れます。

　チクセントミハイ『フロー体験：喜びの現象学』（世界思想社 1996）によると「フロー体験」はスポーツや登山，ロッククライミング，バレエなどの身体活動，あるいは執筆など知的活動において，①課題が達成範囲内で，②集中でき，③明確な目標があり，④その都度，直接的フィードバックがある，といった条件が十分に満たされたときに訪れます。そのとき訪れるのが，⑤不快なことを忘れ，⑥高い統制が可能となり，⑦自己意識が消失し，⑧あっという間に時がたつ（時間変容）状態です。

　こうした体験は，複雑系における「引き込み (entrainment)」というメカニズ

ムから解明可能です。では，引き込みとはどのようなメカニズムなのでしょう。

　引き込みは，17 世紀オランダの数学者 Christiaan Huygens (1629-1695) が振り子を観察して発見したメカニズムです。倉庫に並んだ柱時計の振り子は，当初，バラバラに動いていますが一定時間が経過するとすべてが揃って動き出します。このように，複数の動体がおのずから，自発的，自然発生的に同期・同調するメカニズムが引き込みです。引き込みは，並べておかれた心筋細胞の鼓動，脳波，レーザー光など自然現象に見られますが，人間も例外ではありません（清水博『生命を捉えなおす』中公新書 1990）。

　イギリスの教育心理学者ウィリアム・コンドンは，母親が乳児を抱いて見つめ合っているとき，微笑みやうなずきのタイミングが何の打ち合わせも合図もないのに連動していることを発見しました[4]。ヤクザ映画やジョン・ウェインの出演映画を見て映画館を出てくる観客には，知らず知らずのうちに肩で風を切るやくざ風の歩き方や「かっこいい」所作が乗り移っています。"関東一本締め"では練習をしなくても全員のタイミングが同調するでしょう。三三七拍子では二回，三回と繰り返すにつれてテンポが速くなるアッチェレランドがかかりますが，練習や指揮なしでも大人数であわせることができます。スポーツ観客やゲームのプレーヤーは知らないうちに画面にあわせて筋肉が動き，姿勢が変わっています。小学生の合唱で，アルトやバリトンパートがソプラノやテノールにつられてしまうのはよくあることです。

　引き込みのメカニズムを解明するために，音楽初心者がきざむリズムを専門家が乱すという実験を行ったところ，興味深い現象が見られました。面と向かってすわり，箸などでコップをそれぞれ叩くという実験です。このとき，専門家がいきなり別の拍子や速さでリズムを叩いてみせても，初心者はつられません。しかし，専門家がまず，初心者と同じ拍子と速さを刻み，ふいに別の速度，拍子に移ると，初心者は簡単につられてしまったのです。そのとき初心者は，あたかもビームによって牽引されているかのような感覚に襲われます。ここから，引き込みには，次の四つのステップを区別できることがわかります[5]。

4　メルロ＝ポンティは，「目に見える身体のまわりには渦が巻いていて，その渦にわたしの世界は牽かれ，巻き込まれる」(pp.406) と言います。このとき，ペアとなった二つの身体は一つの「系 (system)」を作っています（メルロ＝ポンティ 1974, II, 216, 218）。「わたしの…身体と…他人の身体との間には…ひとつの系が実現される」(pp.405)

5　貫「舞踊に関する生命モデル ― 引き込み・散逸構造・権力への意志 ―」，1998，『舞踊における「引き込み」現象』平成 7・8・9 年度科学研究費補助金研究成果報告書，43-55 ページ。「複雑系としての劇場 ―舞踊における〈引き込み〉現象―」（『埼玉大学教養学部紀要』1998-2），1-15 頁。

❶まず，第三者からも観察可能な客観的同期がおこります。

❷当事者のみに実感される同調引力がうまれます。

❸リズムを変えるなどの裏切りによってその牽引力は強化され，リズムが乱
　れます。

❹ちなみに，相手が牽引されて引き込まれたとき，再度の裏切りをおこなう
　ことによって生じるのが，スポーツにおける「フェイント」です。

　ディスコやハウスのディスクジョッキー (DJ) は，上のうち特に❸の原理を
最大限に活用してフロアの観客を「のせ」ました。客が楽しみにしている「サビ」
に入る直前で一瞬，レコード演奏を止め（裏切り），「タメ」を作っておいて，直後，
それまでより音量を上げたり，レコード二枚にしてメロディーラインが少しず
れながら二重になるようにしたりすると，客が大喜びするというわけです。

　引き込みは複雑系メカニズムの一部です。エスカレーターに乗ろうとして，
左側に立っている列の後ろに自分も立ってしまうなど，フィードバック構造で
マクロ構造にミクロの動きが規制されるときに引き込みが働いています。引き
込みは素振りにおいても働きます。正しいフォームの動きを反復するとき，反
復によってできあがった構造に，以後の動きが引き込まれるからです。

　「フロー体験」や「ゾーン」はテニスの試合やロッククライミングなど，相
手の出方や状況が絶えず変化するときにも生じます。刻々と変化する外的状況
において打つべき手が，打つべき時に，打つことができるのがフロー体験です。
このようなとき，①それまでの経緯から次になにが起こるのかが予測でき，②
必要な動きをとることが身体図式的に可能であり，③予測をこえたことが起こ
っても直ちに対応でき，④これまでなかった動きも紡ぎ出されます。状況にお
ける必然性と，それに対応する可能性と，現実性への創造的対応が一致し，メ
タレベルにおけるフィードバック構造のゲシュタルトが生まれ，次々と更新さ
れ，新たな動きを引き込んでいくときに生じるのがフロー体験，ゾーンです。
「フロー体験」「ゾーン」とは，このように，外的状況と競技者の身体からなる
フィードバック的複雑系において，その都度の動きが次々に，自動的に引き込
まれる結果生じる現象と言えます[6]。

6　「外的状況込みのフィードバック的複雑系」はおよそ実現不可能にみえるかもしれません。しかし，
　グラディオラなどの監督が新たなサッカー戦術を考えるとき，敵の出方をすべて予測し，対応の仕
　方を反復練習するでしょう。このとき，外的状況込みの複雑系的ゲシュタルトが形成されているの
　です。

［3］　スポーツ身体の特性

　以上の分析からさらに，スポーツ身体が日常身体や舞踊身体に対して持つ特性が明らかになります。まず，日常的身体と舞踊の身体を比べてみましょう。

　日常において，子どもは成長するとともに歩行やタイピング，自転車など，さまざまな身体図式を新たに身につけていきますが，新たな身体図式を身につけるたびに，それまでに身につけていた身体図式を破棄する必要はありません。

　ところが，美学者で舞踊批評家の尼ヶ崎彬は舞踊の身体について，それが日常身体の「脱秩序化」「再秩序化」によって生まれると述べました。たとえば土方巽の舞踏を習得する際，まず，①歩行法はおろか，自分の氏名や履歴など日常のすべてが否定され，その上で，②舞踏独自の身体技法を身につけなければならないのです。前者（①）を尼ヶ崎は脱秩序化，後者（②）を再秩序化とよびました（尼ヶ崎『ダンス・クリティーク』2004, 149）。

　スポーツの場合も同様です。たとえばゴルフのドライブを身につけるためには，肘を支点にして釘の頭を打つ，肩を支点にテニスの球を打つ，といった比較的自然な癖をいったん捨てて，骨盤から上の体軸を中心に上体全体を回転させる独特の所作を身につけなければなりません。硬式テニスにおいても，卓球やバドミントンのように手首のスナップで球を打とうとする日常的身体の癖を捨てて，上体や肩から腕を「壁」にして球を打つ技法を身につけます。いずれにしても，まず，日常身体の癖を取り除く脱秩序化が必要です。

　一方，スポーツの身体の再秩序化は素振り，すなわち，フィードバック的複雑系を身体に埋め込み，構造化する過程によってまず成し遂げられます。その結果，スポーツ身体は日常身体には決して見られない構造をもつことになります。日常身体が状況なしに動けないのに対して，スポーツ身体は身体の内部に動因を持つのです。すなわちスポーツにおいてはまず，競技者の身体内部に型というフィードバックループが確立されて内的動因になります。実戦においては，刻々と変化し，時にはまったく未経験の状況に対応しなければなりませんが，いったん身についた型は，状況の変化に応じてさらに変形することができるので，いわゆる「美技」が生まれます[7]。美技は，その都度の偶然的状況に応じた，複雑系的身体図式の創発的変形です。

7　芸道で言う「型破り」にあたります。

とはいえ，内部動因によって動き，身体図式の創発的変形が生まれるという特性だけなら，バレエや舞踏，日本舞踊，モダンダンス，能など，技法を身体内部にもつ舞踊者との区別がつきません。舞踊身体とスポーツ身体はどこが違うのでしょうか。その相違は，対人の実戦の有無にあると思われます。舞踊には見られない，スポーツや武道に特有の身体構造は，「すき」「さそい」「フェイント」など，相手のタイミングや息，また行動を攪乱する技から見てとることができるでしょう。

第6章 「すき」「さそい」「フェイント」

スポーツや武道において相手のタイミングや息，ひいては行動を攪乱する技にはいくつかのタイプがあります。

ひとつは，サッカーなどにおけるフェイントです。フェイントにおいては，すでに述べたように，引き込みの原理が直接用いられます。敵ディフェンダーと対峙するフォワード選手は，相手と正対して左右にステップし，相手が自分の動きに同調したとき，たとえば右側に抜けようとするかに見せ，それに相手が「つられ」て，体重をその方向にかけた瞬間，相手の左側を抜けていくでしょう。

一方，甲野善紀によれば，武術においては，自分の動きを読まれないようにしなければなりません。武術身体の対極にあるのは，ヨーロッパに生まれた近代身体です。近代身体の原理を甲野は「ヒンジ運動」とよびました。ヒンジとは，自動車のワイパーのように，決まった支点があり，一方に振れた動きの反動が反対への動きを生むメカニズムです。行進における「マーチ歩行」や野球の投球や打撃も，それぞれ腰や肩など特定の身体部位が支点となり，歩行においては一歩ごとに生じる上半身と下半身のひねり，野球においては上体を後方にひねった反動を，それぞれ利用することによって規則正しい動きや大きな力が生まれます。それに対して，「ナンバ歩き」をはじめ武術の身体には支点がありません。甲野の言う「井桁崩し」においては支点に当たるものが腕などの軌道上に分散するので，その結果，対戦相手は容易に動きを予測できないと言います。動きの原理は異なりますが，野球のピッチャーが利き腕を体の背後に隠して球の出所がわからないようにするのも考え方としては同様です。

　第三に，たとえば剣道の上級者においては，自分の身体の特権性と対戦相手の攪乱を組み合わせて，競技における通常の構造を破壊する手法が見られます。

　一般に，剣道の打突の際には，いったん，「オコリ」とよばれる，膝を曲げて体を落とす予備動作をとり，次いで，伸び上がって，剣を振り下ろすための「カマエ」に到り，そこから，相手の面や小手をめがけて竹刀を下ろす打突にいたります。

　ところが上段者は，対戦相手が「オコリ」の姿勢をとった瞬間，その動きによって生まれた相手の隙を突いて一本を取るそうです。さらに最上段者の場合，相手が打ってくるのを待つのではなく，自分からわざと「スキ」をつくり，相手がそこを突こうとした瞬間，一本を取ります。「サソイ」とよばれる技です。ここでは，これまで見てきたスポーツ身体と引き込みの基本構造がさらに高次の次元で用いられています。

[1]「サソイ」の基本構造

　それはほぼ次のようなメカニズムです。

　(1)まず，対峙した段階で，上段者は相手の真正面に剣を突き出し，相手の「正面」をとります。剣道の打突はいったん正面に竹刀を上げたうえでまっすぐ振り下ろさなければいけないので，「正面をとられる」と相手はそもそも打ち込もうとすることもできず，二進も三進もいかない，切羽詰まった状況に置かれます。

　(2)この状況で上段者はわざと打ち込む余地，すなわち「スキ」を作ります（「サソイ」）。すると，対戦相手は思わずそこに打ち込んでしまうのです。

　(3)それを待ち構えている上段者は，相手が動き始めたところを打って，一本を取ります。

　とはいえ，ここでいくつかの疑問が生じるでしょう。(1)〜(2)において対戦相手が容易に「スキ」にひっかかってしまうのはどうしてなのでしょう。上段者相手の試合でうっかりスキにのれば，打ち込まれることはわかっているはずです。一方，(3)で上段者はどうして対戦相手より素早く打てるのでしょう。上段者もまた「オコリ」「カマエ」という準備動作をしていたのではかえって相手に遅れてしまいそうです。

　以上を解明するためには，環境と状況内存在としての身体との関係について，

これまでより掘り下げた分析をおこなわなければなりません。

[2] 環境と身体のキアスム構造

　上記(1)〜(2)における対戦相手の身体には，状況内身体に内在するゲシュタルトの自己完結圧力が作動しています。この際のゲシュタルトは先に触れた外的焦点のシステムですが，上段者の行動を分析するためにはさらに次のような現象学的構造を見て取る必要があるでしょう。

　すでに述べたとおり，機能する身体は前後左右上下などの方位原点であり，また，身体図式や複雑系的フィードバックループによって構造化されています。しかし，ここで重要なのは，方位原点も身体図式なども各自の身体単独で，あるいは，各自の身体内部に完結して成立するものではないということです。身体図式は各自の身体を越え出ています。白杖歩行や自動車運転を見てみましょう。

　白杖歩行においては，杖を握っている手先ではなく，杖の先端が歩行者の指先となり，触覚器官となっています。自動車運転者にとっては，とりわけ左折するときなど自動車の両脇腹，とくに後輪上部が自分の身体の一部となっていなければなりません。現に自動車教習所でも「車幅感覚」という言い方がなされます。一般にだれでも，狭い場所を通り抜けたり，密集したパーティー会場で人々の間をすり抜けたりするとき，自分の体の幅をいちいち視認しなくても壁や他人に触れずに進むことができるでしょう。車幅感覚を身につけた運転者もまた，バックミラーなどでいちいち視認しなくても，細い通路をぎりぎり，ぶつからずに進むことができるのです。このように白杖歩行者にとっては杖が，自動車運転者にとってはペダルやハンドルを含む車体が自分の身体の延長，もしくは自分の身体そのものになっています。第三者から見た客観的身体は，その長さや重さが客観的に計測され，「皮膚の内側」に限定されていますが，それに対して，機能する身体は「皮膚という境界」を超えて拡張し，あるいは，たとえば，顕微鏡越しにミリ単位の操作を行う脳外科医などのように，縮小しうるのです。

　さらにまた，機能する身体が機能するためには，白杖などの「道具存在」だけではなく，地理的環境も必要です。たとえば，雪崩に巻き込まれたとき，海中に投げ出されたとき，あるいは，闇夜に飛行機を操縦しているときなど，上

下の方向がわからなくなることがあります。雪崩に巻き込まれたときには唾液をはいてどちらが上で，どちらが下なのかを探らなければなりません。しかし逆にこのことは，通常の機能身体が空や地面，風景，重力など，自分をとりまく環境における分節と一体化してはじめて方位原点たりうることを意味しています。

　そもそも日常の身体は状況内存在でした。自転車に乗っているときのカーブや，飛んできたボールなど，環境の変化があってはじめて身体は自然発生的に対応します。したがって機能する身体が，白杖や自動車などの「道具存在」だけではなく，地理的環境にまで「拡張」されるのは当然とすら言えるでしょう[8]。

　以上のようにして身体はつねに環境に「住み込んで」います。同じく「住み込んだ」という言い方をしても，通常，たとえば東京に進学した学生が寮に「住み込んだ」とき，その学生は上京前，どこか別の町や実家で生まれ育っていたでしょうし，寮は学生が住み込む前から存在していました。ところが，メルロ＝ポンティのいう意味において，身体が環境に"住み込む"，そのあり方は，通常とはまったく異なっています。環境に住み込む以前の身体というものは存在しないからです。身体は"気づいたときに常にすでに"環境のなかにおり，その都度の状況に対応しているからです。一方，環境もまた，その都度の身体のあり方や位置に応じて変化します。登山口にいる者にとって上り坂であるものは，頂上にいる者にとっては下り坂です[9]。このように，環境と身体とは織物のように混じり合い，構造的に一体化しています。身体が環境に「住み込む」，あるいは身体が環境を「生きる」という言い方をよくしますが，そこで生じているのがこのような構造的一体化であり，それをメルロ＝ポンティは「キアスム」とよんだのでした。

　「キアスム（交差配列）」は修辞学用語です。「食うか食われるか（あいつが私を食うか，私があいつを食うか）」のように，主語と目的語を入れ替えることによって，両立不可能な事態がテキスト上では両立する事態を指します（ちなみ

8　以上は『知覚の現象学』にある現象学的構造ですが，これは『眼と精神』『見えるものと見えないもの』における，世界と身体が同じ「肉（chair）」で織りあわされた「キアスム」に直結します。

9　ハイデガーが「世界内存在」について語ったように，現存在は「水がコップの中にある」ように世界の中にあるわけではなく，気づいたときには常にすでに世界の中にいます。現存在は，道具を用いることによってのみ存在し，道具連関はまた現存在に用いられることによってのみ成立するのです。

に両立不可能な事態が，両立しなければ「矛盾」であり，両立すれば「両義性」です）。身体的実存が環境に住み込んでいるとき“身体的実存が環境を規定し，環境が身体的実存を規定する”というキアスム的構造があるわけです。

　ところで，“環境／道具／身体”からなる織物構造においては，さまざまなゲシュタルトが生まれては消えています。曲がり角という地理的環境では，自転車という道具と一体化した身体にとって“カーブを曲がる”ゲシュタルトが自ずと生まれ，自己完結圧力によってそれが滞りなく完遂されるでしょう。ちなみに“環境／道具／身体織物構造”においてはこのように，その都度“カーブがあれば曲がる”“スイッチがあれば押す”といった引き込みが生まれますが，カーブやスイッチといったモノに即してこの環境の一部を切り取ったとき，「生態学的」装置としての「アフォーダンス」（ギブソン）という言い方が生まれます。

　さて，以上の現象学的分析は当然，スポーツ身体にも当てはまるでしょう。すなわち，だれかが自転車を身体の延長とし，カーブという環境に住み込むように，バスケットボール選手の身体はボールやコートやゴールポスト，また，味方の選手にまで拡張されています。バスケットコートという地理的環境において，パスを出し，受け，おとりなどになる味方選手，それを妨げようとする相手選手の位置や動きその他は状況となって選手の動きを支え，妨げ，可能とするでしょう。相手チームとの得点差，試合の残り時間，また，その試合が，リーグ戦の初戦なのか決勝戦なのか，などといった大状況も環境の一部です。こうした環境において，ボールを持った身体にとっては，カーブを曲がる自転車と同様，たとえば“今できた相手選手の間隙を縫ってレイアップシュートをうつ”というゲシュタルトが生まれ，それが完遂され，あるいは失敗します。スピードスケートの清水宏保選手は「自分の進むべきラインが氷上に光って見えた」と言いましたが，それはこうした身体と環境が一体化した中で生まれたゲシュタルトのなせる技といえるでしょう。

　このような事態について，『行動の構造』におけるメルロ＝ポンティは次のように述べています。

　　　サッカーのピッチは［そこを］走り回っている競技者にとっては「対象」ではない…。ピッチはさまざまな力線（「タッチライン」や「ペナルティ・エリア」を区切る線）によってたどられ，またある種の行為をうながす諸区画

（たとえば敵選手同士の「間隙」）に分節されて，競技者の知らぬ間に彼の行為を発動し，支える。…競技者はグラウンドと一体となり，たとえば「ゴール」の方向を，自分の身体の垂直や水平と同じくらい直接に感じる。…競技者の試みる駆け引きがその都度グラウンドの様相を変え，そこに新しい力線を引き，そして今度は行為が，再び現象野を変様させながら，そこに繰り広げられ，実現される（メルロ＝ポンティ『行動の構造』みすず書房，下73, *Structure du comportment*, PUF1967, 183）。

サッカーのピッチに選手は住み込んでいます。タッチラインやゴール，相手選手の位置などは，選手にとって，自分の身体がいま垂直か，水平かという方位感覚（上下左右前後の方位の感覚）と同様，「直接，感じられる」のです。その分節によって各選手の動きは「発動され」「支えられて」いますし，逆に，選手の動きによってその場の力線や布置も刻々，「様相を変える」でしょう。このように，環境が行動を規定し，行動が環境を変える相互作用構造がキアスムです。

　では，以上を剣道の試合に当てはめたとき何がわかるのでしょう。上で述べた疑問，すなわち，上段者の対戦相手は，どうして上段者の「サソイ」に容易に引っかかってしまうのか，また，上段者はどうして素早く動けるのか，という疑問に，はたしてどう答えられるのでしょうか。

［3］状況を作る身体

　バスケットボールやサッカーの選手と同様，剣道選手の機能身体は，竹刀や防具などの道具にまで拡張しており，コートの大きさ，相手の位置や動きという環境とキアスムの関係にあります。そのなかで選手たちにとっては，打突を終着点とするゲシュタルトがたえず生まれ，もしくは作られており，その都度それは完遂され，あるいは失敗に終わります。剣道におけるゲシュタルトは，①相手に打突可能な箇所（「スキ」）が見つかって，②準備運動（「オコリ」）を経て，カマエをとり，③打ち込む，という三段階に分節されるものと通常は思われます。さらにまた，こうした瞬間的なゲシュタルトとは別に，もしくはこのような瞬間的ゲシュタルトを完遂することによって，“その試合に勝とう”というメタレベルのゲシュタルトが，試合が終わるまで働くでしょう。

　ところで，自分より明らかに上段者である相手と対戦する場合，なにがおこるでしょう。自分は上級者に，はじめから「正面をとられている」ため，打ち込むことはおろか，「オコリ」をはじめることすらできません。また，相手の竹刀をはねのけることもできません。うっかりそのようなことを試すとかえって自分に隙が生まれてうたれるからです。こうして，メタレベルのゲシュタルトは阻害され続けます。勝利に向かうゲシュタルトは，まるで力一杯引き絞られたままの弓のように，いつ弾けてもおかしくありません。その状況で上段者が一瞬でも「スキ」を作れば，抑えに抑えていたゲシュタルトが発動し，「志向弓 (arc intentionnel)」(pp.184) が弾けます。こうして，わかっていても，「サソイ」に引っかかるのです。

　しかし逆に，どうして上段者は，そのような相手に素早く対応できるのでしょう。そのメカニズムは次のように分析可能です。

　第一に，上段者は，打突に先立つ「オコリ」を必要とせず，「オコリ」と「カマエ」を経ることなしに打突にいたるといいます。試合がはじまって，両者相対峙した瞬間に，すでにつねにカマエができているということです。どういうことでしょう。

　先に日常の身体とスポーツ身体を比較したとき，日常身体が状況なしには発動できないのに対して，"素振りなどの訓練によって形成されたフィードバック的複雑系としてのスポーツ身体"は，状況とは無関係に競技者の身体内部から起動することがわかりました。しかしそうはいっても，本当の最上段者でもないかぎり，状況にいちいち対応してしまう日常身体の構造を脱することは容易ではありません。ところが，最上段者の身体は日常の状況内存在としての身体構造を脱しています。その結果，最上段書は逆に，相手のスキや打ち込める機会とはまったく無関係に，完全な自発性によって，いつでも打ち込める状態，すなわちカマエができていることになります。ちなみに能役者は，特に演じるべき所作がなく，ただ舞台の中央に立っている時でも，"いつでも即座にどの方向にでも動けるカマエの態勢"をとっているそうです。それは決して楽なものではなく，このカマエだけで汗だくになるといいます。この能役者の身体に剣道上段者の身体は似ているのです。剣道の上段者がオコリという準備動作を必要としないのは，いつでも打突ができるカマエが常にできているからです。

　第二に，とはいえ，相手が不意を突いてきても上段者はとっさにしかるべき

対応ができるはずで，ここで上段者の身体は状況に反応していると見えるでしょう。しかし，より大きな文脈から見るなら，その場合でも上段者の身体は，日常身体や初段者の身体とは異なっていることがわかります。たしかに，自転車でカーブを曲がったり，あるいは，対戦相手の隙が見えたりすると，状況内存在としての身体はその状況にそのまま，いわば受容的に対応します。ところが，それに対して試合における上段者の身体は，"正面をとって相手の行動可能域を制限する""サソイによって勝負のタイミングを制御する"など，試合という環境を自ら作り出しているのです。上段者身体は，全体の状況そのものを設計する，いわば"超越論的能動性"を持つものと言えましょう。当然，それによって，いかに意表を突いた攻撃があったとしても，それに対する即応性はさらに研ぎ澄まされるはずです。なおここで「超越論的」とは，単に対戦相手という自分を超えた存在（「超越者」）に対峙するだけではなく，超越者との対峙の構造そのものをメタレベルから組み立てる（「構成する」）機能をもつことを意味します。

　日常の，あるいは初段者の身体は状況に対応する"状況内身体"でした。バレエや日本舞踊などの技法を身につけた舞踊身体は，状況とは無関係にその身体内部に起動因を持つ"脱状況的身体"と言えます。ところが，それに対してスポーツの達人の身体はその都度の状況そのものを自ら作り出す"超状況的身体"と言わなければなりません。

　さて，スポーツの身体図式は以上のような構造をもちますが，にもかかわらず時に，ごく簡単な技法がとつぜんできなくなってしまいます。「イップス」とよばれる症状です。

第7章　イップス：行動の三形態

　「イップス」とは，ゴルフにおける10 cmほどのパター，野球の基礎であるキャッチボールなど，だれもが簡単にできることが突然，できなくなる症状です。「イップス」という言葉は当初，ゴルフについて用いられ，やがて野球などにも用いられるようになったそうです。弓道には古来，「早気」という言葉がありました。

　イップスの原因は様々です。たとえばゴルフでの「お先にパター」や，バス

ケットボールにおけるレイアップシュートなど，きわめて容易なプレイを試合の決定機で失敗した場合，あるいは，自分の投球が死球となって対戦相手にケガをさせた場合，また，自分自身がケガをして，通常のプレーができなくなった場合，逆に過度の筋トレなどをおこなった場合，などにイップスは発症するようです。ある有力大学野球チームのピッチングコーチは実力のある投手たちに，自分のピッチング動作を細部まで観察してメモをとるよう指導したそうですが，その結果，ピッチャー全員がイップスになってしまいました。

　このピッチングコーチの例は，すでに述べた「ムカデのジレンマ」を思わせます。自分がどの脚から歩き始めるかを問われたムカデは，とたんに動けなくなったのでした。すなわち，なにかのきっかけで，該当する部位を過度に意識したために，それまで自動的にできていたことができなくなったのです。実際，先の大学で，イップスに陥った選手の手当を依頼された別のコーチは，必要な動作をリズムにのって行うよう指導して治療に成功したそうです。ゴルフのドライブを「チャー・シュー・メン」というかけ声と一緒に行うと初心者でもなんとか様になるようですが，リズムというゲシュタルトに乗ることによって，該当部位への意識を逸らし，身体の自動性を回復したと言えるでしょう。

　しかし，それにしても，どうして自分の身体動作を対象化，言語化するとイップスになるのでしょう（すなわち，ムカデのジレンマはどうして起こるのでしょう）。そもそも，上でも触れたように，初心者が技法を身につけるときや，上級者が技を改善するときには内的に焦点を向け，当該の身体部位を対象化したり，言語化したりすることは避けられません。どうして，内的焦点に伴う言語化はイップスを引き起こさず，それどころか，技量の上達を可能にするのでしょう。

[1] わざ言語

　内的焦点に伴う言語化の特性を明らかにするためには，スポーツや舞踊など身体技法の訓練で使用される言語が，日常の言語使用とは異なることに注意する必要があります。生田久美子は，身体訓練で用いられる言語を「わざ言語」とよびました（生田『わざ言語』）。たとえば，逆上がりを指導するときには，「足は前じゃなくて，頭の上の方にシュッと蹴る」とアドバイスします。歌舞伎では，「粒立てて」「張って言って」「もっと芝居して」「たっぷりやって」といっ

た指示が飛びます。野球の打撃指導では「脇を締めてスイングしろ」という決まり文句があるでしょう。すべて，わざ言語です。

　わざ言語は通常の言語使用とどう違うのでしょう。たとえば「ハチ公は秋田犬だった」と言ったとします。このとき話者は主語「ハチ公」によって一匹の実在した犬の個体を「指示」し，「〜は秋田犬だった」という「述語」によってその個体がいかなるものであるかを「述定」し，「秋田犬」という概念やクラスに分類しています。何が指示され，何が述定されているかは，その言語を理解し，一定の常識を有する者なら誰にでも了解できますし，問題の事実はだれもが確認できるでしょう。他言語にも翻訳可能で，場合によっては数値化もできます。これを「客観的記述」とよびましょう[10]。

　それに対して，わざ言語とは次のような言語使用です。舞踊の稽古を考えてみましょう。もし「ひじを直角に曲げなさい」「3秒動いて，1秒，止まれ」という言い方をすれば，それは，第三者にも観察でき，数値化された客観的記述です。ところがそれに対して，「舞い散る雪を拾うように扇を動かしなさい」とか「朝日を見上げるように腕をあげなさい」（バランシンが『セレナーデ』を振り付けた際の有名な指示です）と言ったとすれば，わざ言語になります。客観的記述に対してわざ言語は次のような特色を持っています。

　第一に，「肘を直角に曲げる」は第三者に観察可能ですが，「雪を拾うように」は実際に動いている当人にしかわかりません。舞踊をよく知らない第三者から見れば，当事者が雪を拾うように扇を動かそうが，火をおこすように動かそうがはっきり区別できないかもしれません。しかし，当人にとって二つはまるで違うでしょう。すなわち客観的記述が三人称的であるのに対して，わざ言語は一人称的です。

　第二に，たとえば，野球における「脇を締めて」「体に巻き付けるように」という指示は，立てて構えたバットを腰や上体の回転とともに振り回すバッティング動作の全体ではなく，その一部しか切り取っていません。「脇を締めて」というわざ言語は，バッティングフォームを身につけ，ある程度完成した競技者に対してのみ発せられ，「基本ができている」者にとってのみ有効だからです。わざ言語は，すでにある程度，技量に習熟した競技者が次の段階へと成長する

10　わざ言語以外の言語使用としては，客観的記述だけではなく，「窓を開けてくれ」「この時計を君にあげる」などの「言語行為」もしくは「言語ゲーム」に属するものも挙げられます。

ための手がかりと言えるでしょう。実際，一定の技量を身につけた者でなければ「脇を締める」「体に巻き付ける」の意味はおよそ理解できません。その内容を客観的に理解可能な仕方で語ることも困難です。しかし，わざ言語の内容を客観的記述に言い直すことは逆に不要でもあります。たとえば，「直角に」「何秒後に」といった客観的記述で指示がだされた場合，生徒は鏡を見たり，カウントを測ったりしなければ指示に従えないかもしれません。しかし，わざ言語で指示された場合，生徒はいちいち自分のフォームを視認しなくても指示に従えます。「雪を拾う」という言語によって作られた"仮想的な状況"に身体が自発的に反応してくれるからです[11]。

　このように，技の改善や習得のためにどのようなわざ言語が必要かは，その都度の競技者の成長度によって変わります。そこで，指導者がいつ何を言うかは相手次第ですし，その作用や帰結も相手によって変わるでしょう。その意味から，わざ言語は強度に二人称的であるとも言えます。

[2] 行動の三形態

　さて，それではどうして，わざ言語による指示は技量の上達を可能にし，「お前はどの脚から動かすのかね」という問いはムカデの動きを不可能にするのでしょう。ここでは，「右三番目の脚から動かす」といった客観的記述とわざ言語との現象学的構造の相違が問題です。両者の相違については，『知覚の現象学』に登場する精神盲患者シュタイナーの分析が参考になるでしょう。

　砲弾の破片によって大脳に欠損を生じたシュタイナーは，たとえば，虫に刺されたのを感じたときにその虫を手で払いのけることはできますが，刺された箇所が自分の皮膚上のどこかを他人に説明することはできません。刺された箇所を他人に説明するためには，その箇所を第三者にわかるように示す動作（「指示行動 (Zeigen)」）と述定からなる客観的記述が必要です。一方，刺されて不快を感じ，そこを払う動作（「把握行動 (Greifen)」）はその都度の状況に対応する

11　「たとえば，〈あられ〉という…語の意味というものは，…その対象がある人間的経験のなかでとる局面，たとえば…空からすっかりできあがって降ってきたこの固く，もろく，水に溶けやすい粒々のまえでの私のおどろきのことなのだ…」（『知覚の現象学』295~6頁）とメルロ＝ポンティは言います「あられ」という語が「冷たさや脆さ，はかなさ」という感覚，「驚き」といった動きを引き出すように，わざ言語もそれまでできなかった動きを引き出します。「熱い砂浜を歩くように」「花を拾うように」といった言葉によって，現実には存在しない状況が現前し，それに身体が自発的に対応するわけです。

行動です。

　それぞれの現象学的メカニズムは，メルロ＝ポンティの言う「行動の三形態」によって解明することができます（『行動の構造』）。行動の三形態とは次のような区別です。

　第一のもっとも原初的な行動形態は瞳孔反射など，いわゆる「無条件反射」です。これをメルロ＝ポンティは「癒合的形態の行動」とよびました。癒合的行動は学習によって身につけたり，捨てたりすることはできず，変更もできません。光が当たれば生体の瞳孔はおのずと収縮せざるをえませんが，このように刺激と行動が分離不可能であるために「癒合的形態」とよばれます。

　第二は，"パヴロフの犬"など，学習によって身につく「条件反射」です。癒合的形態に対して「可換的形態」，もしくは「シグナル的形態」とよばれます。条件反射は習得や変更が可能なので「可換的」です。また，瞳孔反射における光など単純な刺激ではなく，郵便配達夫がならすベルという「構造」，すなわち一定の場所における諸要素の組み合わせの変化が行動の引き金となっているため「シグナル的」とよばれます。「シグナル」とは，信号機やモールス信号のように，一定の場所における要素の組み合わせが意味を生み出す構造です。

　第三に，人間固有の行動形態は「シンボル的形態」とよばれます。たとえば，"地図を読む"とき，わたしたちになにが起こっているでしょう。見知らぬ土地で地図を頼りに目的地に向かうとき，わたしたちは，"紙やスマートフォン画面など二次元平面上にある線や記号，文字の組み合わせからなる，地図という構造A"と，"今，自分が立っている三次元空間内に見える建物や道路，標識，遠くに見えるランドマークなどからなる，リアルな場所という構造B"とを関係づけなければなりません（「地下鉄を出てすぐの道の向こう側に目的地はあるので，ここで横断歩道を渡らなければならない」など）。現在，自分がいる場所と目的地との位置関係を二次元平面上で把握し，そのうえでその関係を三次元空間に置き換えて，自分がどちらに進めばいいのかを了解し，うまく目的地に着くことができれば「地図を読めた」ことになります。ここでは，二次元平面上の地図という構造Aと，三次元空間内の諸物の配置という構造Bという，二つの構造が比較され，関係づけられています。「シンボル的行動」とは，瞳孔反射における光のような"単なる刺激"でも，犬にとってのベルのような"単純な構造"でもなく，構造同士の関係を把握したうえで可能になる行動です。人

間に固有の認識や行動，事物の知覚，言語使用などはすべてシンボル的行動です[12]。

[3] イップスの起動因

　行動の三形態のうち，とりわけシグナル的形態とシンボル的形態との区別をふまえることによって，イップスの起動因を解明することが可能です。

　まず，把握行動は，単一の構造に対応するシグナル的行動です。スポーツの技法もまた，練習によって習得され，自動化・習慣化するため，条件反射と同じくシグナル的行動と言えるでしょう。わざ言語において問題となるのはこのレベルの行動です。

　それに対して指示行動はシンボル的行動と言えます。どこが蚊に刺されたかを他人に説明するとき，次のような複雑な操作が必要だからです。すなわち，わたしは，触覚もしくは痛覚として内受容的に感じられる“刺された位置”と，第三者からは目で見えるだけの“体表上の位置”とを関係づけなければなりません。ここでは，内受容的身体における布置という構造 A と，外受容的に見える体表上の布置という構造 B との同一性が問題になります。

　イップスの原因となる行動はシンボル的行動です。ピッチングコーチにせよ，ムカデにせよ，通常，意識せずに行っていたことを対象化し，言語化しますが，それは自分が内受容的に感じ，習慣的におこなっていた行動を，第三者に対して指示し，言語という別の構造に置き換えるシンボル的行動と言えるでしょう。

　こうして，イップスやムカデのジレンマの原因が明らかになります。すなわち，古くから身についていたパッティングやキャッチボールなどは環境に順応し，埋没した習慣的行動であり，状況に自発的に対応する把握行為と同様，シグナル的行動でした。わざ言語もシグナル的行動のレベルで機能します。それに対して，イップスの原因となる事例では，その同じパッティングなどが対象化され，客観的記述の対象となります。その結果，その行為はシグナル的行動のレベルからシンボル的行動へと強制的に移し替えられ，その結果，それまで

12　同じミカン箱を椅子として用いても，踏み台として用いても「同じ事物だ」と認識するには「椅子としてのミカン箱」「踏み台としてのミカン箱」という二つの構造の同一性を見て取る必要がありますが，サルにそれは不可能です。「窓を開けてくれ」と言われて部屋の窓を開けたとき，「窓」「開ける」からなる言語的構造と，自分がいる部屋のフィジカルな構造を関係づけるシンボル的行動をおこなっています。

あった環境と身体との自発的で習慣的な結合が切り離されてしまうのです。それまでできていたことができなくなるのはそのためであり，また，リズムに乗せて行動すればイップスから解放されるのも同じ原理によるものです。

　とはいえ，今述べただけのことならば，できなくなっていたことも，やがてもとどおり，意識せずに行えるようになるでしょうし，ムカデもいつかは動けるようになるでしょう。根治不可能な，本格的イップスを説明するには以上では不十分です。また以上だけでは，ケガや筋トレなど，対象化が原因になって生じるわけではないイップスが説明できません。どう考えればいいのでしょう。

　イップスが本格化するのは，一時的イップスの後におこるもう一つの構造変容のためと考えられます。すなわち，過剰な対象化やケガによって動作不全に陥ったまま，あるいは，筋トレによって特定部位だけが発達して他の箇所とのバランスが崩れたまま，同じ所作を繰り返すと，先にスランプについて述べたとおり，それ以前にはあった“正しい身体図式”のゲシュタルトが崩壊してしまうのです。怪我をした箇所を「かばう」場合も同様です。その結果，逆に，バランスを欠いた不適切なゲシュタルト，あるいは，必要な状況で必要な所作ができないという新たなゲシュタルトが生まれるでしょう。こうして，本格的なイップスが発症します。

第8章　おわりに

　以上，メルロ＝ポンティの身体的実存や引き込みなどの現象学的構造を用いて練習やフロー体験，スランプ，内的焦点と外的焦点，イップス，フェイントやスキなどの構造を分析してきました。

　冒頭でも述べたとおり，本稿で述べられたことは伝聞や筆者の乏しい経験を頼りに，現象学的装置を組み合わせてえられたモデルであり，それ自体はこれから立証されるべき「仮説」もしくは「提案」です。

　しかしながら，この作業によって，哲学理論として生まれた現象学と，きわめて具体的実践的な学問である運動学研究との生産的な関係も見えてきました。フッサールやメルロ＝ポンティが何度も強調したように，元来，現象学は記述から出発します。このことは現象学研究者にとってあまりにも当然なので，その意味が忘れられがちです。しかし，現象学以外の伝統的哲学や現代哲

学と比較したとき，現象学的記述がもつ哲学的な意義は改めて強調すべきこと
であることがわかります。伝統的哲学（ならびに，一部の現代哲学）においては
記述よりも，概念分析や論証に導かれる「必然性」が語られます。その結果，
伝統的哲学の諸概念や諸理論を外れたメカニズムは見落とされがちですし，身
体の重要性はまさにその，忘れられる事象の代表例です。既成理論を外れた身
体というメカニズムを掬い取ることができるのは，記述を基礎とする現象学だ
けと言っても過言ではないでしょう。そしてこうした現象学にとって，高度な
身体技法についての具体的な知を次々に明らかにしてくれる体育学や運動学の
研究は，日常身体だけを見ていたのではありえない理論的深化や展開を可能に
してくれる知の宝庫です。

　とはいえ，"スポーツの現象学"ではなく，"スポーツの哲学"を目指す場合，
アラン・コルバンの『身体の歴史』やフーコーなどを用いた社会史的文化史的
分析もまた有効であり，不可欠です。が，その詳説は今後の課題といたします。

時間と発生を問う
―時間意識と受動的綜合の相関性について―

武藤伸司

I. はじめに [1]

　身体運動を分析する際には，その意味や価値はもちろんのこと，一連の流れやプロセスも問題となります。それらは，クルト・マイネルが「運動ゲシュタルト」[2] と呼んだものであり，金子明友が「動感化メロディー」[3] と呼んでいるものです。日常生活における皿洗いから洗濯物を畳むことに至るまで，動きには常に一定の「かたち」があり，スポーツにおいてそれはシュートフォームや宙返りのコツやカンなどの「技」として，言わずもがなの重要性を持っています。では，この重要と言われる「動きのかたち」とは何であり，いかなるものとして理解すればいいのでしょうか。そしてこの問いの中でとりわけ注意深く考察せねばならないのが，その動きのかたちを我々はどのように獲得するのか，と

---

[1] 凡例：フッサール全集 (Husserliana) を Hua. と略記し，そこからの引用は，巻数をローマ数字，ページ数をアラビア数字によって，本文中の（ ）内および注に示す。

2 クルト・マイネル『スポーツ運動学』金子明友訳，大修館書店，1981 年，p. 75 参照。

3 金子明友「運動観察のモルフォロギー」『筑波大学体育科学系紀要』第 10 巻，筑波大学，1987 年，p. 118 参照。

いうことです。これが「技の発生」というスポーツ運動学における問題系です。ここで言う発生とはつまり，この動きのかたちにまつわる形成と学習のプロセスを指しています。これがスポーツ運動学の喫緊の課題となっています。

　この発生という現象を考察することは，実は現象学という哲学にとっても同様の課題です。なぜなら現象学は，我々の動きのかたちという問題を含めた様々な認識が，身体感覚を根源にして「発生する」のだ，ということの究明を目指しているからです。特にこの発生にまつわる問題系を扱う際に，現象学は「発生的現象学」と呼ばれます。ここで，現象学における発生という問題系がいかにして生じたのかということについて，概略を述べておきましょう。

　現象学とは，フッサールというおよそ100年前のドイツの哲学者が提唱した，我々の認識がいかに成立するのか，という問題を探るための「方法」です[4]。フッサールは現象学というこれまでの哲学になかった独自の探求方法において，認識の「構成 (Konstitution)」，すなわち我々が何かを意識する際のその仕方，その仕組みを詳細に分析しています。

　では，この構成とはどのようなことなのでしょうか。例えば，我々が何かを判断したり何かを表象したりする，ということを考えてみましょう。そのときそれらの意識は，どのような規則性によって成立しているのでしょうか。我々はそれを当たり前に行っており，気にも留めませんが，しかし改めて考えてみると説明に窮してしまいます。しかし，何かをイメージしたり，何かを思い出したり，何かを期待したりと，当たり前のように我々は様々な意識の働かせ方をしています。現象学ではこうした「意識それ自体がその働きによって作られている」ということを，上で述べたように構成と呼んでいます。この当たり前に作動している意識の体験をそれとして取り出し，分析にもたらす方法が現象学にはあります。それが「現象学的還元」です。

　現象学的還元とは，我々が何かを意識するという，普段気にも留めない体験に焦点を当て，それに注目するという自覚的な態度を採ることです。専門的な言い方をすれば，自然的態度（意識に対して無自覚で，気にも留めない態度）から，現象学的態度（意識がどのように構成されているか究明する態度）へと思考の構えを変えることと言えます (vgl. HuaII)。この現象学的な態度によって捉えた際

4　Vgl. HuaII, S. 3- 14.（邦訳：フッサール，E.『現象学の理念』立松弘孝訳，みすず書房，1965 年，pp.11- 27 参照）

の意識の有様を，特に「内的意識 (inneres Bewusstsein)」[5] と言います。この内的意識を，フッサールは具に研究したのです。

　では，フッサールが研究したこの内的意識において生じている構成ということの内実を詳細に見ていきましょう。まず，意識は常に意識作用（ノエシス）と意識内容（ノエマ）の相関関係によって成立しているということが言えます。ここで言われる相関関係とは，意識には作用という意識の働き方と，その作用が作用するところの内容と常にセットで生じているという意味です。例えば，表象という意識においては，表象「すること」と表象「されるもの」が，判断という意識においては，判断「すること」と判断「されるもの」が対応関係にあります。

　このことについて，さらに具体的に，「これはりんごである」という命題を例に採りましょう。まず，赤くて丸くてつやつやして甘いにおいがする何かが目の前にあるとします。これらは全て，感覚的に意識に与えられています。つまり，色や形（視覚），テクスチュア（触覚），味やにおい（味覚と嗅覚）など，様々な感覚の情報が我々の身体に与えられているということです。そしてこれらの感覚の特徴をまとめてひと掴みにして把握することを，現象学では「統握する (auffassen)」と言います。このとき，どのように統握するかで，意識の在り方（対象の措定のされ方）が変わります。感覚された諸内容を根拠にして「～である」と論理的に意識すれば，そのときの意識は「判断する」という働きをしているということになります。あるいは，その感覚の内容から「～を思い出す」という働きが生じているなら，それは「想起する」ということですし，「～だろう」という働きが生じれば，「推測する」という意識の状態になっています。したがって，この「すること」ということが意識の働き方にあたり，「されるもの」ということがその働きの対象にあたる，ということです。これらのことは，いわば動詞と目的語の関係のようなものであると言えます。そう考えると，目的がないのに働きだけが働きだすことはないし，働きがなければ目的に達するこ

5　あるいは「内在 (Immanenz)」とも呼ばれ，自らの意識体験における様々な構成要素（例えば以下に述べるノエシスやノエマなど）が現れる領野のことである。逆に，自らの意識体験に属さないもの，すなわち事物や他者などを「超越 (Transzendenz)」と呼ぶ。フッサール現象学は，この超越（自然的態度によって素朴に対象として措定されているものごと）が内在（現象学的態度によって見いだされる内的意識）からどのように構成されるのかを問うという意味で，「超越論的 (transzendental)」である，と言われる。したがって，端的に言えば，内在の領野（内的意識）が超越論的意識である，ということになる。

ともありません。こうした「すること」を現象学ではノエシスと呼び，「されるもの」を「ノエマ」と呼びます。そしてこれらの相関関係が，「ノエシス‐ノエマの相関関係」と呼ばれます。この意識の特性に基づいて，構成ということが成立しているのです。

　また，意識におけるこのような両項の相関性は，「志向性 (Intentionalität)」と呼ばれます。この意識の志向性という性質は，常に意識における構成の本質規則性として見出されるものです。

　そして，このようなノエシス‐ノエマの相関関係という理解においてさらに問題となるのは，この関係がどのようにして成立するのか，ということです。特に，様々な感覚内容を統握する際，それらが一つの意味のまとまりになっているということ，すなわちノエマそれ自体を構成することを，意識はどのように成立させているのでしょうか。これがまさに発生の問題なのです。

　この論考では，そのノエマがどのように意識において構成されているのか，すなわち，いかにして「感覚が感覚として意味を持ち得るのか」という問題を解説していこうと思います。スポーツ運動学が運動感覚，すなわち動感を探究の中心に据える以上，その探究の対象である感覚それ自体が何であるのか，どのようにして感覚が成立するのかという点を明らかにすることは，非常に重要なことです。自らが探る対象がどのように定義されるか分かっていないのに，それを説明することはできないでしょう。したがって，少々回りくどい前置きになりましたが，本論考は感覚の発生をめぐって考察を進めていきたいと思います。

Ⅱ．本論考のねらい

　以上のことを，現象学における専門的な言い方でまとめてみましょう。フッサールは感覚内容を統握すること，すなわちノエシス‐ノエマの相関関係を能動的綜合と呼び，それを研究することを静態的現象学と呼んでいます。そして，その能動的綜合の前提となる意識の深層，上で述べたノエマがどうのようにして構成されるのか，つまりノエシス‐ノエマの相関関係という構成に先立ってノエマが構成される仕方を，受動的綜合と呼んでいます。この受動的綜合は，別言すれば「先構成 (Vor- Konstitution)」とも呼ばれます。特にこの先構成は，受動的綜合において生じる様々な無意識的な能作（後に解説しますが，対化，連合，

覚起など）の総称でもあります。このような受動的綜合の諸能作を研究することが，静態的現象学に対して，まさに発生的現象学である，ということになります。したがって，スポーツ運動学の問題意識から言えば，この受動的綜合の内実，すなわち発生的現象学において主題となる身体感覚の発生が，まさに技の発生という問題系を解く上での理論的な補助線になるということです。身体の動きとしてのかたちが，我々の高次の認識，特に言語的な認識の様態だけでなく，極めて感覚的な，言語に先行する非言語的なものでもある以上，無意識的な意識の働きを説明できる発生的現象学の諸理論と方法が，問題理解と解決の鍵となる可能性を持っています。

　さて，ここまでのことから，発生ということで目標にされているものがおぼろげながらも見えてきたかと思います。しかしこの発生という事象を成立させる受動的綜合の理論は，実はもう一つ，現象学における重要な理論と相補関係になっています。それが理解されなければ，本当の意味で発生ということも理解できません。そのもう一つの理論こそが，「時間意識の構成」です。

　例えば，動きのかたちないし身体感覚は常に変化し，持続し，一定の連続性を有しています。時間的な変化を持たない運動はありません（止まっているという状態も，一定の動きのかたちを留める持続的な運動の一つのバリエーションと考えられます）。これらは身体の運動性として自明なことではありますが，しかしその運動性がどのような本質規則性によって成り立っているのかという点は，自明とは言い難いものです。ノエシス－ノエマの相関関係という能動的綜合は，上述の通り意識的な事象であり，言語的なものでしたから，比較的に，分析の対象にし易いものでした。しかし，感覚の発生はおよそ無意識的な事象である場合がほとんどですので，分析対象にすること自体が難しいものです。ですがフッサールは，この難問を時間意識の問題として分析することで解明の糸口を呈示しています。したがって，本論考では発生の問題を考えると同時に，その手引きともなる「時間に関わる意識の働き方」も理解しておかなければならないため，その解説と考察も含まれています。

　時間意識の問題は次の節以降で詳細に扱いますが，さしあたり概略を述べるとすれば，以下のようなものとなります。時間意識とは，その都度の体験を引き留め（過去把持），次の体験を導く（未来予持）という二つの特有な働きを持つ志向性の編み合わせによって成立している，意識の根源的な性質です。こ

れらの二つの特有な志向性は無意識的に作動しており，特にそれを意識的な「作用 (Akt)」（能動的志向性）と区別して，―上ですでに使用していましたが―「能作 (Leistung)」（受動的志向性）という言葉で表現しています。これらの能作が協働することによって，意識に流れが生じ，変化，持続，連続などが成立し，それらが「時間」として認識される，というのが現象学における時間意識の大まかな説明となっています。

　しかし問題はこれだけではありません。この時間意識の二つの能作という根源的な意識の性質の理解だけでは，それらの能作を編み合わせる際に重要な「質」の契機を述べることができていません。つまり，時間という意識の流れ方の仕組みだけでは，「何が」流れるのかということまでは答えられないということです。形式だけがあっても，その中身である内容がなければ，すなわちどちらか一方だけでは具体的な事象を説明したことにはなりません。この何がという内容の点に関わる無意識的な働きが，「原連合 (Urassoziation)」[6]における「相互覚起 (wechselseitige Weckung)」や類似性の「連合 (Assoziation)」，「対化（Paarung）」などの受動的志向性の諸能作です（これらの詳細については，以下の VI.，特に図6を参照してください。ここでは差し当たり，相互覚起，類似性の連合，対化など，受動的綜合の諸能作をひっくるめて原連合と呼んでいます）。これらがまさに感覚を感覚たらしめ，その意味や価値をつくる意識の働きなのです。つまり，時間意識がそれとして駆動するには，これらの能作によって感覚が感覚として組み上げられることも必要だということです。過去の体験を材料に新たな未来を展開するためには，プロセスの仕組みだけでなく，意味や価値，それらに相関する興味や関心が契機として必要です。そうした意味で，受動的綜合における発生は，時間意識と相補的な関係を結んでいると理解できるのです。

　これらのことを理解することによって，そうして組み上げられた感覚が自我（現象学では能動的綜合をこのように「自我」言い換えることもあります）においてはっきりと認識されるための「触発 (Affektion)」という働きも明らかとなり，能

6　原連合とは，受動的綜合における発生の原理という意味であり，心理学的な意味での，何らかの対象を見て似ているものを想起するという意味での連合とは異なる（vgl. Holenstein, E., *Phänomenologie der Assoziation.* Martinus Nijhoff, The Hague, Netherlands, 1972.）なお，続く「類似性の連合」も，同様に現象学的，受動的綜合としての意味での連合である（類似性の連合については，HuaXXXI, § 17a）（エトムント・フッサール『能動的綜合　講義・超越論的論理学 1920-21』山口一郎，中山純一訳，知泉学術叢書，2020 年，pp. 156-163）を参照のこと。原連合の中にさらに連合という表現は混乱をもたらす可能性があるが，後者はここでは単に，似ているものを結びつける働き自体を指す言葉として使用することとする。

動的綜合と受動的綜合との全体的なつながりが見えてきます。実際に本論考の後半では，これら時間意識と受動的綜合の働き合う現場を示したいと思います。

　以上のことから本論考は，

　（1）意識構造を貫いて，すべての意識の働きに遍く関与する時間意識の働き方を，時間図式を用いて解説する

　（2）時間意識の内実である感覚の発生を，連合と触発という受動的綜合の諸能作から解説する

ということを中心に論を展開していくこととします。可能な限り身体運動やスポーツの現場における事例を通じて，時間意識と受動的綜合の内実とその関係を具体的に示すことを試みたいと思います。

Ⅲ．身体運動を内的意識の内容としてありのままに捉えること

　改めて問い直しましょう。なぜ身体運動やそれによって成立するスポーツの技を考察する際に時間意識を考慮せねばならないのでしょうか。それは，そもそも身体やその運動といった認識自体が，感覚の変化や持続といった，「現在進行形」の現象だから，というところにその理由の一つがあります。

　身体における動きのかたちの成立と不成立，あるいは良し悪しを評価することは，確かに写真や動画において「完了形」のかたちで，すなわち「すでに終わったもの」として吟味することもできます。そうすれば何度でも振り返って繰り返し確認することができるし，数値に変換してバイオメカニクス的に分析することもできます。しかし，上で述べたように現象学的還元を施した内的意識において直接に看取されるものは，意識の働き方とその内容でした。それらは，特に身体の運動の場合，その内容がまさに動きであることから「流れそのもの」であり，「今ここ」の連続としてその動きが現れています。このような意味で，内的意識，とりわけ運動は直接的かつ現在進行的なものであるということになります。そうであれば，完了形で動きを考察することは反対に間接的であるということになります。運動の技術が現象するのはまさにその瞬間ですし，運動の指導はその瞬間の現象に関与せねばならないことは，スポーツに関わる人には当然のことでしょう。こうした観点から，我々の運動そのものという（無）意識的，主観的な動きを探究し，その変様や改善を目論む場合，その場で何が生じているのかという点を直接的に掴む必要性がどうしても生じて

しまうのです。では，感覚を直接的かつ現在進行形で捉えるとはどのようなことなのでしょうか。

　内的意識に現れている感覚を，流れそのままに，今現在に起こっているままに捉えている意識の働き方を，フッサールは「原意識 (Urbewusstsein)」と呼んでいます。これまで述べてきたように，感覚を感覚としてはっきりと言語的に同定するのは，能動的綜合によって成立することになりますが，その際には統握というプロセスが差し挟まるために，実際には今現在のその瞬間の感覚ではなく，その時点（瞬間点）から過ぎ去った事後的なものとして認識されることになります。こうした意識の性質を鑑みると，意識は感覚をそれ自体としてありのままに捉えることができないといことになります。しかしフッサールは，感覚それ自体を把捉する意識の働きとして，その原意識という意識の働きから現在進行形の意識を捉え得ると述べています。

　フッサールはこの原意識について，「我々は，単純な体験の，原意識としての概念を構成し，その原意識の中で，与件は未だ対象的になってはいないのだが，それにもかかわらず存在し，原意識における与件は，その与件の先現象的な存在を持っており，明証とともに持っていなければならない」(HuaXXIV, S. 245) と述べています。ここで言及された先現象的な存在とは，ノエシスとノエマという対象を構成するそれぞれの契機それ自体や，感覚の端的な所与の意識です[7]。この原意識において把捉されている事柄は，意識の働きの結果として構成された対象（知覚）とは異なり，むしろその対象構成以前の諸契機，すなわち感覚を把捉している，ということになります[8]。

　そしてさらに，原意識についてフッサールは，「先現象的なものと，反省と分析を通して現象したもののすべてが，変転したという所与性において，その時間的な流れを持つ」(HuaXXIV, S. 245) と述べています。つまり，原意識を把捉するということは，対象へと構成されつつある感覚を，その時間的な変転とともに記述し得るということを意味します。これは，我々が通常行っているような，考察対象を規定して（それが運動や変化の中にあれば，時間的にある一定の区間を区切るようにして），対象から距離をとった仕方で観測するように（時間的に言えば事後的に）反省したり分析したりすることとは異なっています。

7　Vgl. HuaX, Beil. IX
8　拙著『力動性としての時間意識』知泉書館，2018 年，pp. 48- 49 を参照のこと。

原意識による感覚それ自体の記述の可能性は，現象学的な記述や分析に大きな役割を果たしています[9]。

　以上のことから，諸感覚それ自体を問題として扱うことは，現象学的還元によって我々の内的意識に現出している感覚が，原意識によってありのままに掴まれているということを明証的に把捉することによって可能となっています。いささか難しい話になりましたが，端的に言えば，今起こっている感覚を純粋に掴んで考察の対象にする，できる，ということが，現象学において保証されている，ということです。以上のことから，我々の問題究明において掴まれるべき感覚が，フッサールによると，内的意識において直接的に，現在進行形で現れる動きという感覚である，ということになるのです。そして特にフッサールはそれを「キネステーゼ」と呼んで考察の対象にしています。

　では，このキネステーゼとは何なのでしょうか。キネステーゼとは，運動感覚と日本語に訳されますが，何も身体運動に限った感覚のことではなく，それと視覚や聴覚といった五感の変化や持続の連関についてもフッサールによって言及されています（vgl. HuaXVI, §51[10]）。したがって，キネステーゼの内実を広義に捉えれば，それは，身体運動を含めた「諸感覚の変様，すなわち感覚が変化しているということそれ自体」を意味しいているとも言えます。こうした感覚の変様がキネステーゼの核になっているのだとすれば，次の問題は，これまで述べられてきた通り，必然的に「感覚の変様がいかにして生じるのか」ということになります。つまりこの感覚の変様を生じさせるものが時間意識の働きに他ならないということです。

　このことは，身体運動やスポーツの技に限ったとしても，事情は同様であると言えます。例えばマイネルは運動ゲシュタルトの時間的な発生に注目しているし[11]，それを受け継ぐ金子明友も運動ゲシュタルトの時間性を強調して動感化メロディーという概念へと鍛え上げていっています[12]。これらの実情を鑑

9　武藤（2018），p. 49 を参照のこと。
10　このテキストにおいてフッサールは，視覚像とキネステーゼ双方の変化を時間意識から分析している（この点について詳細には，山口一郎『感覚の記憶発生的神経現象学研究の試み』知泉書館，2011 年，pp. 204-221 を参照のこと）。キネステーゼが単に自身の身体における運動の触覚的な固有感覚や体性感覚だけを意味するものではないという点を我々は注意しなければならない。
11　マイネルは運動ゲシュタルトを"現実に関連した発生"として，"時間的発生"として」（マイネル(1981), p. 75）考えている。
12　金子は動感化メロディーを「スポーツ運動の中に，部分に細切れにできない，緊密な全体構造を持った有意味な運動経過」（金子，1987 年，p.118）と考えている。

みる限り，運動における諸感覚の変様がいかにして生じるのかという点は，そうしたキネステーゼや運動ゲシュタルト，動感化といった諸概念の原理的な理解に関わるものであると言い得るのです。したがって以上のことから，身体運動の理解において，時間意識の考慮は欠かせないものであると言えます。

IV.　意識の層構造—意識における能動性と受動性の領域—

　以上のように時間意識の理解は身体運動に関わるものとして必須のものではあるのですが，その具体的な内実に言及する前に，そうした諸感覚が意識においてどのような「位置」にあるのかという点についてこれまでの解説の内容をまとめ，概略を示しておきましょう。位置とは言え，当然ながら意識は空間的なものではありません。しかしながら現象学において意識は層構造を持つと分析されています。その考えにおいて感覚は，層構造の深層に位置し，意識の作動における根本的な役割を担っています。このことを上述における身体運動の感覚と関係づけるとき，意識の構造を理解しておくことは議論の前提として有益であると考えられるのです。すでに「I.　はじめに」と「II.　本論のねらい」で少し触れてはいますが，もう一度繰り返して確認しましょう。

(1)　能動的綜合の層

　意識は基本的に，顕在的な層と潜在的な層の二層に分かれています。顕在的な層では自我（はっきりとした「この私」という意識）が判断や計算など言語的，論理的な活動を行っています。このとき自我は，感覚されたものにしろイメージ（表象）されたものにしろ，それらに対して判断「する」のか，表象「する」のか，計算「する」のかといった，意識の「働かせ方」を担っています。これがノエシスと呼ばれる能力でした。そして，その働きの「素材」となるのが，感覚された「もの」やイメージされた「もの」というノエマでした。これら二つの契機によって，顕在的な，自我的な意識が構成されることを「ノエシス‐ノエマの相関関係」というのです。ここまでは上で述べたことの補足ですので，遡って参照しながら確認してください。

(2)　受動的綜合の層

　ここから重要な部分に移ります。それは，上でも問題として提示したように，

自我が素材とするノエマがどこから来るのか，という点です。これについての答えが，「潜在的な層，すなわち意識の深層における無意識の受動的綜合という働きによって形成される」ということになります。

　我々の意識は，身体において感覚が生じた際に，その生の感覚を覚起や連合といった働きによって，自我によって捉まえることのできるものへと形づくっています。覚起とは，簡単に言えば，与えられた感覚に対して，これまで経験されて記憶に薄れながらも残っている感覚や意味の枠組み，すなわち「空虚形態（言わば感覚の記憶）」や「空虚表象（言わば知覚や表象，概念の記憶）」を「呼び覚ますこと」です。そして，連合とは，簡単に言えば，与えられた感覚やその意味について，「似ているもの同士を無意識にまとめる働き」です。これらの働きが絡み合い，全体としてノエマ的なものを形成することが受動的綜合と呼ばれるのです。したがって受動的綜合は，自我が適切なノエシスを選択するために，先行して一定の意味を持ったノエマを準備するという働き全体のことを示す言葉であると理解できます。そしてここでこの受動的綜合において特筆すべきは，その潜在的な層としての「広さ」と「深さ」です。

　そもそも，身体に生じる感覚は無数にあります。意識に上らずとも，耳は音を聞き，肌は衣擦れを感じ，足の裏は圧力を感じています。視覚においてさえ，網膜に光が届いていたとしても，注目していなければ見えていないも同然です。そうした，意識には上らないが，しかしひとたび自我の関心が向けばその感覚に注目することができるという体験は，この受動的綜合において，身体感覚をノエマ的なものとして広く準備しているということによって成立しているのです。こうした感覚を感覚にするために，その記憶としての様々な空虚形態が無数に拡がっている広大な領野を「空虚地平」と呼びます。そうした無意識に準備される様々な感覚は，受動性の層においてマグマのように蠢きながら自我の対向を待ち構え，かつ自我をこちらに向かせようと力を溜めているのです。これが意識の上層と下層，すなわち能動的な層と受動的な層を繋ぐ触発と呼ばれる現象です（このことを触発「力」とも言います）。したがって，二つの層はこれら自我の対向と触発の関係の中で常に行き来する通路が開かれているのです。

　そしてもう一方の深さですが，これが特に時間意識と関わります。先ほど言及した覚起や連合による感覚与件のノエマ化は，まさに過去の体験や経験の

蓄積を必要としています。全く未経験のものごとが現れて，すぐにそれが何で
あると同定することは不可能でしょう。また逆に，確かに全く未経験のものご
とでも，それなりに理解したり解釈したりすることが可能なのは，まさに連合
によって過去の似ている経験を引き出して当てはめようとしているからそうし
た経験が可能になっています。つまり，所与した感覚にノエマとして意味内容
を持たせるためには，その感覚に即した経験との，言わば「照合」が必要とさ
れるということです（この照合が正確には相互覚起と呼ばれるのですが，この点に
ついては後述します）。そのため，意識において生じたことがらは，すべて意識
に含蓄されていなければならない，ということが必当然的に明証的であると認
められます。実際，およそ誕生から死に至るまでの間，すべての体験や経験は，
意図的に思い出すことはできないとしても，常に含蓄され続け，過去地平（空
虚地平とほぼ等々の意味であるとして差し支えありません）と呼ばれる，言わば記
憶の蔵に収まっているのです（トラウマにおけるフラッシュバックが生じる理由
もこのことから説明可能でしょう）。そしてまさにこの記憶の蔵を形成し，維持
するために必要な意識の能作が，過去把持をはじめとする時間意識の働きなの
です。

　これまで述べられたことを整理するために，意識全体の見取り図を以下に
示してみることとします。

　この図 1 にはまだ説明されていない言葉も含まれていますが，論を進めるに
あたってその都度解説していきます。ここでは差し当たり，能動的綜合と受動
的綜合の配置的な関係を掴んでください。ここを確認して，意識の構成にとっ

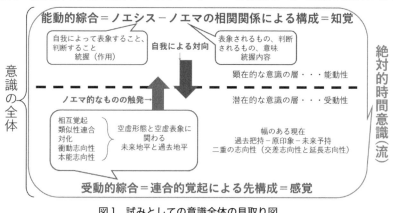

図 1　試みとしての意識全体の見取り図

て最重要な能作，時間意識の解説へと移りたいと思います。

Ⅴ．時間図式の解説―過去把持と未来予持の理解―

　以上のように，時間意識の働きは意識の層構造から見ても重要な働きを担っていることが認められます。この点について，さらに時間意識を成立させる過去把持と未来予持の特徴の解説を試みたいと思います。

(1) 時間図式

　時間意識とは，一言で言えば「時間をつくる意識」です。我々は時計の時間や太陽の動き，四季の移り変わり，ニュートン力学の絶対的時間軸，相対性理論における時間の伸び縮みなどを，時間の在り方として一般的にイメージしています。しかもそれらを我々は，我々の主観とは関係のない客観的な存在であるとみなしています。しかし，現象学的還元において内的意識に立ち戻れば，そのような時間に対する認識は，ある一定の意味づけと関心によって事後的に設定されたものに過ぎないということが分かります。例えば，どのような時間に対する認識やイメージであっても，それらはＡという事象がＢという事象の「前にあった」とか，Ｃの事象が「次に来る」など，先後関係の順序が秩序づけられることを絶対的に含んでいます。我々が何かを意識するとき，端的に先にあったものと今のもの，これから来るであろうものが区別できなければ，「時が流れる」という意識自体を持ち得ません。それは特に身体の感覚で言えば，その感覚の「今」と，その今より前に感覚が「あった」ということ，そして今より後に感覚が「来るだろう」ということが無意識的に秩序づけられることによって成立していることから，時間が流れているように認識されるのだ，ということです。つまり具体的な体験にしろ抽象的な概念にしろ，それらを「時間的なもの」と認識するためには，意識による根本的な先後関係の秩序づけの構成が前提となっていなければならない，ということです。

　したがって内的意識において時間的なものが何らか見出されているのであれば，これまで述べてきた通り，意識に生じた現象の変化と持続それ自体が元になっているということが明らかになります。そしてこのような，諸感覚における持続と変化を無意識に秩序づける働きが過去把持と未来予持に他ならないのです。それらは，「志向的な充実化と脱充実化」，そして「交差志向性と延長

志向性」という性質をそれぞれ持っています。

　では，今述べた過去把持と未来予持が持つそれらの志向性の性質（機能）を見ていきましょう。

　直線 E 上における○を意識に所与された感覚だとします。このとき与えられている感覚は，色でも音でも運動感覚でも，何でも構いません。この感覚の所与をフッサールは原印象とも呼びます（ここでは説明のため，便宜的に直線 E に様々な色が最初から配置されていますが，何らかの原印象が実在的に存在して，それを順番に認識しているということではありません。実在する何らかの対象をサーチライトのようにピックアップして印象が生じるのではなく，あくまでも志向的な構成として内的意識に現れているという，超越論的意識における説明であるということを改めて確認してください）。どんな感覚も，それが生じた時点を直観の強度の最高点として，徐々に弱まっていきます。図 2 では，直線 E の下部に表わされている○がそれです。色や輪郭が徐々にぼやけていっています。この弱まっていくことを「脱充実化していく」とフッサールは表現します。この脱充実化ということは，音で例えるのであれば「鳴り止んでいく」というような表現で言い表されるように，徐々に印象が薄れていくという，誰にとっても自明の現象です。

　そして「充実化」というのはその逆です。この図 2 で言えば，直線 E より上部に位置するぼんやりとした，色の薄い，輪郭がはっきりしていない○がそ

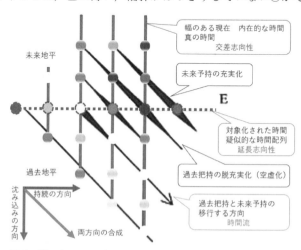

図2　試みとしての時間図式　その1

れです。このぼんやりとした○は，確かに未だ感覚としては生じていませんが，次にこれこれの感覚が生じるだろうという，言わば「期待の高まり」のようなものです。直線 E に近づくにつれ，色や輪郭がはっきりしてきます。その期待の通りに感覚が生じれば，「充実した」ということになり，色や輪郭が鮮明なものになります。もちろん，期待の通りに充実しないこともあります。その場合は，「不充実」ということになり，我々の体験で言えば，「予期外れ」という現象として認識されます[13]。

　そして特に重要なことは，そうした充実化と脱充実化の交互的な働きによって移行していく志向的な内容は，常に過去へと含蓄され，そしてその含蓄した内容が次の予期への，言わば「種」になっていく，ということです。上述の通り，体験や経験は過去地平へと沈み込んでいくのですが，この過去地平は翻って未来地平としても機能します（フッサールはこのことを鏡写しの関係とも表現します）。例えば，信号機の色の変化において，青，黄，赤と変化するという経験が蓄積されれば，次に信号機を見た際に色が黄色であれば，「次は赤が来る」という予期が生じるようになります。仮に信号機の故障で黄色の次に青が来れば，その期待は充実されず，「あれ？おかしいな」という予期外れという意識が生じます。つまり，未来にどんな志向を投げかけるかは，体験や経験の蓄積に依存しているということになります。この体験や経験の蓄積と投企に関わる一連の時間意識の働き方は，学習という現象の原理にも関わるものだと言えるでしょう。

　これらのことをフッサールは『ベルナウ草稿』において，前者の性質を過去把持に割り当て，後者の性質を未来予示持に割り当てています（vgl. HuaXXXIII, S. 20- 49）。このように，感覚に対する志向的な充実化と脱充実化の交互的な移行の繰り返しによって，時間の流れが構成されているのです。

　では，この時間図式を具体的な運動に適用してみましょう。跳び箱を例に採ります。跳び箱には助走，踏み切り，着手，着地など，様々な局面がありますが，着手の瞬間を「今」とした場合，時間意識の在り方は以下の図 3 のようになります。

　縦長の実線の枠で囲われているイラストは，着手の瞬間という現在が中心に

13　ここで重要なことは，この予期外れという，未来予持的な志向が不充実であったということ自体でさえ，意識はそれを体験として掴んでいくという性質を持っている，ということである。これについての詳細は，武藤（2018）の第 2 章第 1 節（2）を参照のこと。

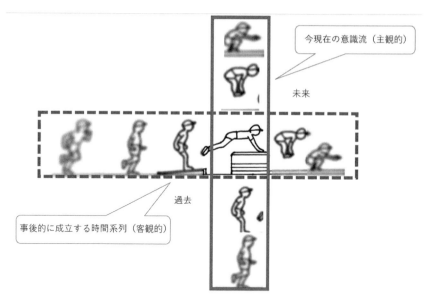

図3　試みとしての時間図式　その2

あり，上部に次に来る空中局面と，その次に来る着地の局面のイラストが，次
に来るであろう局面の「近さ」に従って中心から離れるように順に描かれてい
ます。これは，中心に近いほど近い未来を示し，遠いほど遠い未来を示してい
ます。遠い未来ほど，ぼやけたイラストになっています。これは充実化の度合
い（期待の高まりや確実性）が未だ低いということを示しています。反対に下
部のイラストは，直前の踏み切りの局面が直下にあり，その下に助走の局面が
描かれています。これは，中心に近いほど近い過去を示し，遠いほど遠い過去
を示しています。遠い過去ほど，ぼやけたイラストになっています。これは
脱充実化の度合い（いわゆる記憶の薄れ）を示しています。つまりこの縦長の
枠におけるある現在の瞬間とは，こうした過去把持（下部）と未来予持（上部）
の内容（志向）がそれぞれに移行しながらある一つの位相（縦長の枠）にその
瞬間の現在として保持することで，層をつくるように重なり合うように成立し
ているということになります。

　この重なり合いは，時間図式において縦軸に表現される交差志向性によっ
て成立しています。戻って図2における一本一本の縦軸を見てください。感覚
の現在という最大充実点を境に，図の下部に過去が順次的に重なり，同様にし
て上部には未来が重なっていきます。この位相間の重なり合いという関係づけ

を交差志向性が担うのです。こうして，過去把持と未来予持の移行によって各現在に過去の体験と未来の予期がある現在の一時点に一度に生じることになるため，「現在には幅がある」と言えるのです。

　他方，図3の横長の破線の枠で囲われているイラストを見てください。着手の瞬間を今現在として見た場合，助走と踏み切り側が過去であり，遠い過去ほどぼやけています。反対に空中局面と着地側が未来であり，遠い未来ほどぼやけています。ここには先に見た縦長の枠における交差志向性と同じ構造が見られます。しかし，この横長の枠がそれと異なるのは，以前のどの瞬間の局面にもあった縦長の枠の最大充実点だけを繋ぎ合わせている，という点です。つまりこの横長の軸は，本来どの瞬間の局面にも交差志向性による幅のある現在が記憶や期待の層として成立していますが，それらの各局面における印象の最もはっきりしている層だけをまとめ上げることによって，疑似的な時間の系列を構成した結果なのです。この印象の最大充実点だけを取り集めて疑似的な時間秩序を作り出すのが延長志向性と呼ばれる志向性の働きです。特にこの延長志向性によって構成されている疑似的な時間秩序が，我々が持つ一般的な時間の概念の形成に関わっています[14]。

　以上のようにして，簡単な例ではありましたが，時間意識の構成プロセスが単に視覚や聴覚などの諸感覚の変化や持続を説明するだけでなく，運動（感覚）についても援用して考えることができるということを示せたかと思います。すでに金子明友は，こうした過去把持と未来予持の協働による意識流をスポーツに関連づけて理解することについて，「客観的にはまだ存在していない未来の運動先読み（プロレープシス）という能力も，客観的にはもはや存在していない運動想起（アナムネーシス）という能力も，すべて今ここの私の運動能力として，われわれの発生論的運動研究の分析対象に取り上げることができる」[15]と述べています。この点について現象学的にパラフレーズするならば，以下のように考えることができるでしょう。例えば新たな運動に挑戦する際に我々は，「この動きはできそう」という未来予持によって運動形態の先取りと動機づけ

14　ここで説明された交差志向性と延長志向性は，いずれも過去把持と未来予持の能作が持つ構成の性質である。これらは，過去把持や未来予持と別の志向性というわけではなく，過去把持と未来予持が時間意識の系列をつくる際の働き方を示す名称である。したがって，過去把持と未来予持の両方とも，交差志向性と延長志向性の性質を具えているということである。

15　金子明友『わざの伝承』，明和出版，2002年，p.465参照。

図4　試みとしての時間図式　その3

（傾向）が準備されます。この準備ということは，「この動きはまだ経験していないがこれまでの運動に似ているところがある」という過去把持によって類似の記憶を根拠にすることで成立しています。したがって，運動を実行へと移すということは，意識構成の推移，すなわちこうした過去把持と未来予持の能作の編み合わせが関わり，ひいてはこれらの時間意識の能作が運動性の根源であると理解できるのです。

(2) 客観的な時間の構成

　一般的なイメージでは，幼い頃から算数や数学の学習で培われた数直線の先入観から，時間の流れを横軸に捉えがちであろうと思います。しかし現象学的還元によって見いだされる内的時間意識の構成プロセスの理解からすれば，それは事後的に対象化されたものであると言えます。この時間の数直線的なイメージから，そのまま時間を客観的な事象の系列であるとするような，そうした一般的な時間の流れのイメージが成立することにも理由があります。

　図5を見てください。この図では，前の図2，図3で見た交差志向性によって成立している縦軸や縦長の枠は，上向きの矢印と下向きの矢印の2本で，山を登って下りるように表現されています。これらの矢印が内的意識において見出される真の時間，内的な時間意識の体験なのです（縦長の枠を実線で示した理由は，「真の時間」であるということを示す表現です）。他方，意識において最も鮮明に捉えられる，上述した原印象の最大充実点（山の頂点 O, E_1, E_2…）を結んでいくと，一つの時間的な系列が新たに現出します。それが OE の矢印です。この相前後する各縦軸間の最大充実点を統一的に結びつける働きを担うのが，先に述べた延長志向性という性質です。つまり，この延長志向性によって，交差志向性の相前後する各現在の位相が束として関係づけられるのです。この疑

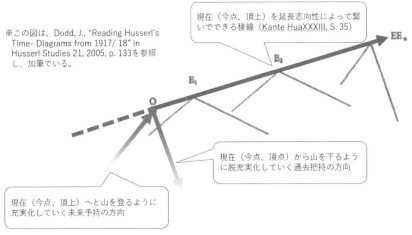

図5　試みとしての時間図式　その4

似的な時間系列の対象化が，客観的な時間として認識されるようになります（上でこの OE の矢印に対応する横軸ないし横長の枠を破線で表現しましたが，それは「疑似的な時間」を示すためのものです）。

　以上のようにして，時間意識の働きから様々な意味での時間の構成が理解されます。しかしながらもう一つ述べておくべきことは，すでに上で少し触れましたが，未来予持の重要な特徴である「傾向」ないし「動機づけ」という性質です。未来予持される内容は，上述の通り過去把持をもとにしていますが，しかし未来予持は，唯々諾々と過去把持の内容に従うだけではありません。というのも，例えば我々は常に様々な現象に出会いますが，その現象に対して，ポジティブな場合は「好奇心」という精神的な状態となり，ネガティブな場合は「恐怖心」という状態になります。確かにそれらの精神状態は経験に依存することもありますが，しかし例えば，同じだけの回数を練習しても，次の試技に自信を持つ場合もあれば，不安を持つ場合もあります。こうした確定的でない，その都度の状況や条件によってゆらぎのある未来への意識はなぜ生じるのでしょうか。その理由は，未来予持に，次に来る感覚への予期ということについて，ある程度の「開放性」があるからです。この点について，次節で詳しく見ていきましょう。

VI. 連合と触発による発生ー運動発生の事例を通じてー

　上述の通り，時間意識の構成には，図式における移行の形式的な説明だけで
は「発生」の内実についての説明が不足しています。ここでは，具体的に質的
な内容を持った感覚が発生するプロセスを，時間意識の働きとともに解説をし
ます（本節における説明は，図解による受動的綜合の可視化を試みていますが，
それらはあくまで説明の上での便宜的な表現であるということを注意してください）。

(1) 受動的綜合における諸能作とその構造

　受動的綜合における最も重要な働きは，原連合です。この原連合とは，あえ
てその働きの性質を細分化すれば，相互覚起と類似性連合，そして対化である
と言えます。それぞれを簡単に説明するとすれば，以下のように言えるでしょ
う。

　　相互覚起……感覚与件と過去地平に沈む意味の枠である空虚形態や空虚表象
　　　　　とが呼び覚まし合い，感覚内容や意味内容（ノエマ的なもの）が形成さ
　　　　　れること

　　類似性連合……空虚形態，空虚表象の間で，似ている似ていないという性質
　　　　　にしたがって覚起し合い，感覚内容や意味内容（ノエマ的なもの）の性
　　　　　質に即して布置形成されること

　　対化……連合する諸項の接触によってもたらされる，それらの差異化による
　　　　　際立ち

　まず相互覚起について解説していきましょう。図6の一番左側のイラスト
を見てください。相互覚起とは，すでに上で言及していますが，感覚が生じた
際，それと空虚（過去）地平に眠る様々な空虚形態や空虚表象が互いに呼び覚
まし合うことです。図6では，輪郭の曖昧な感覚与件が与えられた際，それが
相互覚起によって破線で示した様々な空虚形態と照合されます（似ているもの
に当てはめようとする連合が作動しています）。ここで丸の破線と合致したとき，
「感覚内容（ノエマ的なもの[16]）」が成立するのです。

　　ここで言われる空虚形態とは，感覚の記憶であり，空虚表象とは，感覚よ

16　ここでノエマ「的なもの」と表現されているのは，このノエマ的なものが触発によって能動性の
　　領野に引き上げられ，何らかのノエシスと相関関係を結んで初めて，「ノエマ」として確定するか
　　らです。

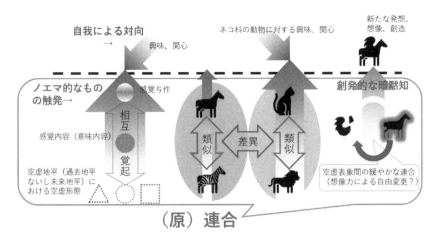

図6　試みとしての受動的綜合の見取り図

りも高次の表象，知覚，概念などの記憶と考えてください[17]。では，なぜこの
呼び覚まし合いが必要なのかというと，それは，感覚は生じた際には，いわゆ
る生のままであり，それが「何である」という意味を未だ持っていないからで
す。極端な例ですが，生まれて間もない乳児に丸い何かを見せても，それを「丸
いもの」という認識はできません。色も同様に，赤や黄色というそれぞれの色
の名辞的な意味を最初から持っているはずはありません（この点について，可
視光線が網膜に反射している，というような自然科学的な説明はここでは何の意味
も持ちません）。乳児は，発達とともに徐々に感覚とその意味を獲得していくの
ですが，それはまさに多くの様々な感覚の体験や，養育者の発する言語と対応
させる経験などの蓄積を経て，この感覚与件はこの感覚内容を持つものである，
と把握できてくるようになるのです。例えば，身体にはその受容器官に即して
同時に無数の感覚が与えられています。しかしそれらの混沌とした感覚の群れ
は，過去把持による体験や経験の蓄積とこの相互覚起によって，視覚なら視覚，
聴覚なら聴覚というように，適合する経験へと振り分けられていきます。つま
りここにこそ，過去把持の能作が必要であるというこれまでの議論が関係して
いるのです。空虚形態が記憶として過去地平に残るということは，言わずもが
な過去把持の能作に拠ります。そしてその感覚与件に適合するような，過去把
持されて空虚になった体験や経験を合致させるという受動的志向性，すなわち

17　この点について，山口（2011）を参照のこと。

相互覚起が働くからこそ，ようやく感覚が感覚として意識において成立するのです（ちなみにこの相互覚起は，感覚が生じた際に即座に，同時に起こる働きです。このことは，フッサールが『時間講義』において原印象と過去把持が同時に生じると述べる点とも一致しています（vgl. HuaX, S. 326））。

そしてその相互覚起によって成立した感覚内容は，ノエマ的なものとして自我を「触発」します。この触発の度合いは，感覚の強度が高ければ（例えば異常に熱いとか冷たいとか），強い触発力を持ち，優先的に自我を対向させ，はっきりとした意識へと上っていきます。逆に強度が低ければ（例えば音が小さすぎる，単調な変化しかないなど），触発力が弱く，自我の関心が向かないので，対向が起こらない，つまり意識に上らないということになります。

さらに他方では，連合という言葉の本意である「似ているもの同士をまとめ上げる」という働きも起こっています。図6の真ん中のイラストを見てください。上述の相互覚起における感覚与件と空虚形態という印象と記憶との合致にも関わるのですが，連合は，例えば猫と虎が似ている，馬とシマウマが似ているなど，色や形（もちろん音色やリズムなどでも構いません）が似ているもの同士を類化する働きがあります。つまり，過去地平や未来地平に眠る空虚形態や空虚表象の間でも特徴や性質に応じた類似の集合や，それによって逆に似ていないという差異化が生じているということです。

例えば，ある一定のシュートフォームを練習するとき，その都度の試行において1回目は「上手くできた」，2回目は「上手くできてない」という体験がそれぞれ過去把持されます。ここで連合ということを考えると，過去把持されたそれぞれのシュートフォームが一回一回の体験として蓄積される際に，「徐々にフォームが固まっていく」，「悪い癖が出なくなっていく」という体験が現象学的に説明できるようになります。つまり，その都度沈み込んだフォームの空虚形態が，例えば3回目は「上手くできた」，4回目は「上手くできていない」となった場合，1回目と3回目の良いフォームが「良い」という動きのかたちでまとまりを持ち，2回目と4回目の悪いフォームが「悪い」という動きのかたちでまとまりを持つことになります。すると，類似の価値観でまとまりをもったそれぞれのフォーム同士が互いに差異化されることにもなります。このような類似と差異が連合によって生じるからこそ，5回目の動きを目的の方向へと変えていけると考えられます。こうしたことから，連合における

類似性という性質は，あえて空間的に表現するならば，垂直方向に相互覚起として，水平方向に（まさに地平として）空虚形態ないし空虚表象間の類似性連合（類化）として機能していると考え得るのです。

　そしてもう一つ，空虚表象の意味の枠が脱充実化という過去把持の性質により過去地平の中でぼやけることによって，「新たな」予期が成立するという点についても，類似性連合，つまり空虚表象間の連合は，そのことに説明を与えることができます。例えば新たな発想が生まれる際に，図6の例としては一番右側のイラストになりますが，馬に鳥の翼をつけてペガサスという架空の存在を閃くということを考えてみましょう。その際には，意味の枠がぼやけて「融合する」ということが起こっているのではないかと考えられます。これまで説明してきたように，過去把持が感覚の現在を脱充実化しつつ保持するとき，その内容は輪郭を曖昧にしてぼやけていきます。このぼやけた内容,いわゆる「意味の枠」が「空虚表象」（言語的なものやイメージ）や「空虚形態」（感覚）と呼ばれるのでした。このような記憶された体験や経験が未来予持の性質によって未来に投影されるのですが,その際この意味の枠が緩やかになることによって,予期の内容が様々な可能性を持つことになります。これは未来予持における空虚形態ないし空虚表象の不確定性と呼ばれます。この点が，未来という不確定にして「新たな」予期や充実を可能にする条件であると考えられます。これが未来予持の開放性という性質です。したがって，この性質を前提とすると，馬と翼という全く異なる表象であっても，類似性という意味からは確かに外れるのですが，しかし空虚地平（過去地平）における遊動性（意味の枠が曖昧になること）の中で，まとめ上げるという連合の働きにより，新たな意味の枠が生じる可能性はある十分に生じると考えられます[18]。

　受動的綜合はまさに暗黙知の生成の場であり，新たな発想という創発の現場です。その仕組みについては，仮説的にこのような説明も可能かと思われます。もちろん，この仮説の立証は現象学的に明証的な体験を持つか，あるいは必当然的明証性を持って示さねばならないのですが，しかしこれらのことは差し当たり，身体運動やスポーツの現場で生じる事例を持って傍証を与えること

18　この点については，想像という意識の働きが当然関わるのだが，フッサール現象学では本質直観における自由変更の問題に関わり，非常に重要である。しかしながら，想像という意識の働きについては，フッサール現象学研究の中でもさらなる究明が必要な問題群であり，その詳細については別稿に譲らざるを得ない。

ができると考えられます。

(2) 触発と借問，そして創発

　上の問題に答えるために，一旦その問題から離れ，新たな運動を獲得する学習プロセスと，触発と借問の関係についての試論を述べたいと思います。

　2018 年の運動伝承研究会で金子一秀が提示した，幼児のジャンプの事例[19]を用いて，新たな運動ゲシュタルトの獲得のプロセスを現象学的に分析してみましょう。この事例は，2, 3 歳くらいの子どもが，10 cm ほどの台にジャンプして跳び上がるとき，怖いのか何なのか，もじもじしながら跳び上がろうとする（おしりをぴょこぴょこ上げたり，ズボンの裾をきゅっとつかんで上へ引っ張り上げたりするような仕草をする）が，結局跳び上がれないという状況から始まります。しかし，台を 5 cm に低くして，跳んでごらんと言うと，すぐ跳べてしまいます。もじもじが何であったのかというぐらいあっけなくクリアしてしまうのです。しかもその子は，その 5 cm の台を跳んだ以降，10 cm の台も躊躇なく一瞬で跳ぶようになります。これを時間意識と受動的綜合において説明するとすれば，以下のようになるでしょう。

　　1. 「跳ぼう」という未来予持的な動機づけはあるが，「跳んだ」という過去把持がないため，葛藤してもじもじする。未知の行為は「怖い」という本能的な志向性とともにあり，その触発力が強いため，自我の対向がそちらに引っ張られ，行為の実現を阻害する

　　2. 高さが下がったことで「怖い」という志向の触発力も下がり，そこへの対向が生じなくなったため，「跳ぼう」という未来予持的な動機づけ

1. 10 cm の台の高さに跳び上がれなくてもじもじしている

2. 5 cm の台に変えたところ，すぐに跳び乗る

3. すぐさま 10 cm の台にチャレンジして跳び乗れてしまう

4. できたことに喜ぶ

図 7　幼児のジャンプにおける学習プロセスの事例

19　第 17 回運動伝承研究会（2018 年 6 月 3 日，東京女子体育大学），第 1 部コロキウム講義「改めて運動学とは何かを問う」において示された幼児に動感発生にまつわる事例のことである。金子一秀および動画提供者の許可をいただき，使用した。

が充実していき，実際の行為となって現象する

3．「跳んだ」という過去把持を得たために，「跳ぼう」が「跳べる」という未来予持に変化した。特に「跳んだ」という過去把持は台の高さによる「怖い」という志向の触発を弱め，対向させなくする

4．「できた」という充実の体験は「快」として意味づけされる。また，この体験はジャンプという行為のコツとカンとして身体知になる

以上のように，新たな運動ゲシュタルトの獲得は時間意識と受動的綜合，特に触発の変様によって現象学的な説明は可能であると思われます[20]。ここで注目すべきことは，触発力の変化という点です。何か行動を起こそうとするとき，それが意識的にしろ無意識的しろ，その行動を「起こそう」ということで未来予持的な傾向や動機づけが働いています。全く未来予持のない状態で行為や思考が起こるということは，体験においても，時間意識の構造からも考え難いことから，そのように言えます。つまりこの触発は，平たく言えば「やる気」や「自信」，「結果の先取り（予測）」とも言えます。この触発や未来予持の変化は，外的な環境要因（アフォーダンス）に左右されることもありますが，スポーツにおいては，自らのイメージトレーニングや指導者からのコーチングに大きく影響されるものでしょう。特に幼児ではない成人の，あるいは成人でなくとも言語的な指示が理解でき，意図の伝わる選手にとっては，どのような声がけがされるのか，その状況，雰囲気にどんな意味があるのかということに敏感です。何かのきっかけで技への触発力が小さくなり，あるいは阻害されれば，単に（自我的な）意識の問題だけでなく，身体動作にまで影響が及びます。なぜなら，まさに触発が運動「感覚」に関わる受動的綜合にその根を持つからです。

これまでの説明，考察を前提とすれば，コーチングはただ声をかけたり，こちら側が熱心になったりするだけでは足りず，だとすれば受動的綜合の領域に

---

20 そしてここで注意しなければならないのが，跳ぶという動作の獲得を量的に分析してしまうことである。10 ㎝が跳べなくて 5 ㎝に下げたから跳べたというところの外的な事情，状況設定だけを取り上げて，では 9 ㎝なら，8 ㎝ならという検証は全くもってナンセンスであると言える。そうした検証を行っても構わないが，心理的な変化や跳ぼうとした動機づけという，「この動きをしよう！」という目的的な意識の変化とその実施について，何の説明にもならないと思われる。また，統計を取って 100 人の子どもの平均を取って，では 7 ㎝からなら，あるいは平均的な身長体重の 2 歳なら，などと言ったところで，それらの子ども一人一人の現実に何もコミットしないのも明白である。主観的な意識を平均化などできない。人間はロボットではないのだから当然である（高度な AI であったとしても同様である）。もちろん，その検証結果はある程度の物差しの役割くらいはするだろうが，本当に知りたいはずの新たな運動，動作の獲得，身体性と運動性の拡張ということの説明にはならないだろう。

そのコーチングの意図や目的を届かせなくては，そもそも選手や生徒の触発を
コントロールできないということになります。では，どのようにして他人であ
る指導者が選手らの内的意識へと関与することができるのでしょうか。その方
法がまさにスポーツ運動学における借問分析です。

　借問分析は，単に外面的な，客観的なデータから動きや技を指摘，指導す
るのではなく，志向分析という手法によって選手の内面に深く入り込もうと
することによって成立します[21]。選手の内面とはつまり，選手のパトスであり，
それにアプローチしようとしなくてはならないのです。当然ながら，このこと
は並大抵のことではなく，指導者の経験や選手との信頼関係，ともに過ごした
時間の長さなど，両者がそれぞれの受動的綜合をともに醸成していくような関
わり合いが必要となります。単に借問と言って言葉だけで尋問することは，借
問に対する筋違いの理解です。上述の通り，パトスはもちろん受動的綜合の領
域であり，そして身体そのものの領域であるのですから，指導者の意識がそこ
に届かなくてはなりません。そうしたことを可能にする契機は，実は体育やス
ポーツの領域ではすでに習慣的に成立しているものです。それは継続的，恒常
的な練習や，合宿や遠征試合をはじめとした寝食をともにする経験であると考
えられます。

　どの競技においても，本気でトップアスリートを育てようとする，また実際
に育てた指導者は,生活レベルで選手との二人三脚を行っています。もちろん，
単に長時間の練習をするだけではなく，生活のモードを合わせ（食事をともに
したり，就寝，気象の時間を合わせたり），競技や練習以外の何気ない会話を重ね，
かつ本気で技の議論をも彼らは行っている実情は，ここに縷々として記述する
必要もないでしょう。つまり，そうした間主観性はもちろん，さらに奥深くの
間身体性のレベルでの両者の共鳴が成立してこそ，選手はパトスの部分で指導
者を信頼し，その指導者の求める理想の技を見つけ出し，その達成に努力する
ことになるのでしょう（もちろん，そうしたことは依存や同化という病に発展する
こともあるため，この共鳴という現象には注意も必要です）。

　したがって，以上のことから，新たな運動ゲシュタルトの獲得に関わる学習
や創発に受動的綜合における原連合の諸能作が関わると言い得るのです。特に
空虚地平における空虚形態や空虚表象それぞれの間の連合や未来予持の傾向，

21　この点について，佐藤徹『現象学的スポーツ運動観察論』大学教育出版，2018 年を参照のこと。

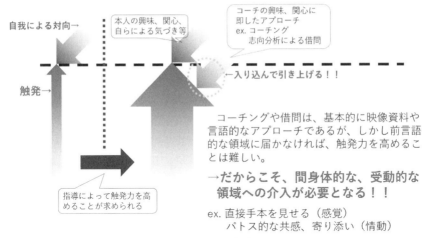

図 8　触発の構造

動機づけによる触発は，伝承という現象に対して現象学からの説明可能性を与え得ると考えられるのです。

VII. おわりに

　最後にまとめとして，以下の点を提示して本論考を終えます。

1. 未来予持の傾向と過去把持の覚起は，無意識的な受動的綜合としてその都度の運動の局面ごとに生じている

2. 過去と未来の地平における連合を駆使して，自らの能力を新たに形成していくことは，まさに発生と呼び得る現象である

　こうした理解とともに，スポーツ運動学が「私はできる (Ich kann)」という意味を持った運動ゲシュタルトの発生を目指しているということについて，現象学の諸理論が寄与し得ると言えます。このことを一言で言えば，それは時間意識と受動的綜合が相関することによって発現する「可能力性 (Vermöglichkeit)」[22]である，と理解することができるでしょう。この可能力性に目を向けることこそが，発生を導く指導となり，伝承を実現させる要件になると考えられるのです。

　本論考では様々な試論を展開しました。これらの試論は未だアイデアのレベルであるのが実際のところです。ですので，これらの試論の妥当性が低いとは

22　Landgrebe, L., *Phänomenologie und Geschichte.* Gütersloher Verlagshaus, Gerd Mohn, 1968, S. 139f.

思いませんが，確定的に言い切るためには，さらなる研究を要します。しかし
ながら，これらの試論がここに提示されることで，さらに正確な理論構築に発
展したり，実践における契機として用いられたりした際に，スポーツ運動学と
現象学両者の研究を進展させる可能性は十分にあると考えています。ここに記
述されていることをそのまま鵜呑みにすることなく，自らの体験や経験に定位
して，発生運動学のさらなる理解を一人一人が目指していかれることを期待し
ます。

参考文献
〈**Husserliana**〉
Bd. II: *Die Idee der Phänomenologie*. Fünf Vorlesungen. Hrsg. von W. Biemel, den Haag, M. Nijhoff, 1950.（邦訳：『現象学の理念』立松弘孝訳，みすず書房，1965 年）
Bd. X: *Zur Phänomenologie des inneren Zeitbewusstseins (1893-1917)*. Hrsg. von R. Boehm, den Haag, M. Nijhoff, 1966.（邦訳：『内的時間意識の現象学』立松弘孝訳，みすず書房，1967 年）
Bd. XVI: Ding und Raum. Vorlesungen 1907. Hrsg, von U. Claesges, den Haag, M. Nijhoff, 1973.
Bd. XXIV: *Einleitung in die Logik und Erkenntnistheorie.Vorlesungen 1906/07*. Hrsg. von U. Melle, den Haag, M. Nijhoff, 1984.
Bd. XXXI: *Aktive Synthesen: Aus der Vorlesung „Transzendentale Logik" 1920/21*. Hrsg. von R. Breeur, Kluwer Academic Publischers, 2000.（エトムント・フッサール『能動的綜合講義・超越論的論理学 1920- 21』山口一郎，中山純一訳，知泉学術叢書，2020 年）
Bd. XXXIII: *Die „Bernauer Mannuskripte" über das Zeitbewusstsein (1917/18)*. Hrsg. von R. Bernet, D. Lohmar, Kluwer Academic Publischers, 2001.

〈その他の文献〉
Dodd, J., „Reading Husserl's Time- Diagrams from 1917/ 18", in Husserl Studies 21: pp. 111-137., Springer, 2005.
Holenstein, E., Phänomenologie der Assoziation. Martinus Nijhoff, The Hague, Netherlands, 1972
金子明友「運動観察のモルフォロギー」『筑波大学体育科学系紀要』第 10 巻, 筑波大学, 1987 年
　　　――『わざの伝承』，明和出版，2002 年
Landgrebe, L., *Phänomenologie und Geschichte*. Gütersloher Verlagshaus, Gerd Mohn, 1968
クルト・マイネル『スポーツ運動学』金子明友訳，大修館書店，1981 年
武藤伸司『力動性としての時間意識』知泉書館，2018 年
佐藤徹『現象学的スポーツ運動観察論』大学教育出版，2018 年
山口一郎『感覚の記憶　発生的神経現象学研究の試み』知泉書館，2011 年

スポーツ運動学と発生現象学の共創

金子一秀

§1. スポーツ運動学は現象学を基礎におく

〈動きかたの気づきの違い〉

　「現象学とは何かという」難題を私たち運動学の研究者がそう簡単に説明できるはずもありません。しかしなぜスポーツ運動学が，フッサールの超越論的現象学に関心を示すのかは，実践現場の例証から説明することができます。そこで現象学者山口一郎の『現象学ことはじめ』の一節を紹介します。「フッサールの現象学は，このような，まさに，思いが起こっていたり，起こらなかったり，あることに気づいたり，気づかなかったり，何かに関心を向けたり，向けなかったりすること，この日常起こっている当たり前なこと，それらがいったいどうやって起こったり，起こらなかったりするのか，このことを最も厳密に学問として，すなわち，哲学として解明することができるのです。現象学では，この「思い」とか，「気づき」とか「関心」は，すべて「意識」の働きとして総称され，意識の作用とそれに相応した意識の意味内容という「意識の志

向性」の働きが，ありとあらゆる「意識」にわたって分析され，どのように生じているのかが解明されます」[1]と説明しています。

　これがなぜ体育や競技スポーツの実践可能性と関係するのでしょうか。例えば〈動きかた〉の練習をしていて「何かできそうな気がしてきた」ということがあります。まだできたことのない〈動きかた〉に，どうしてこのような意識がもたらされるのでしょうか。また，「全くできる気がしない」ということもあります。どちらもこれから動きを行う前の意識ですから，分析する対象となる〈動きかた〉はまだ現れていません。体育・スポーツにおけるこのような〈意識〉の問題を扱うのは，一般に〈スポーツ心理学〉と理解されます。ところが実証主義的心理学では，「日常生活の自然的な反省のみならず，心理学的な学問の反省においても（それゆえ，自分の心的体験についての心理学的経験においても），私たちは，存在するものとしてすでに与えられた世界という基盤のうえに立っている」[2]ことになります。つまり，「できる気がしない」という心理現象がすでに人間には生じており，それを引き起こす理由を探すことになります。例えば，人間は「このようなときに，できる気がしない情況に陥る」という因果関係を探ることになります。この自然的定立としての「できる気がしない」ことが，まさに自分の中で起こっていることなのは誰もが分かることです。しかし，「それはなぜか」という問いに打ちのめされているのが，動く本人の悩みなのです。それは，この素朴に関心をもっている自我のうえに，〈現象学的な自我〉が〈無関心な傍観者 (uninteressierter Zuschauer)〉[3]として立てられることによって，一種の〈自我分裂〉がおこっているのです。それは，超越論的な反省として，さらに「無関心な」とは言いながらも，観察し十全に記述するという関心をもった傍観者という態度をとることを要求するのです。

〈動く感じの実践可能性〉

　このことをスポーツ実践場面の習練過程で考えれば，「自分の中のコーチ」という意味ですっきりと理解できます。運動が上手くなりたい私の動機は，自分の中のコーチが分析し思索を重ねます。「ああでもない，こうでもない」と動感経験を分析しながら，「こんな感じでやれば良いかな」など，動感感覚の

1　山口一郎 (2012)：『現象学ことはじめ〈改訂版〉』日本評論社　12頁
2　フッサール／浜渦辰二訳 (2004)：『デカルト的省察』岩波書店　70頁
3　フッサール／浜渦辰二訳 (2004)：『デカルト的省察』岩波書店　72頁

本質開示に向かっていくのです。やがて「こうすればできる」と〈コツ〉を掴み「できるようになる」プロセスは誰でも経験しています。この「できる気がしない」ことは，実証心理学では，それを引き起こす原因を客観的に捉え一般化しようとします。そのような分析を特に問題視するわけではないのですが，そこではその意識が「どのようにして生じるのか」という，個人の意識の〈構成化〉という問題は抜け落ちています。ゲーテは「目的を尋ねる質問，つまり，〈なぜ〉という質問はまったく学問的でない。だが，〈どのようにして〉という質問ならば，一歩先に進めることができる」[4]といいます。つまり，「なぜ，できる気がしないのか」という問いは，「恐怖心を抱くから」という結論にとどめることはできても，「どのようにして，できる気がしないという意識が生まれるのか」という問いならば，その意識の構成化の深層解明へと向かうことになるのです。

　「最初は〈できる気がしなかった〉けど，練習をしているうちに〈できる気がしてきた〉」ということは習練場面では日常的な出来事です。やがて「練習をしたらできた」という結論に至り，「練習をすればできる」という常識が生まれてきます。ところが練習をして経験が積み重なっても，できない人もいます。そこにはどのような違いがあるのでしょうか。〈学習〉という言葉を当てても，その謎は解けませんから「練習量が足りない」という結論に至るのでしょうか。この「練習をすればできるようになるが，練習をしてもできない人がいる」という矛盾を抱えているのが，スポーツの実践可能性なのです。

　言語的思考もままならない幼児でも，反復するうちにできるようになります。一方で〈動く感じ〉を自我意識で捉え，試行錯誤している大人ができないのはなぜでしょう。こうして，動きかたを覚える知能としての，〈身体知〉の問題が浮き彫りになってくるのです。〈身体知〉は，無意識の受動綜合の層において〈事発〉的に解決をしているのです。自らの意識的な〈反省に先立って〉受動綜合の層位において〈身体知〉は，すでに解決の道を模索しているのです。この受動綜合化された営みの深層にこそ〈身体知〉の謎が隠されているから，スポーツ運動学がフッサールの発生現象学を基礎に置くことになるのです。

4　エッカーマン／山下肇訳(2013)：『ゲーテとの対話（中）』岩波書店　305頁

§2.〈身体〉の意味を理解する

〈私の身体と私の物体〉

　〈身体〉という表現は，〈身〉と〈体〉という二つの漢字が使われます。〈身〉は生命のこもった生きものの身体を意味する一方，〈体〔からだ〕〉は〈殻〉〈躯〉の俗語的表現で，生命が失われ抜け殻となった身体を意味しています[5]。それぞれ異なる意味を持つ漢字が二つ合わさって〈身体〉と表現されますから，それはどちらの意味にも捉えることができます。科学的思考に慣らされている私たちは，〈生命的な身体〉と〈物質的な身体〉という二つの身体を〈メンタル〉と〈フィジカル〉と思い込んでしまいます。〈フィジカル〉に問題がなければ，あとは〈メンタル〉の問題というように二元論的思考に陥ってしまうのです。ところが，最近スポーツの世界では〈身体能力〉という言葉をよく耳にします。スポーツ選手が目を見張るような素晴らしい技能を披露すると，その解説者は「素晴らしい〈身体能力〉です」といいます。物質的な身体としての〈フィジカル〉や精神的な〈メンタル〉とは違う，〈身体能力〉という新しい言葉がよく使われます。野球の外野手が捕球できそうもないボールを見事に捕球したり，巧みなドリブルで相手を何人も抜いていくサッカー選手をみると，〈身体能力が高い選手〉といいます。その〈身体能力〉とは〈身体〉の能力ですが，〈フィジカル〉としての〈体〉は生理学的物質身体としての機能を意味しますから，この能力は，個人の体力だけに依存しません。その〈身体能力〉は素晴らしい技能が発揮されている現実について語っているのですから，技能を持たない〈メンタル〉だけの問題とも違います。

　私たちは物質的な〈体〔からだ〕〉を有しているとともに，その〈体〉を操る〈能力〉を有しているのです。その〈身〉の中に潜む統一的能力によって披露された高度な技能を見ると，素晴らしい〈身体能力〉を有しているということになるのです。どんなに生理学的物質身体が優れていても，例えば，ボディービルディングの選手が，腕の筋肉が普通の人の足の太さ並みに肥大しても，倒立ができる〈身体条件〉ではないのです。その理由は，小さな子どもでも練習することによって，倒立静止ができるからです。つまり，倒立は体重を支える腕の筋力

5　金子明友 (2005):『身体知の形成（上）』明和出版　75 頁

に全て依存しているものではなく，むしろバランスをとる統一的身体能力が求められていることになります。腕の細い人でも倒立が止まるのですが，「バランスをとる身体能力とは，どのような身体能力なのか」と問い詰めていけば，倒立の場合，逆位において身体の傾きを捉える能力ということになります。

〈コツ・カン統一体としての身体能力とは〉

通常私たちは常に頭頂の上と天頂の上とが一致しています。直立不動でいられるのは，身体の傾きを察知し立て直す身体能力によるものです。それを確認するには，直立不動のまま目を瞑って足の裏に意識を集中すると分かります。外から〈体〉を見ると〈静止〉していますが，私の〈身〉の中では，前に傾くとすぐに〈足の指が勝手に〉力を入れて立て直します。このような〈身体能力〉によって，私たちは移動することなく立っていられるわけです。経験豊富な熟練者の倒立の場合は，身体の傾きを感じるのが極めて早く，指先に力を入れるだけで，バランスを立て直しているのです。初心者の倒立の練習では，この気づく身体能力が弱いので「気づいたときには手遅れ」と，背中を打ち付けることになります。立位で地面に顔面が近づくまで，前に倒れていることに気づかない人はいません。前にバランスを崩せば，無意識的に足をすぐに出します。倒立の練習の場合でも，大きくバランスを崩せば，手を前に出すこともあります。倒立という経験は非日常的ですから，身体の傾きに気づくにはそれなりの習練が必要となります。こうして熟練者の倒立は，直立で静止するときの足の指の操作と同じように，その操作を手の指で行っているのです。

一方で，どうしたらその〈身体能力〉が身につくのかと尋ねられれば，「何度も練習をする」という答えしかないのでしょうか。確かに失敗を重ねながら，いつの間にか倒立が止まるようになってくる現実があります。経験を重ねることでその身体能力が身につくから，反復練習は必至だといっても，反復回数とその能力の獲得は，単純に因果関係を結ぶことはできません。逆に，「何回練習をしたら覚える」と計算ができるなら，こんなに楽なことはありません。現実には，すぐに覚える人もいれば，何度練習をしても覚えない人もいます。最後には「才能」という言葉を当てても，何も答えは出てきません。それを「自得されるべき能力」という一言で片付けてしまえば，指導者は拱手傍観し，マネジメント管理に明け暮れるだけとなってしまいます。

　「〈身体能力〉とは何か」という問題が未だよく分からないまま、「ミニマムの〈身体能力〉を高めることが体育の目標で、生涯運動を親しむ態度を育む基礎をつくる」といっても、その身体能力は自得しかないのでしょうか。自得が上手くいかない、つまり〈身体能力〉の低い人は、体育教科の評価を低くするだけで教育的価値は生み出せるのでしょうか。効率の良い反復を企画する授業マネジメント管理は、体育教師でなくてもできますから、それだけでは体育教師の専門的な能力に疑問符が付けられることになってしまいます。しかし、「コツが分かった」という子どもが仲間にコツを教えると、たちどころに皆ができるようになる現実があります。自得であるはずが、他人の指導によって改善されていく現実があるからこそ、その謎に迫らなければならないのです。

§3. 身体知の謎に迫る

〈運動知能とは〉

　巷間で、素晴らしい〈身体能力〉といわれ注目される選手は、スポーツ運動学が研究対象としている〈身体知〉をもっていることが意味されています。その〈身体知〉が紡ぎ出す高度な能力が発揮されたとき、人々はその〈身体能力〉に驚嘆し〈高い身体能力〉というのです。それは「〈高度な身体知〉を有している」といっても同じ意味なのですが、〈身体能力が低い〉といえばさほど気にならないとしても、〈身体知が低い〉といわれると何とも不快な気分になります。というのも〈能力〉は身につけられる可能性を残し、〈身体知〉は生得的なイメージを持つからでしょうか。

　身体知とは〈動きかたを覚える知能〉と理解できます。ところが〈知能〉といっても、その〈身体知〉の営みは、言語的思考以前の〈動きかた〉の習得にも及びますからやっかいです。知能心理学において、ピアジェは言語作用が形成される以前の〈知能〉を分析対象に取り上げ、言語形成以前の段階にすでに知的活動に値する行動を見出し、それを子どもの〈感覚運動知能〉と呼んでいます[6]。さらに知覚は、はじめから、動きかたの影響を受けているし、その動きは知覚によって影響されていることからヴァイツゼッカーのゲシュタルトク

6　金子明友 (2005)：『身体知の形成（下）』明和出版　256 頁

ライスを援用し，〈感覚運動的シェマ〉と名づけました[7]。しかし，幼児の感覚運動知能に論理抽象の思考シェマの発生を見いだしたとしても[8]，それは感覚運動に〈シェマ〔図式〕〉という情報処理システムの考え方を取り入れたものです[9]。さらに，〈感覚運動知能〉は活動を成功させるに過ぎず，ただ実践的な充足に導くだけで，生きた知能であっても認識そのものには至らない，「何ら反省された知能ではない」と説明します[10]。つまり，ピアジェの〈感覚運動知能〉は，スポーツ運動学で捉える〈一元化意味核〉としての〈身体知〉を意味するものではないのです。

〈統計的確率と身体能力〉

　未来は過去の再現という科学的思考は，運動習得場面での「失敗の経験から成功に至る」という現実は因果関係を爆破した〈想定外〉と呼ばざるを得ません。成功という〈想定外〉の出現頻度が上がる度に，確率が増してくると「できるようになる」のでしょうか。確かに，言語的思考もままならない幼児でさえ，反復しているうちに一輪車に乗ることができたり，コマを回したり巧みに動きを覚えることができます。そこでは大人のように，〈動きかた〉について深く考え，自分の〈コツ〉を探すという能動的な営みはまだ行われていません。幼児に「どうしてできたの」と聞けば，「よく分からないけどできた」という答えが返ってきます。だから「できる」というのは，「反復しているうちに〈まぐれ〉の出現頻度が上がり，やがて習慣化される」と理解されていきます。こうして「できない」ことは，単に反復回数が少ないという結論に至り，「たくさん練習をすれば上手くなる」と単純に考えることになります。しかし，たいして練習もしないのにすぐにできてしまう人もいます。できない理由を反復回数と因果を結んでも，すぐにできる人はその人とは何が違うのでしょうか。それを解明しようとすると，途端に科学的思考が忍び寄り，できる人の体力，いわば身体条件を切り刻んで分析を始めたくなります。できない人とできる人の身体条件の差が見つかると，その原因を解決すれば「できるようになる」と主張することになります。確かに身体条件の不足による実現不可能な運動課題も

あると思います。しかし，全ての運動が精密な身体条件の違いによって〈できる〉〈できない〉が決定づけられるものではありません。身近な例を挙げれば，泳げない〈金槌〉の人に，生理学的な身体条件の不足は求められません。そうなると〈メンタル〉の問題としても，泳ぐという〈動きかた〉の発生とは無縁の問題です。

〈コツ・カン統一体の身体知とは〉

　結局，指導者が〈コツ〉や〈カン〉を教え，できるようにしていくのです。指導者は，どこに問題を見出し，どのように解決していくのでしょうか。他人の〈身体知〉の構成化に指導者が直に関わる現実と，その能力を開示することは極めて大切なことです。それを開示しようとするのがスポーツ運動学の目的ですが，一方でスポーツの自然科学はその情況を外部視点から分析し，〈手段〉と〈方法〉の区別もなく，統計標準化の道へと進むことになります。その手順で，多くの人が「できるようになった」とすれば，その分析結果は有効性を帯びてきます。こうして一般化された指導法は，マニュアル化されていくことになりますが，具体的に解決した指導者の統一体能力はブラックボックスに入れられたままです。だから，その指導法が合わないで困っている人には，指導者が個別にその問題を解決するため試行錯誤を繰り返すことになります。

　物質・物体身体を分析しそれを総合する自然科学的態度に従っているスポーツ科学は，人間の運動現象をいくつかの要素に分け，分析して得た知識を総合して，全体の現象を調べることになります。一方で，技能習得という人間の営みに躓く人たちは，本人や指導者が試行錯誤をしながら解決してきたのですが，〈結果からの予言〉[11]による統計標準化には，〈決断〉という〈身体知の構成化〉の問題が抜け落ちているのです。

　スポーツ運動学でいう〈身体知〉とは，「人間化された運動の知恵」[12]であり，それは〈受動綜合〉という無意識の層位において〈先反省され〉〈形づくられる〉知能と理解します。経験が経験として〈過去把持〉され，〈未来予持〉において，成功の予兆に自我が気づくから，「できる気がする」と捉えます。そこで，受動綜合化された無意識に〈反省に先立つ反省〉として〈先反省〉という〈連

11　ヴァイツゼッカー／木村敏他訳(1988)：『ゲシュタルトクライス』みすず書房　293頁
12　金子明友(2005)：『身体知の形成（上）』明和出版　4頁

合的綜合〉[13] の地平が垣間見えてくることになります。この「無意識に構成され，自我意識にもたらされる意識」を開示したのがフッサールの受動綜合分析なのです。

§4. 受動綜合におけるドクサ領域の開示

〈動く感じの身体発生に向き合う〉

　「上手くできそうだ」「何か嫌な予感がする」など，競技スポーツの実践可能性のなかで選手は多くのことに気づかされます。それは，まだ何も生じていないことに向かっての自我意識です。仮にこの意識の問題を強引に因果関係で結ぼうとしても，未来の結果は命題となりません。さらに実際に動いてみて，「できた〔結果〕」から「上手くできそうだ〔原因〕」という予感が正しかったと説明しても，「結果がでる前の予感がなぜ生じるのか」ということは不問に付されています。結果が異なれば，それは単なる「思い違いだった」ということになります。だから「できる気がしない」のは，単なる想像だから「実際にやってみれば良い」といっても，「動こうとしても動けない」現実があります。いくら「できる」「大丈夫」と念じても，動こうと思うと身体が硬直してしまうことがあるのです。例えば「高所恐怖症」の人が，高いところで歩こうとしても「足がすくんで動けない」ことがあります。それは「高所恐怖症だから」といっても，原因を押しつけただけに過ぎません。一方，高いビルの上でとび職の人が一生懸命作業をしているのは，「高所恐怖症でない」という理由なのでしょうか。

　私たちの経験の判断は，終わったことを振り返るだけでなく，未来への確信を得ることができます。運動の練習場面で，「コツが分かってきた」「こうすればできる」と成功の予兆に気づき言表することがあります。自分の〈動く感じ〉を積極的に捉えることができない幼児でも「もう少しでできそう」というし，言葉に出せなくても，急に何かに取り憑かれたように，一生懸命反復する場合があります。言語的思考もままならない幼児でさえ，これからやろうとする，まだ出現していない結果に向かって，なぜそのような動感感覚への志向性が芽生えるのでしょうか。大人でも子どもでも，このことは単なる願望なの

13　金子明友 (2015)：『運動感覚の深層』明和出版　64 頁

でしょうか。一方で、「できそうもない」という時は、単に動かなければ良いとも考えられますが、「やろうとしてもそう動けない」という問題があります。より高い熟練を目指して、「思い通りではない」という場合はまだ良いのですが、自分の身体が全く自分の意に従わない酷い現実もあります。

〈動く感じの身体消滅に向き合う〉

　この問題はスポーツ実践場面で、〈イップス (Yips)〉として取り上げられています。例えば、ゴルフで〈イップス〉の人は、ボールを打たない〈素振り〉は普通にできるのに、いざアドレスに入ってボールを打とうとすると、動きの途中で腕が止まってしまい、思うように動きません。それはまさに、〈自分の身体〉とそう〈動かしたい意識〉との戦いのように見えます。投球のイップスは、ボールが手から離れる瞬間に急に力が入ったり、投げる動作が突然とまったり、全く思うところに投げられません。自らの意識で動きかたが操作できないという現実は、「自我意識が自らの動きを支配している」という考えに疑問を持たざるを得なくなります。仮にゴルフでイップスの人が「ボールを打たないようにする」という自我意識によって解決したとすれば、ゴルフスイングは「ボールを打つという自我意識の支配下にない」ことを説明していることになります。他にも「技が狂った」「できる気がしない」ということが、やがて「全く動くことができない」という〈破局的消滅〉[14][15][16] へと繋がっていくこともあります。一度その情況に堕ちれば、動こうと思う自分の意思があっても、全く身体は動いてくれないのです。まさに脳からの指令が途中で中断され、全く意志に従わない自分の身体に遭遇することになります。スポーツ運動学では、〈イップス〉や〈破局的消滅〉はいわゆる身体知の〈未来予持〉の障碍として分析対象となるのです。

　普段私たちは、「そこに行こう」という自覚も持たずに歩くことができます。そこでは、自らの手足を「どう動かそう」という意識など全くありません。何か難しい問題を考えているとき、部屋の中を歩き回っている〈自分がいる〉ことがあります。自らの意識は、その難問を解決するために働き、目的も持たず「どこを歩いているのか」あるいは「歩いている」という意識すらありません。

14　金子一秀 (2015)：”体操競技における〈破局的消滅〉の純粋記述分析”伝承 15 号
15　金子一秀 (2016)：”破局的消滅における転機の純粋記述分析”伝承 16 号
16　金子一秀 (2017)：”動感消滅の超越論的静態分析”伝承 17 号　運動伝承研究会編

相撲で勝った力士が「身体が勝手に動きました」というように，自分の記憶に
も残らないまま，素晴らしい技能を発揮することがあります。その成果を出し
たのは自らの身体ですが，練習もせずにこのような能力が磨かれるとは思いま
せん。自らの動きかたの欠点を修正するとき，目的も持たずにまったく考えず
に反復する人はいません。「意識したり，意識しなかったり」「気づいたり，気
づかなかったり」と能動意識と受動意識と絡み合う不思議な動感の経験を開示
しているのがフッサール現象学なのです。そこでは，自我活動の伴わない受動
意識の過去把持が前提となって働いていることに注目することになります。

〈原発生の時間化に向き合う〉

　そこでは，我々の意識の〈志向性〉という特性が開示され，その意識は無
意識の層において構成され，自我意識にもたらされることになります。この志
向性としての「我思う」［コーギト］根本的な特徴があります。それは，体験
はすべて〈地平〉をもっていて，すべての知覚には，呼び起こされるべき感覚
記憶の潜在性として，過去の地平がいつも属しているのです。すべての感覚記
憶には，顕在的な知覚の今に至るまでの，可能的な（私によって実現されるべき）
再想起の，連続的で間接的な地平志向性が属してしているのです[17]。結局，我々
が「運動中に持つ意識とはどのようなことなのか」ということが，志向性とい
う視点から厳密に分析されなければならないのです。マイネルも「コーチが自
分の気に入りの選手に，試合前も試合中も問わず，良かれと思う助言をいっぱ
いに詰め込んでしまうことだってある。このような無用の長物は場合によって
は自動化を破壊してしまうものである。」[18] ことに言及しています。動感志向分
析も曖昧なまま，動きかたに意識的な注意を向けさせることは，運動問題が改
善されるどころか，それまでできていた動きが「できなくなってしまう」こと
もあるのです。日常生活でも，友達に「今日の歩きかた，いつもと違うよ」と
いわれると困ってしまいます。普段のように歩くことを心がけても「普段どう
歩いていたのか」ということが分かりません。自我意識に上ることもなく，受
動綜合化されていた〈歩く〉という〈動きかた〉が普段の〈歩きかた〉です。
意識して〈歩きかた〉を変えて「いつも通りだ」と友達にいわれても，私の歩

17　フッサール／浜渦辰二訳 (2004)：『デカルト的省察』岩波書店　87頁以降
18　クルト・マイネル／金子明友訳 (1981)：『マイネル スポーツ運動学』大修館書店　405頁

行は「先自我のコツのままで，偶発的匿名性を胚胎して，自我が働いていない受動的身体知」[19]にとどまっているから，友達に認められても，それは普段の〈歩きかた〉ではないのです。

§5.　動感身体は物質も取り込む

〈私の身体地平に向き合う〉

　〈身体〉は，〈身〉と〈体〉という言葉が合わさっているのですが，スポーツ運動学でいう〈動感身体〉というのは，〈動く感じでとらえる身体〉を意味しています。運動学では人間の物質的な身体の側面だけを取り出し，分析をすることはありません。一方で具体的な運動実施を取り巻く心情を分析するわけでもありません。そうなると物質と精神というような二元論的思考では，分析対象が何かが分からなくなってきます。

　その謎を解く鍵が〈私〉という現存在です。人は誰でも〈自己知覚〉によってまさに自分自身を把握し，同様に他人を経験し知ることによって，まさにその他人を把握します。一人称で話す場合は，誰もが〈私は知覚する，私は判断する，私はこう感じ，こうしたい〉という形式で，自分の諸作用や諸状態について語ることになります[20]。その際，私は「身体と心をもった人間〈全体〉を包含して〈私〉と呼んでいるのです。だからこそ，「私は私の身体であるのではなく，私の身体をもっているのであり，また私は心であるのではなく，心をも持っている」といえることになります[21]。〈動感身体〉とは〈私〉が〈動く感じ〉で捉える〈身体〉を意味しているのですが，それは外部視点から観察される物質的な身体といつも同一ではありません。例えば，膝が曲がる欠点を治そうとしても，膝が曲がっていることに気づかないことがあります。つまり，その時の〈動感身体〉には〈膝〉がないのです。運動中の手足はいつも物質的には存在していても，動感身体では手足が消えたり，生えてきます。〈気づく〉ということは，消えていた手足に動く感じが捉えられるという意味ですが，動感形態の構成化に意識する必要のない動感に志向すると，その動感形態が突然〈消滅〉することもあります。

19　金子明友 (2005)：『身体知の形成（下）』明和出版　88 頁
20　フッサール／立松弘孝他訳 (2013)：『イデーン II - I』みすず書房　108 頁
21　フッサール／立松弘孝他訳 (2013)：『イデーン II - I』みすず書房　109 頁

　「できるようになりたい」という動機だけで，〈まぐれ〉で逆上がりが上がることがあります。そこでは「どうしたらできるか」という検討もなく，失敗の経験が経験として過去把持されながら，受動綜合化されていきます。だから，その成功は〈突然の喜び〉となるのです。〈まぐれ〉というのは「コツが紛れていた」[22]という意味ですが，「ここを注意したから，できたのだ」と意識的にコツを探そうとしたとき，急に逆上がりが上がらなくなることがあります。能動的志向性の中で，闇雲に〈コツ〉に当たりをつけようとするのは，受動発生する動感形態を混乱に巻き込むこともあるのです。マイネルも「個々の運動経過に意識して注意を向ける学習過程のなかでは，あるつまずきをひき起こしたり，それどころかまだ安定していなかった粗協調を破壊してしまったり，消失させてしまうことさえある。運動は全体としてもできなくなってしまうこともある」[23]と指摘しています。だから，熟練の指導者は，初めてできた〈まぐれ〉に闇雲にコツに当たりをつけないように「何回か〈まぐれ〉が出るまで，考えない方が良い」と助言をするのです。

〈動く感じと動きの感じとは区別される〉

　この私の〈動感身体〉は，私の〈動く感じ〉で構成化される〈動感意識〉ですが，それは物質身体を持たない〈透明人間〉ではありません。心がなくなれば，私達は死せる物質ですが，身体も不可欠です。壁を通りぬける幽霊でさえ必ず幽霊としての身体をもっています[24]。私の生命的な身体は，そこに物質身体と動感身体が基づけの関係をもっていて，私の身体それ自身に生化し，血肉化していることになります。フッサールはこの関係を論じるときには，とくに〈身体物体〉という表現を用いています[25]。〈身体物体〉とは，「身体を介して知覚され，空間的に経験される物体」[26]を意味しています。私の身体がその物質的事物性を露わにするのは，自分の足が痺れて棒のようになったときです。つねっても痛みを感じない足は，まるで他の物を触っている感覚に陥ります。しかし，痛みも感じない棒のような事物としての足でも，それは他人の足ではなく，ま

22　金子明友 (2002)：『わざの伝承』明和出版　422 頁
23　クルト・マイネル／金子明友訳 (1981)：『マイネル スポーツ運動学』大修館書店　388 頁
24　フッサール／立松弘孝他訳 (2013)：『イデーン II - I 』みすず書房　109 頁
25　金子明友 (2005)①：『身体知の形成（上）』明和出版　316 頁
26　フッサール／立松弘孝他訳 (2013)：『イデーン II - I 』みすず書房　171 頁

ぎれもない私の足なのです。そこでは足を触っているという手の感覚はあって
も，触られている足という感覚は生じません。「私の足なのに」という不思議
な経験は，「くすぐったい」感じとともに痺れた足の感覚が戻ってきます。こ
の例証から私たちの身体意識は〈二重感覚〉によって構成されていることが伺
い知れます。自分の手を自分で触るとき，「触っている手」と「触られている手」
という〈二重感覚〉を持ちます。右手で自分の左手を触るとき，左手を対象と
してその感触を感じるときは，左手は物質的な手となります。一方で左手が右
手に触られていると感じるときは，触っている手が物質的な動きとして感じら
れます。この反転化の障碍の経験が痺れた足なのですから，気づかないうちに
〈二重感覚〉つまり，「身体は本来二重の仕方で構成されている」[27] のです。だか
ら痺れて物質的な足は，私の足ではないという不思議な感覚が生じるのです。
　それは〈触る手〉と〈触られている手〉を同時に感じることができない〈反
転原理〉に支えられています。〈触られる身体〉としての私の身体は，触られ
ながら触るものでもありますが，しかし〈見られている身体〉と私が呼んでい
るものは，〈見られつつ見ているものではない〉から，身体と外的事物を互い
に関係づけて構成する際に，視感覚が果たす役割は触感覚の役割とは異なるこ
とには注意が必要です[28]。

〈キネステーゼ感覚の同時変換能力とは何か〉

　私の物質身体と動感身体をめぐる絡み合いの問題圏にある〈身体物体〉の
概念は，競技スポーツの格闘的な対人関係の生動世界 (Lebenswelt) 場面では，
この身体物体のもつ二重感覚が重要な意味構造を胚胎しています。柔道や相撲
で，相手と組んだとき，相手の物質身体による物理的な出来事を私の動感身体
は敏感にとらえます。同時に，私の動感身体は相手の動感身体に共鳴し共感
しながら私の動感運動を生み出していくことになります[29]。つまり相手の物質
的な身体との接触による物質的な感覚が独自の身体経験として構成されるから
〈再帰感覚〉[30] と呼ぶことになります。こうしてスポーツ実践場面では，この物
質的な身体をも取り込んで「自分で動かすのではなく，身体にまかせる」とい

27　フッサール／立松弘孝他訳（2013）：『イデーン II - I』みすず書房　172 頁
28　フッサール／立松弘孝他訳（2013）：『イデーン II - I』みすず書房　175 頁
29　金子明友 (2005)：『身体知の形成（上.）』明和出版　315 頁
30　フッサール／立松弘孝他訳（2013）：『イデーン II - I』みすず書房　173 頁

うコツを語ることもできるのです。

　さらに〈動感身体〉は，ラケットやバットなどを私の身体の一部に取り込むことになります。そこではテニスやバドミントンの選手は，ラケットは手の延長であり，ラケットの面はまるで手のひらのような感覚となります。握っている手には振動しか伝わらないのに，まるで「自分の掌の，どこにボールが当たった」と同じような感覚を持ちます。車を運転しようと思ってハンドルを握ったときには，車はすでに自分の身体の一部となります。それらを包み込む，私の動感意識は一つの〈身体図式〉[31] を持つことになります。狭い道で対向車とすれ違うとき，未熟な運転者は「通れない」と判断をしますが，熟練者は車幅を精確にとらえ，数センチの隙間を抜けていきます。

　短距離選手は，自分の足を動かして走るというだけではなく，地面の反発力を感じコツをつかみ走ります。逆上がりを行うとき「鉄棒を引き寄せる」というコツを語る場合，それは「私が鉄棒に近づく」のではなく，動かない「鉄棒を引き寄せる」のです。それは鉄棒という器械が私の身体の一部と化した〈身体図式〉が構成され，それを取り込む〈再帰感覚〉によってコツが見つかるのです。

§6. 発生運動学の〈運動感覚〉に向き合う

〈運動感覚とは何か〉

　〈運動感覚〉といえば運動生理学でよく使われる専門語で，そこでは，関節・筋・腱の動きに関連する自己受容器によって引き起こされる運動感覚を意味します。つまり，生理学的身体にある，運動感覚という〈センサー〉によって，「私の腕が曲がった」と認識されると説明します。その科学的思考は，視覚や聴覚など人間の五感や運動感覚というセンサーの情報が脳に集められ，そこで私たちの運動が判断されるということに基づいています。この考え方は，人間と同じ運動ができるロボットを作るときに役立ちます。二足歩行のロボットを作ろうとすれば，不安定なバランスを立て直すための操作が必要になります。現在の不安定な状態が情報として捉えられるから，その対処ができるのです。ロボットの感覚センサーがその情報を手に入れ，その情報を高度な計算技術によ

31　メルロ＝ポンティ／竹内芳郎他訳 (1970)：『知覚の現象学 Ⅰ』みすず書房　172 頁以降

り，即座に次の動作の指示を出します。飛行機の窓から主翼を見ていると，風の動きを読んでいるかのように，フラップが細かく動いています。しかし，それは風の動きを読んでいるのではなく，風による影響を受けてから，対応するという順序です。その計算時間と対応時間が極めて短いから，即座に対応しているように見えるのです。その情報量が多いほど正確な判断ができるから，多くのセンサーが必要となります。しかしそこでは情報が入ることが前提ですから，センサーからの情報がなければ計算することができません。全くセンサーが機能しないまま，情報がないままフラップが動いてしまえば事故につながります。飛行機の自動操縦のフラップの動きは，たった今生じた現象を即座に計算し，瞬時に対応できるのですが，「少なくとも火星へ行ける日がきても，テレビ塔から落した紙の行方を予言することができないことは確かである」[32] のです。気ままに漂う紙の落下地点を精確に計算するのであれば，地面に落下する直前まで計算し続けなければならないのです。科学的思考は，ロボットの高度な計算機能にあたるのが人間の脳であって，そこが私たちの感覚情報を処理していると考えます。ダンスで曲に合わせて動くことは，聞いてから動くという順序性に従っているのでしょうか。そうではない私たちの運動の世界の謎は深まるばかりです。

　私たちは指を切ると「痛い」といいます。その痛みはなぜ生じるのかを考えていけば，原因は指を切ったことに求められます。つまり，指を切ったという感覚情報が，自分の脳に伝えられ，それが痛いという意識を生み出したと一般には考えます。その痛みの原因を遡って考えていくと，つまり「痛い」という知覚以前の情報は何かと考えることになります。〈痛い〉という意識は私が感じたことですが，指そのものが〈痛い〉と感じたのでしょうか。刃物が指に接触して皮膚が切れたという事実は，まだ痛みを感じる以前の刺激です。例えばドライアイスなど極めて冷たいものを触ったとき，〈冷たい〉という人もいるし，場合によっては〈痛い〉という人もいます。指から伝わる刺激をどう判断するかは，その刺激情報ではなく私の意識なのです。つまり切れた指は痛みを伝えているのではなく，通常と違う状態の変化を伝えただけとなります。しかしこのような理解の仕方は，情報処理の二項関係に縛られ，まだ何であるかと気づく以前の感覚情報とそれを知覚するという因果から脱却できていないのです。

32　中谷宇吉郎 (1988)：『科学の方法』岩波書店　86 頁

〈体性感覚と身体感覚は区別される〉

　一方で，現象学では〈知覚〉と〈感覚〉とを厳密に区別します。そこでは，この〈感覚〉は〈知覚〉の，いわば〈材料〉になっているので，その感覚の内容の側面に関して，〈感覚素材〉と呼ぶことになります。「感覚素材は，まったく質をもたない無内容の，ある物理量といったものではなく，特定の〈意味内容〉を帯びていることです。そして，問題は，この意味内容をどう理解するかにかかっています。こうして，ある感覚位相に位置づけられる感覚素材のまとまりが，知覚の土台であり前提になっている」[33]と捉えます。つまりその感覚情報は無機質な情報ではなく，すでに広がりを持つ素材として私にもたらされていると説明するのです。

　サッカーで背後にあるゴールにオーバーヘッドキックを決める選手がいます。ゴールを視覚情報でとらえられない，つまり感覚情報が与えられていないまま，なぜ後ろのどこにゴールがあるか分かったのでしょうか。目まぐるしく動くゲーム展開の一瞬の隙をついて，後ろにあるゴールに見事にシュートを決める選手は，どうしてその情況を知覚しオーバーヘッドキックが最適であると判断したのでしょうか。その選手に聞けば，「ゴールを背中で感じた」という不可解なことをいいます。視覚でも触覚でもない，つまり直接現在に与えられている感覚そのものがない，背中の後ろのゴールをどうして〈知覚〉できたのでしょうか。「感覚で分かった」といっても，ゴールの場所決める生理学的感覚，つまり〈体性感覚〉は機能していないのです。ゲーム中に目まぐるしく変化する情況を，運動感覚や五感を含みすべての感覚器官の情報が集められて脳が判断したというのでしょうか。動きつつあるゲーム展開を記憶しながら，過去にあったゴールの位置データにより未来の予測を立てたとでもいうのでしょうか。

　運動経験は一回性の原理に従いますから，過去と同一のゲーム展開はありません。過去の記憶情報に同一なものがなければ，未来は過去の再現としても予測は不可能となります。過去にない背後にあるゴールの位置が正確に分かる判断は脳の暴走としても，それが私たちが身につけたい〈身体能力〉なのです。一方，認知科学ではこのような運動の判断を認知過程としてのシステムと理解します。そこでは，身体の皮膚，関節，靭帯，筋などには多数の感覚受容

33　山口一郎 (2012)：『現象学ことはじめ〈改訂版〉』日本評論社　51 頁

器が存在していて，身体に起源をもつ感覚を〈体性感覚〉と呼ぶことになります[34]。その〈体性感覚〉と，他の感覚との〈統合処理〉において，私達は自分の運動が判断できると考えます。それは，感覚が個別感覚として成り立っているという前提に立っていますが，現象学では，個別的感覚野への分化以前の〈原共感覚〉として働く，乳幼児の〈本能キネステーゼ〉から〈ゼロのキネステーゼ〉の覚醒まで遡ります[35]。運動学では，この〈キネステーゼ感覚〉を〈動く感じ〉ないしは〈動感〉と呼ぶことになります。

〈発生論的動感能力に向き合う〉

キネステーゼは，「感覚であると同時に，感覚を引き起こす運動の意識，つまり，われわれによって発動されたわれわれの運動である運動の意識」[36] です。運動の練習中に「何かできそうな気がしてきた」とか，「こんな感じで動けば良いのかな」「コツが分かった」ということも，運動に関する意識なのです。具体的な運動がまだ生じていないのですから，もはや〈体性感覚〉では説明がつきません。その意識はフッサールの〈キネステーゼ感覚〉を意味しますが，この〈キネステーゼ感覚〉が我々の運動の意識としても「身体の能動的な意図に由来する身体意識の発生」[37] と誤解されるから厄介です。その意識は気づかないまま構成される〈受動綜合〉を前提とし，自我意識を伴う〈能動的綜合〉とが絡み合っているのです。その主体の営みとして放置されてきたブラックボックスの〈身体知〉の構成化を学問として開示する鍵概念が〈運動感覚意識（キネステーゼ）〉です。運動学では，〈キネステーゼ〉を〈動感〉または〈動く感じ〉と表記します。それは，生理学的な〈運動感覚〉と区別するためですが，特に〈動く感じ〉という表記は，未来予時と過去把持の地平を包み込んだ，〈今・ここ〉の〈私の動感意識〉を意味しています。似た表現で〈動きの感じ〉という表記は，動き自体を対象化しているし，〈動いた感じ〉といえば完了した運動の想起志向を意味しますから，一人称のキネステーゼを意味したいので，スポーツ運動学では〈動く感じ〉と表記することになるのです。

34　宮本省三 (2008)：『脳の中の身体』講談社現代新書　34 頁
35　山口一郎 (2009)：『実存と現象学の哲学』放送大学教材　131 頁以降
36　L. ラントグレーベ／山崎庸佑他訳 (1980)：『現象学の道』木鐸社　188 頁
37　宮本省三 (2008)：『脳の中の身体』講談社現代新書　226 頁

§ 7. 受動綜合化の身体知実存を理解する

〈受動的志向性に向き合う〉

　自覚を伴わない無意識の層位において身体知が構成されているという現実は
どう理解されるのでしょうか。私たちは，何も気づかず身体が勝手に動いたこ
とを〈後から知る〉だけなのでしょうか。はじめて「跳び箱が跳べた」という
経験は，実際に跳び箱を跳び越した後に気づくだけなのでしょうか。ところが，
跳び箱を跳ぶ前に「跳べる気がする」ということがあります。まだ跳べたこと
がない跳び箱を「跳べる気がする」というのは自分の想像で作り出した単なる
妄想なのでしょうか。「跳べる気がしない」といって，走り出せない子どもも「や
りたくない」という自らの能動意識で紡ぎ出した判断なのでしょうか。一般的
には「跳べる気がしない」のを「跳べる気にさせる」というのは，〈言葉がけ〉
によって解決に向かわせれば良いと考えます。「大丈夫」「跳べる」と励ますこ
とは決して無駄ではないのですが，〈メンタル〉の問題としても，「なぜ，跳べ
る気がしないのか」という動機づけは不明なままなのです。

　フッサール現象学では，この自我にもたらされる意識を開示していて，意識
はつねに「あるものへの意識」であり〈志向性〉という特徴を持っていると説
明します[38]。「この受動的意識（ないし，志向性）といわれる「事発的」現象が，
能動的意識（ないし，志向性）に対して，前もって起こっている，〈先行している〉
という」のです。さらに，受動的志向性は，気づくという能動的志向性の自覚
以前に前提として生じ働いて，このような「意識の下部層をもたない意識活動
はそもそもありえない」のです[39]。つまり私たちが何かに〈気づいたりする経験〉
は受動綜合の層位から自我にもたらされるのです。現象学では，この〈事発的〉
な受動綜合化されている無意識の層位が，能動意識の層位に向けて自覚を促そ
うとする営みを〈触発〉と呼ぶことになります。一方，能動的志向性は，この
受動綜合の層位の〈触発〉に〈向かい合い〔対向〕〉し，自覚される意識が生
じると理解するのです。

38　フッサール／渡辺二郎訳 (1984)：『イデーン Ⅰ‐Ⅱ』みすず書房　103 頁
39　山口一郎 (2012)：『現象学ことはじめ〈改訂版〉』日本評論社　127 頁

〈触発化とは〉

　「跳べる気がしない」というのは，すでに受動綜合の層位でその判断が無意識に行われ自我を〈触発〉していることになります。そこに自我意識が〈対向〉し，「跳べる気がしない」と自我意識にもたらされるのです。しかしこのままの理解では，無意識の層位がいつも前提として自分の意識を生み出し決定しているということになります。自我が関与する能動綜合は受動綜合を前提にしているという〈基づけ〉関係は，因果思考に慣れ親しんだ人には，大きな矛盾を含んでいると考えてしまいます。つまり，無意識が自我意識を決定することは，無意識に〈原因〉があり，自覚される意識は無意識の〈結果〉という因果関係と理解します。そうなると，無意識という自覚以前の営みの〈原因〉は，私の自我意識で捉えられない〈結果〉だから，つねに〈無意識の営み〔受動綜合化〕〉に操られ，私の能動意識ではなす術がないということになります。そう曲解すると，私たちの行為の〈故意〉と〈偶然〉の区別さえなくなってしまう〈非現実的な論理〉だと現象学を批判することになります。しかし現象学では，「この衝動の目的づけが，時間の流れを衝動の関心のままに，完全に一方的に決定するのではない」「受動綜合において先構成されたものに自我が対向しても，能動志向性における判断を通して別のことに向かうことがある」と説明します[40]。例えば，練習中に「もう少しでできそう」と〈コツの足音〉が聞こえて来ても，「今日は，このあと用があるからここでやめておこう」という〈判断〉が行われ，その衝動の充実を中断することがあります。生活全体の方向づけは，当然，衝動的志向性の方向づけを一部として自分の内に包み込むような，知性の活動による包括的な方向づけもあるのです[41]。一方で，「できる気がしない」という意識が自我にもたらされても，「頑張れ」「できる」という〈言葉がけ〉によって，実際に跳び箱を跳べる可能性も認められます。この錯綜した現実的な経験を捉えるには，自然主義的態度を括弧に入れ，因果的思考を捨て能動志向性と受動志向性の絡み合いの〈相関関係〉に迫っていかなければならないのです。

40　山口一郎（2012）:『現象学ことはじめ〈改訂版〉』　日本評論社 190 頁
41　山口一郎（2012）:『現象学ことはじめ〈改訂版〉』　日本評論社 190 頁

§8. 能動志向性としてのノエシス・ノエマ

〈基づけカテゴリーのノエシスとノエマとは何か〉

　「〈それ〉は何であるか」と規定するという意識において，対象がはじめて実在の可能性を持つことになります。「〈Sはpである〉とする規定判断の形式は，一つの原形式であり（ここでのpは性質を，Sはその基体を示す），この原形式からいくつかの特殊化と変様が導出される」[42] ことになります。その〈基体〉と〈性質〉という二つの側面をとらえる意識のありかたが〈志向〉であり，私たちの意識は「或ものについての意識」いう〈志向性〉を持つことになります[43]。しかし，この二つの側面の構成が「既に私が規定している」という前提に留まれば，単なる形式論理となってしまいます。そこから出発し，〈形式論理〉の帰納法・演繹法ではない，その意識の営みがいかにして成立するかを開示しようとするから，現象学は〈超越論理〉と呼ばれることになります。私の外にある世界を客観対象として，それを捉える主観があるという，〔主観－客観〕という図式から，フッサールは私の中で構成される意識の相関関係へと還元し，「或ものへの意識」という〈志向性〉を開示しました。この私が構成する意識を開示したのが，現象学の〈意識内容〔ノエマ〕〉〈意識作用〔ノエシス〕〉という相関関係です[44]。対象に向かいながら，〈それが何であるか〉という実在を規定するという，内在意識の〈ノエマ〉〈ノエシス〉という二つの側面を持って初めて我々の〈志向〉が成立します。私たちの〈志向〉は，ノエシス的契機もそれに特有に帰属するノエマ的契機なしにはありえないのであり，それは〈基づけ〉の関係として成立しています。その上で，ノエマ的に「志向されている客観性そのもの」がノエシス的側面において〈対象〉という生命ある実在になり，この「新種の客観性」は，やがて再び一つの客観的なものに転化します。それは一つの固有な品格を具えたもので，私たちが一般に〈対象〉と理解しているものなのです[45]。

　このノエシス・ノエマの関係を，外的な対象をノエマと捉え，その志向的態

42　フッサール／立松弘孝訳 (2015)：『形式論理と超越論的論理学』みすず書房　58頁
43　フッサール／渡辺二郎訳 (1984)：『イデーン Ⅰ-Ⅱ』みすず書房　103頁
44　フッサール／渡辺二郎訳 (1984)：『イデーン Ⅰ-Ⅱ』みすず書房　103頁以降
45　フッサール／渡辺二郎訳 (1984)：『イデーン Ⅰ-Ⅱ』みすず書房　127頁

度の側をノエシスと曲解しやすいですが，具体的個物の知覚として，フッサールは樹木知覚を例に説明しています。

「樹木自体は，丸焼けになったり，その科学的要素に解体したり，等々することができる。ところが意味というものは－すなわち，この知覚の意味，つまり知覚の本質に必然的に属しているものは－，丸焼けになることができない」[46]といいます。つまり〈ノエマ〉とは，現実の物質の塊であるあの樹木そのもののことではなく，それの意味的把握内容であり，意味的に把握されたものがノエマなのです[47]。この〈意味〉の原語は〈Sinn〉でありスポーツ運動学では，この〈意味〉は〈身体感覚性〉であると捉え，意味的把握内容が〈身体感覚〉であり，意味的に把握されたものが［キネステーゼ感覚］つまり〈動く感じ〉の〈感覚発生〉が主題化されていることになります。

〈動く感じは映像化できない〉

　しかし，いまだ感官事物と物理学的事物とを因果性によって結びつけ，「客観的」物理学的存在と，直接経験において現出する「主観的」感覚存在との間に働く，架空の神話的紐帯にまででっち上げ，主観‐客観図式から抜け出せないようです。すなわち，物理学的自然は，論理的に規定する思考作用の志向的相関者にほかならないのに，そうした相関者である物理学的自然を，世のひとびとは絶対化しているということなのです[48]。知覚対象となる具体的個物そのものが〈ノエマ〉ではなく，我々の内的意識において志向対象として構成しているのが〈ノエマ〉で，〈ノエシス〉とは意識の作用的側面を表わし，意識の対象構成の機能のことなのです。こうして，意識流の実的な流れは，ノエシス的契機と素材的ヒュレーの層をもつことになるのです[49]。

　スポーツ運動学では，ノエマとしての志向対象を〈動きかた〉，ノエシスとしての充実化作用を〈動く感じ〉と呼ぶことになります。注意しなければならないことは，現象学の意識というのを，〈二元論的〉に「心である主観が意識作用として働き，物である客観をある特定の意識内容として構成する」という

46　フッサール／渡辺二郎訳 (1984)：『イデーン Ⅰ‐Ⅱ』みすず書房　111 頁
47　フッサール／渡辺二郎訳 (1984)：『イデーン Ⅰ‐Ⅱ』みすず書房　397 頁
48　フッサール／渡辺二郎訳 (1986)：『イデーン Ⅰ‐Ⅰ』 前掲書　229 頁以降
49　新田義弘 (2013)：『現象学』 講談社　81 頁

ように理解されてはならないのです[50]。当たり前のことですが,「運動は消える」
という宿命を持っていますから,〈他人の運動〉でも〈私の運動〉でも,運動
は向こう側に具体的個物として存在しません。私の主観でしか運動という〈動
く現象〉は認識できないのですが,映像機器の進歩は手軽に運動が撮影できる
ようになり,いつのまにか運動でさえ向こう側に対象化され存在するという,
自然主義的態度に引き戻されてしまいます。3D映像が現実に向こう側にある
と考えてしまう私たちですが,それは「私がその映像を立体として認識した」
のですが,この認識に立ち戻るのは難しいようです。

〈地平の先読みに向き合えるのか〉

　さらにその運動は自らの企図による〈自己運動〉だから,スポーツ運動学
的分析を施すには,一切の先入見を〈括弧に入れる〔エポケー〕〉努力が求め
られるのです。発生運動学的分析とは〈動く感じ〉に現象学的還元を施し,〈地
平分析〉によって顕在化されない受動地平との絡み合いを開示するから,〈純
粋記述分析〉[51]と呼ばれることになります。スポーツ運動学は,競技の実践可
能性の具象的経験を分析する学問として,現象学が理論的基礎をなすことにな
ります。そのなかでも,とくにこのような実践可能性を現場で役立てようとす
るから,スポーツ運動学では,〈静態分析〉よりも〈発生分析〉に注目するこ
とになります。静態的現象学は,構成する意識(ノエシス)と構成された対象(ノ
エマ)との関係を,その本質類型に即してカテゴリー分析するものです。発生
的現象学は,そのような対象が自我あるいは主観性の能動的な作用に先立って,
意識の統握能力の所産としてすでに生成し形成されているという事態を明らか
にしようとするものです。さらに,〈発生分析〉とは,どのような認識活動に
おいても,受動的に「すでに与えられている」という対象のあり方が主題化され,
「受動的先所与性」を解明し,この領域が能動的な認識活動に対してどのよう
な機能を果たしているのかを探求するものなのです[52]。スポーツ運動学でも,問
題となるのは「できる」という判断や認識が,起源的形態(Ursprungsgestalt)で,
つまり自体所与性(Selbstgegebenheit)の形態化によって発生してくるその産出過

50　山口一郎 (2012):『現象学ことはじめ〈改訂版〉』日本評論社　44頁
51　フッサール／細谷恒夫 (2011):『ヨーロッパ諸学の危機と超越論的現象学』中央公論新社　397頁以降
52　新田義弘編 (2000):『フッサールを学ぶ人のために』世界思想社　105頁

程ですから [53]，その趣旨を強調して〈発生運動学〉とも呼ばれることになります。

§9. 間身体性の起源を問う

〈ゼロキネステーゼの役割を問う〉

　私たちは，生まれてから多くの〈動きかた〉を身に付けてきました。運動生活史を遡れば，自我が形成される前，つまり自分と他人の区別がない乳児の時期から〈本能キネステーゼ〉に支えられ〈喃語〉[54] を発します。それは，養育者の声が他人の声として聞こえる以前の発声です。私たちが声を発するときは，音を出している声帯の感覚と，それによって発せられる音とが区別されています。だから声帯の動く感じがないまま聞こえてくる声は「自分の声ではない」ことが分かります。ところが乳児は，自分と他人の区別以前の原キネステーゼに支えられ，自他の区別がまだできていません。〈伝染泣き〉は，他の乳児の泣き声と自分の声との区別がつかないどころか，他人に対する視覚的知覚が未発達なことにより生じるといわれています [55]。こうした経験が積み重なっていくうちに，例えば喃語にしても自分の声帯の動く感じと，聞こえる声の間に裂け目が生まれ，〈本能キネステーゼ〉から〈ゼロのキネステーゼ〉[56] が形成されていきます。2 カ月程度の乳児が自分の手を眼前で動かして見る〈ハンドリガード〉と呼ばれる特性も，自他の区別としての〈私のキネステーゼ身体〉が形成されるプロセスと理解されます。初めは自分と他人の区別がない乳児は，経験を重ねて生後約 3 か月以降自他の区別がつくようになっていくのです [57]。人間社会で暮らす私たちは，他人を意識して生きていますが，誰でもこのような歴史を抱えています。こうしてスポーツ運動学が主題化する〈間身体性〉の伝承基盤の明証性が開示されていくことになります。

〈間身体性の響きあいに注目する〉

　私たちは自分と他人を区別し，他人の運動を真似ることを覚えます。やがて

53　新田義弘編 (2000)：『フッサールを学ぶ人のために』世界思想社　105 頁
54　山口一郎 (2012)：『現象学ことはじめ〈改訂版〉』日本評論社　203 頁以降
55　メルロ＝ポンティ／滝浦静雄他訳 (1972)：『目と精神』みすず書房　146 頁
56　山口一郎 (2012)：『現象学ことはじめ〈改訂版〉』日本評論社　204 頁
57　メルロ＝ポンティ／滝浦静雄他訳 (1972)：『目と精神』みすず書房　146 頁

自ら技を磨きあげ，高度な技能を身につけ発揮できるようになっていきます。ところが「他人の動きを真似る」ことは極めて不思議な現象なのです。ここでは，相手が人間でもロボットでも，「向こう側にある形の変化を，自らの身体で表現できるのはどうして可能か」という問いが立てられることになります。

　外的事物の運動経過の変化は，自らの身体の〈動く感じ〉を表しているものではありません。「あの人の動きはこうなっている」と真似をしますが，視覚的に運動をとらえても，自らの手足をどう操作するかは別の問題です。視覚で得た情報を真似るのは，自らの動きかたに変換しなければなりません。真似をして「似ているでしょ」というときには，他人を見ることと，他人から見える自分という意識が絡んでくることになります。

　大人の模倣は微に入り細にわたり〈形を真似る〉ことへと向かう傾向にあります。しかしどんなに細かく観察し真似をしても「似ていない」といわれることがあります。一方で，幼児のテレビ番組で，体操のお兄さんが動く動きかたを即座にテレビの前で真似をする子どもがいます。腕を大きく振って歩きながら「象さん」といっている体操のお兄さんの動きをすぐに真似します。そこでは，手足の動きかたが正確に再現されているとは思えません。まさに，その動きかたを丸ごと感じ取って，自らの身体で表現をしているのです。そこでは写真と似顔絵のような，〈同一〉と〈同質〉の問題が絡んできます。動きを真似るとき，例えば大人が子どもの動きを真似るとき，それを表現する物質的な身体は真似る相手と〈同一〉ではありません。そこでは，街路樹を見て桜並木と判断する〈類的普遍化〉の手続きと同じ様相を呈しますが，〈動きかた〉が似ているというのは，まさに〈動く感じ〉が志向対象となります。子どもより大人の自然主義的態度と理性の働きは，再現映像での図形変化の同一へ志向し，〈中身のない真似〉へと向かいやすくなります。ある映画で武道の稽古をしているシーンで，師範が「考えるな，感じろ」というセリフがあります。そこでは，運動は自ら動くものであり，そこには〈動く感じ〉がすでに構成されていて，それを捉えることを指摘しています。〈真似る〉という私たちの営みは，自分と他人の区別もなく，感覚野の融合的統一としての〈本能キネステーゼ〉による〈原連合〉による受動発生から[58]，ゼロのキネステーゼの発生に起源を求めることができるのです。経験を重ねながら，やがて高度な〈動感差〉を感じ取

58　山口一郎 (2012)：『現象学ことはじめ〈改訂版〉』日本評論社　204頁

れる身体知を獲得できるのが人間の営みなのです。こうして模倣という我々の
〈実践可能性〉[59] は、指導者の促発能力としての〈代行分析〉[60] の道へと繋がって
いくのです。

〈代行分析とは〉

　大人の模倣は一般的に外見的な形を真似したがる傾向にあり、外的な運動
経過が類似していれば模倣できたと考える傾向があります。自然科学的思考は
外的な運動経過の差異を比較しその根拠を模索します。スポーツ運動学でも、
外的な運動経過の類似性を模倣の根拠として、自らの模倣形態の動感分析を施
すことが〈代行分析〉[61] と曲解する場合があるようです。パントマイムで重い
物を運ぶ演技がありますが、演技をしている人のキネステーゼ世界は、実際に
重い物を運んでいる人のキネステーゼ世界とは全く別の世界です。発生運動学
の〈代行分析〉は、形を真似るのではなく、形を生み出すキネステーゼ感覚を
代行するから、その代行形態は借問を重ね現象学的還元を施しながら、他者の
動感と〈交信〉できるようになるのがその前提となります。

　こどもの模倣は相手のキネステーゼを丸ごと呑み込む能力が垣間見えるの
に、大人になればそれが疲弊していくのは何故でしょうか。星の王子さまの一
節では、「おとなの人たちに〈桃色のレンガでできていて、窓にジェラニュウ
ムの鉢が置いてあって、屋根の上に鳩のいる、きれいな家を見たよ・・・〉と
いったところで、どうもピンとこないでしょう。おとな達には〈十万フランの
家を見た〉といわなくてはいけないのです。するとおとなたちは、とんきょう
な声をだして〈なんてりっぱな家だろう〉といいます」[62] と綴られています。

　こどもの模倣のように丸ごと他人のキネステーゼを感じ取り、その動感感
覚を〈現象学する自我〉において超越論的分析を施し〈代行分析〉に成功する
指導者もいます。だから体育教師養成機関で、その代行能力の養成は喫緊の課
題となりますが、運動観察実習の必要性を語っても、その観察態度は〈身体で
見る〉ことが主題化されなければなりません。〈身体で見る〉〈動感能力で見る〉
という志向的態度は、例えば体操競技の指導者では選手の技を見て、「上体と

59　フッサール／立松弘孝他訳 (2013)：『イデーン II - II』みすず書房　100 頁以降
60　金子明友 (2015)：『運動感覚の深層』明和出版　254 頁以降
61　金子明友 (2018)：『わざ伝承の道しるべ』明和出版　145 頁以降
62　サン＝テクジュペリ／内藤濯訳 (1962)：『星の王子さま』岩波書店　22 頁

下体が切れて見える」ことや，野球の優れたバッターが「打つ瞬間にボールが打ってくださいとボンっと大きくなる」，プロゴルファーが「パットのラインが光って見える」という現実と結びつくのです。熟練に向かって誰もが獲得したいこの〈能力〉は，たとい高性能のカメラの目をもっても〈身体を持たないAI (artificial intelligence)〉では答えを導き出せないのです。

§ 10.　〈述定判断〉で何が主題化されるか

〈述定判断に改めて向き合う〉

　運動の練習中に〈できた〉という判断はどのように行われたのでしょうか。例えば「逆上がりがあがった」と喜ぶ子どもは，運動中に自分の逆上がりの運動経過全体を自分の目で見ることはできません。視覚では，天井や地面を捉える程度です。後でビデオなど「再現映像で確認したから分かった」というなら，後で視覚によって確認できないものは，自らが何をやったのかは分からないというのでしょうか。確かに〈まぐれ〉においては，できたという経験だけが顕在化され，その流れる〈動く感じ〉は潜在的で自己自身を〈忘却〉しています。しかし，私たちは〈反省〉という，超越論的自我に現象学的還元を施すことにより，私が「逆上がりが上がった」という経験が自我にもたらされるのです。その経験は「絶対にそれ自身として現に存在して」いて，「絶対的に自己を示現する絶対の存在という意味」で，誰も疑うことができない〈絶対主観性〉という感覚を維持しているのです[63]。しかし，その判断は「腕を曲げた感覚」「足を振り上げた感覚」「お腹に鉄棒が当たった感覚」など，それぞれの個別な感覚が集まって行われたと考えたくなります。腕の曲がりは〈深部感覚〉の情報として捉え，生理学的な運動感覚で説明しても，それは後から理由づけした説明でしかありません。また，そのような個別感覚の集合体といっても，なぜそれが「逆上がり」という運動課題の〈感覚質〉を構成するのかという答えにはなりません。「私は歩いてきた」という判断は，「移りゆく景色」「交互に足が出ている感覚」など個別感覚の情報によって判断されているといっても，〈歩く〉〈小走り〉〈走る〉などをどこで区別したのかという等質時空系での区分線は引けません。「移りゆく景色のスピードの違い」によって区別されているといっ

63　L. ラントグレーベ／山崎庸佑他訳 (1980)：『現象学の道』木鐸社　316 頁以降

ても，自分の歩く速度がどの程度速くなると〈小走り〉で，さらにどのくらいの速度になると〈走る〉になるとは規定できないのです。それは全て本人の〈主観的な判断〉に頼るしかないのですが，私たちはそれを判断できるから，「駅に向かって最初は歩いていたけど，間に合わないから走ってきた」といえるのです。

　しかし，科学的思考に慣らされている私たちは，このようなことを「全ての感覚情報が脳に集まり判断している」という，情報システムのモデルを当てはめて考えるのが一般です。脳というブラックボックスへの感覚情報の入出力の関係を導き，ある感覚を遮断し判断が狂えば，その感覚情報が脳の判断に役立っていると結論づけることになります。

〈現象学は脳科学に対向する〉

　脳科学研究においても，一般的には個別的感官と個別的感覚との対応関係を単位として前提にし，それら諸感覚相互の間の連結を経て，高次の対象認識が成立すると考える立場があります。一方で，個別的感覚単位を前提にするのではなく，「未分化な全体からの分化」を基礎原理とし，〈クオリア〉の解明に向かう立場もあります[64]。脳科学では〈感覚的クオリア〉と〈志向的クオリア〉と区別され，〈感覚的クオリア〉は，実際に目を開けて外からの刺激を見ている状態でないと絶対に生まれないような質感を意味します。一方で，思い出すときには脳で色そのものが蘇るわけではなくて，色という〈感覚的クオリア〉に貼りつけられた志向的なものしか残りえないから，記憶に残るのは〈志向的なクオリア〉だけだといいます[65]。しかし，ブレンターノの志向性を引き合いに出し，〈現象学的解剖学〉として脳内データを〈志向的クオリア〉として取り上げたとしても[66]，どのように特定の感覚質として感じられるのか，いわゆる「クオリアの問題」とされる最大の難問を未解決のままに放置されているのです[67]。

　スポーツ実践場面の〈動く感じ〉を脳科学のクオリアで説明したところで，その質感の感じ方は人それぞれ違います。練習場面で自分の〈動く感じ〉を他

64　山口一郎 (2011)：『感覚の記憶』知泉書館　192 頁以降
65　茂木健一郎 (2008)：『脳科学講義』筑摩文庫　131 頁以降
66　茂木健一郎 (2007)：『脳内現象』日本放送出版協会　75 頁以降
67　山口一郎 (2011)：『感覚の記憶』知泉書館　193 頁

人に語れば，「そんな感覚はおかしい」といわれることもあります。ところが習練を重ねていくうちに，「分かった」と新たな〈動く感じ〉に気づくこともあります。熟練への道を歩みながら，自分自身でも同じ動きをとらえる〈動く感じ〉がさっきとは異なって捉えられたり，日によって感じ分けられなかったりもします。こうしてスポーツ選手は日々の練習を振り返り，超越論的自我の〈絶対主観性〉に現象学的還元を施しているのです。

　さらにその〈動く感じ〉を評価しながら，「この感じはダメだ」と取捨選択をします。フッサールは，このような〈判断〉は，われわれは並行して二つの努力志向をもっており，表象する（認識する，ないしは認識を目指す）努力と，期待と楽しみを目指す評価する努力をし，この判断の裏には〈価値覚(Wertnehmung)〉が働いているといいます[68]。私が感じた直接経験は，こうして受動綜合化されている〈地平志向性〉との絡み合いが主題化されていくから，この問題圏の開示には，フッサールの超越論的現象学の志向分析が求められるのです[69]。

　スポーツ実践場面では，選手はこのようにして〈動く感じ〉に超越論的志向分析を施し，問題を解決してきました。しかし，その解決の方法が「選手個人の経験の積み重ね」というだけで放置されてしまえば，努力によって磨き上げられた技能の伝承は行われず，個人の能力として墓場に埋められてしまいます。だからこそ発生運動学はこの問題圏を学問的に開示しようとします。それは運動文化の伝承という道を拓く実践可能性に挑戦しようとするから，とりわけ〈伝承論〉と呼ばれることになるのです。

§ 11.　競技する実践可能性の判断に向き合う

〈ノールックパスとは何だろうか〉

　感覚質の〈感覚発生〉を問うスポーツ実践可能性のあらゆる述定判断は，〈コツ〉と〈カン〉が絡み合っています。私が動いたという判断が自らの動きとして個別感覚情報と結びついているとしても，バスケットボールの〈ノールックパス〉は，パスをする相手を視覚によって確認していません。視覚情報もなく，

68　フッサール／立松弘孝他訳 (2013)：『イデーン Ⅱ-Ⅰ』みすず書房　10 頁以降
69　フッサール／渡辺二郎訳 (1986)：『イデーン Ⅰ-Ⅰ』みすず書房　35 頁以降

背後にいる仲間に正確にパスをする判断はどのようにして行われているのでしょうか。発生運動学が主題化している志向対象の〈動感形態〉には,「どう動くか」という〈コツ〉と「どんな情況」を捉えるかという〈カン〉が〈二重化一元性〉として機能しているのです[70]。パスをしようとするとき,仲間が「背後から来ている」というカンが働き,「どのようなパスをするか」という〈コツ〉が生み出されます。パスを受ける相手も,仲間が「自分にパスを出す情況だ」という〈カン〉が働き,相手に「パスを受ける」という〈コツ〉が〈今・ここ〉で充実化しています。この見事なパスが行われたとき,あたかもパスが来ることを知っていたかのように,パスを受けたプレーヤーはその後のゲーム展開につなげていきます。

　しかし,〈判断〉そのものは本質的な動機づけの諸基盤を有しています。仮にもしそのような基盤がないとすれば,判断は何よりもまず確実性という根本様相で存在することができなくなります[71]。フッサールは「伝統的な認識論と心理学は明証性を〈何らかの帰納的もしくは因果的な経験の法則性によって,心の内面性と関連する独特な特殊与件だ〉と見ている。このような出来事は諸動物には通常当然認められない」[72]。さらに,いくつもの過去把持が《眠っている》意識の形態へ沈殿することや,連合した空虚な諸志向の,思念と充実を求めたりする空虚な努力,充実,確認,実証,消去,虚偽,実践上の間違いなど,これらのことをすべて考慮してその統一を明らかにする研究が,現象学の膨大なテーマだとフッサールは主張します[73]。スポーツ運動学も実践可能性の〈具象化動感経験〉を開示しようとするのですが,その分析は決して帰納的蓋然性を求めるものではありません。

〈歩くと走るの区別〉

　例えば,外部視点からの運動経過の違いで〈歩〉と〈走〉を区別し,〈空中局面の出現の有無〉を述定化の判断基準とすることがあります。ところがなぜ〈空中局面の有無〉が問われるのでしょうか。それは〈歩〉〈走〉という主観的な判断を起点として,外部視点での運動図形変化の違いを説明しただけに過ぎ

70　金子明友 (2018):『わざ伝承の道しるべ』明和出版　107 頁
71　フッサール／立松孝弘訳 (2015):『形式論理学と超越論理学』みすず書房　314 頁
72　フッサール／立松孝弘訳 (2015):『形式論理学と超越論理学』みすず書房　314 頁
73　フッサール／立松孝弘訳 (2015):『形式論理学と超越論理学』みすず書房　314 頁

ません。ところが「一般に歩くことは空中局面が出現せず，走ることは空中局面が出現している」という論理可能性のカテゴリー分析が認められ，空中局面の有無が〈歩〉と〈走〉の判断基準とする結論を導き出すことになります。

　このような結論に導くためには，複数の具体的事実から同一の傾向を抽出する「帰納的抽象」の手続きを行うことになります。その第一段においては，比較校合する素材的与件たる一群の個物が弁別収集されます。そして，第二段において，それら与件群の普遍本質的な規定性が検討されることになります[74]。そこでは，具体的事実として〈歩〉と〈走〉の主観的判断が先行していることになります。この主観的な判断を無視すれば，あらゆる移動形態を分析して〈歩〉と〈走〉を規定していかなければなりません。つまり，分析する以前に，すでに〈歩〉と〈走〉の区別が主観的に行われていることになるのです。

　お年寄りのスローランニングの動感感覚は，空中局面が出現していなくても〈走る〉という〈動く感じ〉で構成されています。その老人に空中局面の出現を求めても，老いた身体では空中局面が出現しません。その老人に「歩いてください」「走ってください」と指示を出せば，本人は〈歩〉と〈走〉を区別して移動することができます。しかし，この二つの移動形態には，空中局面は出現しませんが，本人の判断基準はどこに求められるのでしょうか。〈絶対主観性〉として疑えない本人の〈歩〉と〈走〉の区別は，主観的な判断が先行しているのです。同様に，空中局面の出現の有無として〈歩〉〈走〉を規定している〈競歩［RACE-WALKING］〉の判定は，大きな問題を投げかけます。競歩では，〈ロス・オブ・コンタクト〉という歩行形態の判定基準があります。それは競歩の歩行形態で「両足が同時にグラウンドから離れる」と失格になるというルールです[75]。

　「両足が同時にグラウンドから離れる」ことは，両足を揃えてジャンプでもしない限り起こりえないので，歩行動作におけるこの言葉の意味は「両足がグラウンドに接地している局面がない」という意味と解釈できます[76]。テレビ映像を手軽に録画できる時代において，競歩の試合の映像をスローで再生すれば，このルール違反が誰でも分かってしまいます。多くの競技者がルール違反をしていることを見逃す審判員は，どのような判断をしているのでしょうか。審判

74　廣松渉 (1988)：『哲学入門一歩前』講談社現代新書　117 頁
75　陸上競技連盟編 (2018)：『陸上競技ルールブック 2018 版』ベースボールマガジン社　327 頁
76　金子一秀・山口一郎 (2020)：『〈わざの狂い〉を超えて』明和出版　165 頁

員は「空中局面の出現の有無を見逃している」という指摘の声に翻弄され，やがてビデオ映像で判定するようになるのでしょうか。昨今流行のビデオ判定システムを導入すれば，「怪しい」「明らかに違反している」という主観的判断は数値化されることになります。ほんの一瞬の空中局面の出現を見逃すことがない精密機器を利用し，その正確性に翻弄されれば，競歩競技そのものの成立が怪しくなってしまいます。だから〈評定〉や〈判定〉という先行している人間の主観的判断そのものを開示する必要に迫られるのです。改めて，競歩独自の歩行形態を再考し，ルールの見直が必要ではないでしょうか[77]。

〈コロナ禍の体育授業は何を意味するか〉

　しかし，この問題を解決するのはそう簡単ではありません。世界中が未曾有の危機直面しているコロナ禍では，他人との接触を避けることから，教育機関では通信技術を活用した授業が展開されています。パソコンの画面上に現れる先生や生徒の動画がリアルタイムで流されると，教室での面接授業と同じ機能を果たすと考えることになります。

　スマートフォンなどで外国にいる友達と双方向通信ができる現代では，手軽に相手の様子や状況がリアルタイムで分かります。それは，あたかも外国の友達が今そこにいるような錯覚にさえ陥る，素晴らしい技術です。しかし授業にそれを活用するとなるとなかなか問題があるようです。

　会話をするように，双方向通信授業でその場で相手の意見を求めたり，議論をするのであれば，直接対面で会話している同じ機能を果たすとも考えられます。一方で，教員が一方的に講義をし，受講者が聞く授業形態であれば，双方向同時通信の技術はあまり意味を持ちません。受講生に「質問をして答える」とことがなければ，座って授業を聞いている態度がリアルタイムで判断できる程度にとどまってしまいますが，それは授業の教科内容とは本質的に異なるものです。昔は受講態度の悪い生徒を立たせることがよくありましたが，双方向同時通信の画面上で，受講態度の悪い人を立たせたりするのでしょうか。現代では体罰として戒められていますが，授業態度を確認するだけに留まるのであれば，双方向通信の意味はあるのでしょうか。

　一方，課題学習として動画を配信したり，レポート課題を配信することは，

いつでも好きな時間に課題を行うことになりますから，従来の授業の時間割編成は崩れてしまいます。さらにやっかいなのが，体育の授業です。コロナ禍でバスケットボールの授業課題が動画で配信されてきても，「自分はボールもないし，バスケットゴールは公園にもない。どうやってこの課題を覚えれば良いのか」という悩みがSNSに書き込まれています。それで体育の授業が評価されるのであれば，「そもそも体育とは何を学ぶものか」という基本問題が明るみに出てきます。

〈学校体育の実践可能性に問いかける〉

　健康体力づくりだけを目的として，「課題を実施した効果が出れば評価できる」とするならば，課題を配信しその結果のデータさえあれば，授業が成立することになります。技能習得を目的にしても，課題を実施した動画を提出させて，それを評価するのでしょうか。双方向通信で直接指導をしているといっても，それぞれの受講生に個別に対応するのでしょうか。個別に丁寧に対応することが評価されれば，以前の面接授業に戻れば，個別に指導をすることを受講生が要求してくることも考えられます。それに答えられなければ，コロナ禍の授業の方が良いという風潮が生まれ，遠隔授業を推奨することになるのでしょうか。

　コロナ禍で緊急避難的措置としてお茶を濁しても，終息した後は，「改めて対面で行う体育の授業の目的とは何か」が問われることになります。そこに明快な答えが出せなければ，体育の授業は遠隔授業で充分だから，提出されたデータを分析する専門機関があれば良いという結論が下される可能性があります。やがて体育教師は必要なくなり，専門スポーツ種目の技術指導は外部指導員などの専門家に任せ，現在の体育の授業は専門機関でも設立し，全国一元管理することになるのでしょうか。コロナ禍の各教育機関の対応は，今後大きな波紋を呼ぶことになるでしょう。

　しかし，多くの人が先生や友人と直接会って話す面接授業との違いを感じています。文部科学省も面接授業を行うことを推奨しても，「その違いは何か」ということを明確に示せないようです。授業以外の活動にも教育価値があるといっても，そのような教育成果は受験に関係するほどのものとは思えません。やがて成果主義の渦に巻き込まれ，次々に通信技術を利用する授業で面接授業

が代替されていくのでしょうか。通信教育は以前からありましたが，これが新しい教育スタイルとなれば，大学キャンパスは必要なくなります。クラブやサークル活動なども，大学の枠組みを外しても実施可能です。従来のような，大学の名誉を賭け競う学生選手権などは意味を持たなくなってしまうのでしょうか。会社でも入社してから一度も他の社員と直接顔を会わせることなく退社していくのでしょうか。コロナ禍で「冷蔵庫の前で一人で飲むビールよりも，店のカウンターで一人で飲むビールのほうが美味しい」と呟く人がいますが，その本質はどこにあるのでしょうか。

　AI の進歩はさらにこのような問題に拍車をかけますが，人間が AI を利用することはあっても，AI に人間が利用されることはあってはなりません。そこには〈AI にできること〉と〈人間ができること〉との区別が求められるのです。それは AI が手に入れられない〈人間主観の問題性〉が開示されなければならないのです。その価値を取り戻したとき，AI との共存世界が生み出されるのではないでしょうか。こうしてコロナ禍は終息しても，別の意味でその爪痕が残っていきますが，爪痕を残しているのは，実はコロナではなく我々人間であることを忘れてはならないのです。

§ 12．〈形なきかたち〉とは何を意味するのか

〈客観的とは何かを改めて問う〉

　私たちの身体のこの物質的な側面だけを対象として運動を分析するのがスポーツの自然科学です。例えばバイオメカニクスは，その運動の〈形〉の図形変化を分析しますし，運動生理学では運動による生体の物質的な機能を分析します。しかし，自然科学的運動分析が間違っていると誤解してはなりません。科学的な運動分析は〈法則原理〉に基づいた精密を本質とする，実り豊かな運動研究法なのです。それとはまったく異質な，別種の方法論である発生論的運動分析の本質をしっかり認識しなければなりません。この本質的な違いに気づかずに，一方に還元しようとして，無分別な統合や合成に走らないことこそ大切なのです[78]。スポーツ運動学とスポーツ科学の統合はないとしても，高次の協力は必要なのです。

78　金子明友 (2002)：『わざの伝承』明和出版　305 頁

　フッサールも，自然科学は〈外的な経験〉から出発するのが自然科学の基盤であり，自然科学にとって先在する所与は外的経験から派生していると説明します。つまり〈客観的なもの〉とは，主観的なものが変動しても，その変動が多様であっても変化しない〈真の存在〉のことであり，この存在がさしあたり最初の意味での，すなわち物理的な自然という意味での〈客観的な自然〉なのです。さらに拡張された第二の自然は，〈心理的なものの〉外面化によって，すなわち心理的なものが物理的なものに規制されて，後者と結合することによって生じるのが，いわゆる実証的心理学なのです[79]。仮に，実証的心理学が〈内的な経験〉から出発したとしても，記述と説明の対立にとどまれば，記述を説明の下位段階と捉えることになり，それはすなわち〈客観的なもの〉に向かっていることを意味します[80]。

　〈動く感じ〉を構成する身体をスポーツ運動学では〈動感身体〉と呼ぶことになります。自分の動感意識だけで構成された〈形〉を持たない人間が「逆上がりができた」といっても，動かす手足がなければ「夢でも見たのか」といわれてしまいます。物質的な身体を持ち合わせているから，動かす手足があるから実現できるのです。一方で「膝が曲がっている」と欠点を指摘されても，運動中に膝が曲がった感覚がない場合があります。つまり運動中の動感身体には脚がないのですが，習練を重ねていくうちに，「膝が曲がっていた」と気づくことがあります。こうして〈形〉をもつ私たちの物質身体を駆使する動感身体の問題が浮き彫りになってくるのです。発生運動学で捉える動感身体は一元論に基づいて，物質的身体も持ち合わせていますから〈身体物体〉という，外的に知覚される物質的事物性をもっているのです[81]。

〈形なき形とは〉

　この動感身体を駆使して覚えようとする習練対象が〈動感形態〉と呼ぶことになります。〈動感形態〉という志向対象は〈形なき形〉[82]と呼ばれますが，あえて発生運動学では〈形なきかたち〉と表記します。それは，〈形〉という物質身体のような輪郭を持った印象を拭うためですが，とはいっても全くまと

79　フッサール／立松弘孝他訳 (2013)：『イデーン Ⅱ-Ⅱ』みすず書房　239頁以降
80　フッサール／立松弘孝他訳 (2013)：『イデーン Ⅱ-Ⅱ』みすず書房　285頁
81　金子明友 (2005)：『身体知の形成（上.）』明和出版　316頁
82　西田幾多郎 (2016)：『西田幾多郎哲学論集 Ⅰ』岩波書店　36頁

まりのないのでは習練対象とはなりません。〈形なきかたち〉という言葉は，自然主義的態度に慣れ親しんだ私たちにとっては，「形がないのだから，形はない」と理解するのが一般です。しかし，これから〈動く感じ〉を構成するための志向対象は，〈形〉を持ちませんが，動感が〈メロディー化〉された一つのゲシュタルトとしての〈かたち〉を持つことになります。その構成化は，〈空虚〉から〈充実〉の〈事態〉を彷徨います。発生運動学で捉えるこの〈かたち〉を理解するには，ゲーテのモルフォロギーにまで遡ることになります。

　ゲーテは，生きものの形成の〈すがた〉を個々ばらばらに分解しないで，まるごとの統一されたものとして直観したいという，このような学問的衝動に貫かれた理論一般を「モルフォロギーと名づけたい」(welche wir die Morphologie nennen möchten) と述べて，〈モルフォロギー〉という表現を公に宣言しました[83]。ゲーテの提唱したモルフォロギーは，モザイクのようにばらばらになってしまうものではなく，統一された〈かたち〉を求めることになります[84]。スポーツ運動学が主題化しているのは，植物や動物の有機体の〈かたち〉を考究したゲーテのモルフォロギーそのものが問題の核心に据えられるわけではありません。しかし，一瞬として止まることなく流れ消え去っていく〈動き〉の〈かたち〉の問題圏の開示は，ゲーテのモルフォロギー思想を基柢に据えざるをえないのです[85]。

　こうして，視覚的に捉えられる人間の運動経過の背景に潜む〈自己運動〉[86]としての〈動く感じ〉というキネステーゼの〈直観〉を主題化することになるのです。この〈直観〉にもたらされる〈かたち〉こそ，「深きなきものの深さ，形なきものの形」という西田幾多郎の〈芸術的直観〉と軌を一にすることになります[87]。こうして，私たちは運動課題を覚えるとき〈形なきかたち〉を〈直観〉で捉えようとするのです。

〈実践可能性こそ発生論の原泉となる〉

　私たちの動感意識は，他者から見える物質身体の運動の〈形〉をすべてを〈動

83　金子明友 (1995)：”スポーツモロフォロギーとは何か”スポーツモロフォロギー研究1　11 頁　スポーツモロフォロギー研究会編
84　金子明友 (1995)：同上書　12 頁
85　金子明友 (1995)：同上書　2 頁
86　ヴァイツゼッカー／木村敏他訳 (1988)：『ゲシュタルトクライス』みすず書房　31 頁以降
87　西田幾多郎 (2016)：『西田幾多郎哲学論集 Ⅰ』岩波書店　316 頁

く感じ〉で捉えてはいません。だから自らの動感意識にない，〈気づいていない〉動感に志向すると〈できなくなる〉という現実に直面することもあります。一方で，新たな〈動く感じ〉に意識的に気づき主題化し動きを修正し，その後，その動感意識を背景に沈め，新たな〈動感メロディー〉を奏でることもあります。このようにして，志向対象である動感形態は〈動きかた〉とともに充実していきます。例えば，動感発生に関われる体操競技の指導者は，選手の〈地平志向性〉との絡み合いを知悉しているから「一言であの技をできなくさせることができる」と危険な能動志向性を読み取ることもできます。私たちの〈自己運動〉は，志向対象の〈動く感じ〉とその充実化の働きの〈動きかた〉との絡み合いで，動感メロディーを奏で〈形なきかたち〉として〈身体化〉されていくのです。その志向対象は常に空虚ながらも〈先所与〉[88] されているから，想像でも具体的な他人の動きでも我が身の習練対象となる可能性が拓かれるのです。私たちは，いつもすでに時間流のなかに〈原発生〉の〈地平志向性〉を捉えているから，フッサールによる「感覚対象こそが原対象だ」[89] という指摘は，〈私はできる〉という発生論的実践可能性を示唆しているのです[90]。

　科学的精神医学においても，人間関係という〈形なきもの〉を形のないままで観察したり，それを医学的に治療したりする技術を，全く教えてくれないようです。人間の精神現象がいつの日か〈形あるもの〉として白日のもとに曝け出されることを期待しているのは，自然科学的な精神医学の信奉者だけではなく，深層心理学を学んだ精神療法家でさえ〈無意識〉に形を与え，この形を客観的に理論化できることに汲々としていると，現象学的精神医学は批判します。「現代の精神医学がやっていることは，一枚の絵の芸術的価値がそこに使われている絵の具の化学的な分析によって証明できると考えることとどこか似ている」[91] というように，スポーツの自然科学も，人間の主体の営みに目もくれず，外に現れた〈形〉の違いの分析に躍起になり，いつしかその主観的な営みが〈形〉として現れると信じているようです。

88　フッサール／立松弘孝他訳 (2013)：『イデーン Ⅱ-Ⅱ』みすず書房　49 頁
89　フッサール／立松弘孝他訳 (2013)：『イデーン Ⅱ-Ⅰ』みすず書房　20 頁
90　金子明友 (2018)：『わざ伝承の道しるべ』明和出版　453 頁
91　木村敏 (1991)：『形なきものの形』弘文堂　156 頁

§ 13. 映像化されない〈動く感じ〉

〈トレーニングの心構え〉

　過去に男子体操競技は〈日本のお家芸〉と評され，世界を席巻しオリンピック団体 5 連勝を果たした時期がありました。初めて旧ソ連を破った 1960 年のローマオリンピック団体優勝の後，世界中が日本の体操競技に注目が集まりました。そのような中で，1962 年に" Die Geisteshaltung beim Turntraining"という表題で，ドイツ体操連盟の機関誌〔Olympishes Feuer〕に我が国独自の「トレーニングにおける心構え」が論文として掲載されました[92]。この論考は 1960 年のローマ五輪で体操競技男子チームが初優勝を果たした時の金子明友監督が，親交のあったゲーラー [Dr. Josef Göhler, Würzwurg] による『Japanische Turnkunst』(1962) のための独文原稿の一環として提出されたものでした。ところがゲーラー博士の推薦によって，ドイツ体操連盟の機関誌「Olympishes Feuer [五輪聖火]」に急遽発表されるに至ったものです。それまでの我が国の体操競技のトレーニング方法論の体系化は 1961 年から 1962 年にかけて着手されていましたが，その全体構想は後年「体操のトレーニング〔『種目別現代トレーニング法』1968 大修館〕」として上梓されました。

　その後，1988 年に『体操競技コーチング』[93] が出版され「トレーニングにおける心構え」の十箇条が日本の体操競技を志す人の基本的なトレーニングの心構えとして浸透していきました。さらに，この十箇条の心構えは，東京女子体育大学体操競技部の依頼を受け，現在の発生運動学の立場から平成 7 年に書き改められ揮毫され，「技を極める十戒」として，東京女子体育大学体操競技場に扁額として掲げてあります。その十戒には「習練には常に投企と省察欠くべからず」「常にこつの言表を怠るべからず」「技の違いを見抜くこと専一と心得るべし」「器械をわが身として慈しむべし」「技の仲間と共同世界に在るべし」「慢心して技の転機を見失うべからず」「理想像に動きの旋律を欠くべからず」「技の狂いは上達の兆しと喜ぶべし」「こつは自らつかむほか道なしと心得るべし」「技の工夫の外に心の工夫あるべからず」と記してあります。

92　A.Kaneko(1962) : "Geisteshaltung beim Turntraining", Olympisches Feuer 1962. 10
93　金子明友 (1988) :『体操競技のコーチング』大修館書店

　体操競技のコーチングに掲載されている「理想像と勝負すること」という文言は、「理想像に動きの旋律欠くべからず」と書き改められています。それは「技の練習に役立つ理想像は具象的な運動表象をもとにして描かれることになる。このような理想像こそ技の修正練習の判断になり、一回毎の出来栄えはこの理想像との比較を通じて反省されることになる」[94] という意味を含んでいます。体操競技では理想像を目指して習練を続けるから、自らの〈動く感じ〉が反省できるのですが、その理想像を自らの〈動く感じ〉で構成しなければ画餅となってしまうのです。

〈動く感じは身体で見る〉

　評定競技である体操競技では、技の出来栄えを審判員が採点をします。膝が曲がれば減点をされる技では、「自分が伸ばしている」といくら主張しても、現実が異なれば減点をされてしまいます。そのような特性のある競技ですから、選手や自らの〈動く感じ〉が「他人からどのように見えるか」ということに強く関心を持つことになります。だから、私が動いた〈身体感覚感〔leibhaftige Empfindnis〕〉がどのように他人に見られているかというような〈像意識〉を常に基準にして習練に励むことになります。

　ビデオなどで手軽に自分の技を見られなかった時代では、たまたま自分の再現映像を見ることができても、それが自分であるとは気づかないこともありました。技の習練においては、動感志向性を投射して他人の技を観察し共感しながら、「自分もあのような技をおこなっている」と想像していくことになります。しかし自分の想像とは全く異なる自分の技の再現映像は、他人に言われない限り自分と気づくことができない場合もあります。「それが自分である」と告げられて、初めて自分の〈動く感じ〉が「このように他人から見えていたのか」と気づき、反省をすることになります。ビデオなど手軽に自分の技を見ることができなかった時代でも、優れた体操選手は多くいましたが、それは他人から見える自分の技捌きを極めて精確に把握できる能力を有していたと考えられます。

　開眼手術に視覚を得た人が、「手術後に示された事物を、何回も呈示されても、

94　金子明友 (1988)：『体操競技のコーチング』大修館書店　134 頁

触らずには認知することができなかった」[95] という事例があります。開眼手術の直後，目は身体の一部ではなく，眼は触られることによって，自ら触感覚と運動感覚を生じさせるからこそ，眼は必然的に身体の一部として統覚されるのです[96]。失った光を取り戻しても，私の身体としての視覚を構成するには時間がかかるようです。

　視覚と触覚についてフッサールは「私は自分自身に触るのと同じような仕方で，自分自身を，自分の身体を見ることはない。というのも，触られる身体としての私の身体は，触られながら触るものでもあるが，しかし見られている身体と私が呼んでいるものは，見られつつ見ているものではないからである。」[97]と指摘します。だから，私の技捌きの姿を想像できる体操選手は，習練によって獲得された能力と理解されることになります。

§ 14. 〈中立性様相化〉される志向対象

〈論理可能性と実践可能性の間の二形統一体〉

　幼児が一輪車を覚えるとき，その姿形を像意識として習練対象としているとは考えにくいものです。さらに，視覚障害者が運動を覚えるときに，どのような習練対象を構成しているのでしょうか。そこに私たちと同じような像意識が構成されるとは考えにくいものです。体操競技の選手は，私の技捌きの姿形が他者から採点されるという競技特性から，他者から見た自分という像意識を極めて鮮明に持つことができるようです。

　さらに「できる気がする」という，動感感覚が我が身に感じられる〈絶対主観性〉は，どう理解されるのでしょうか。示範の動画と自ら動いた動画を比較し，目指すべき運動経過との図形変化が小さくなったことを意味するのでしょうか。しかし，そのような対象化された映像を比較することができなくても，一人で練習をしていて「できる気がする」ことがあります。さらに，動感形態化が二重の仕方で構成されると考え，形式論理を展開し「できる」「できていない」という動感意識の距離が縮まり「できる気がする」というのでしょうか。

95　M. フォン・ゼンデン／鳥居修晃・望月登志子訳 (2009)：現代基礎心理学選書 第二巻 『視覚発生論』共同出版 128 頁

96　フッサール／立松弘孝他訳 (2013)：『イデーン II - I』みすず書房　176 頁

97　フッサール／立松弘孝他訳 (2013)：『イデーン II - I』みすず書房　175 頁

「できる気がする」には，さらに「ここがこう動けば」というより具体的な動感意識もあります。あたかも，「できる」ということが我が身で完全に捉えられ，その差がまさに感じ取られているというのであれば，「できる」という動感意識を捉えているのに，なぜ「できないのか」という疑問が浮かび上がってきます。

　一方で，マット運動の伸膝前転を体操選手が示範を行うと，つま先も伸びてきれいでスムーズな運動経過が示されると思います。それは非の打ち所のない素晴らしい示範としても，「できそうな気がしない」という充実化が難しくなってしまいます。一方で，上手ではないけれど運動課題が達成できる程度の示範を見れば，「あんな感じなら，できるかもしれない」ということも起こります[98]。だから「良い・悪い示範とは何か」という問いに答えるのはそう簡単ではないのです。「私にとって」と，それぞれの〈価値感覚〉で示範の意味が変わってしまうのであれば，どのように示範をすれば良いのでしょうか。さらに，外界の具体的な運動の示範を見ることでしか，習練対象としての動感形態が構成されないわけではありません。いまだ見たことのない運動を習練対象にすることもできます。例えば，体操競技の〈新技〉は，まだ誰も実施したことない技を意味します。それが世界で初めて発表されると，その技名には俗称として発表者の名前がつけられます。それを習得する選手とコーチの関係は奇妙なもので，習練対象となる技は両者とも見たことがないのです。だから「習練対象が誰かの示範によって示されたから，運動習得が可能であった」という因果関係は成立していません。こうして，この難題は，形式論理で扱えないから超越論的論理を展開することになるのです。

　フッサールは，「問うことの固有な意味は，答えることを通して，ないし答えにおいてあらわになる」[99]といいます。さらに「問う者は，このような可能な答えの形式を意識的にすでに予科しているということ，ならびにこの答えの形式は，すでに問いそのものの表現において，問いの内容として現われているということである。あらゆる可能な判断が問いの内容として考えられうる。むろん，その判断は問いにおいてはいまだ現実的でなく，見込まれただけの，たんに〈中立的に〉表象されただけの判断であり，問いの内容としては肯定か否定かにとどまるものである」[100]ことに言及します。

98　金子一秀 (2015)：『スポーツ運動学入門』明和出版　160 頁
99　フッサール／山口一郎他訳 (1997)：『受動的綜合の分析』国文社　92 頁
100　フッサール／山口一郎他訳 (1997)：『受動的綜合の分析』国文社　93 頁

　少なくとも私たちが能動的に運動を覚えようとするとき，まず先に覚えるべき対象が措定されます。そこでは反省に先立って，「それは〈できるか〉〈できないか〉」という問いが生じます。この中立的に措定された志向対象への受動的な問いが〈なじみの地平〉[101] であり，〈私はできる〉〈私はできない〉とは，抵抗なしにできるという場合もあるし，抵抗を克服してできる場合もあります。抵抗が克服され得ない場合には〈私にはできない〉ということになりますが，この判断は〈自己運動〉としての〈身体活動〉が媒介されています[102]。「無理，できない」というのであれば，運動課題の習練の道はそこで終わってしまいます。しかし「無理かもしれないけど，やってみたい」という動機が息づいていれば，何らかのかたちで習練が開始されます。こうして，能動的な様相変動とともに熟練の道を歩み，私たちは「コツが分かった」と確信に至ることになります。

〈中立性様相化とは〉

　運動を覚えるのは〈私の身体〉であり，事物を知覚することとは異なる様相を呈します。そこでは「分かっているけどできない」「よく分からないけどできる」という，常に〈実践可能性〉が問われることになります。そこで問題とされていることは，知覚対象の定立ではなく，私の〈実践可能性〉なのです。だから志向対象としてのノエマは，まずもって「未決定のまま宙ぶらりんにしておく」，実効成果を作り出す働きを〈中立化〉しているのです[103]。その〈中立化〉された未決定の志向対象は，〈論理的可能性〉と〈実践可能性〉を孕み，私たちは実践可能性の道へと引きずり込もうとするわけです。私たちが未決定のまま〈中立化〉される志向対象を構成することが起源となるから，想像や知覚対象でも私の習練の目標となるのです。こうして，〈私にとって〉という固有の志向対象を動感経験とともに充実化していくのです。形式論理で一般化されないこのアポリアは，超越論的論理において開示され，いつもすでに時間流のなかに〈原発生〉の〈地平志向性〉を捉えていて，中立化された志向対象は自由な充実化の道が拓かれるのですが，フッサールによる「感覚対象こそが原対象

101　フッサール／長谷川宏 (1999)：『経験と判断』河出書房新社　99 頁
102　フッサール／立松弘孝他訳 (2013)：『イデーン Ⅱ - Ⅱ』みすず書房　102 頁
103　フッサール／渡辺二郎訳 (1984)：『イデーン Ⅰ - Ⅱ』みすず書房　177 頁

だ」[104] という指摘は，〈私はできる〉という実践可能性を示唆しているのです[105]。

　スポーツの実践場面では多くの〈難題〔アポリア〕〉を選手や指導者は解決し，今後も解決していくと思います。その努力や能力を開示し，指導現場に寄与しようとするのがスポーツ運動学ですから〈実践理論〉と呼ばれることになります。しかし，スポーツ実践場面の豊かな経験を開示するには，難解なフッサール現象学を下敷きせざるを得ません。競技実践可能性で生じる不思議な経験は〈常識〉では理解できませんが，フッサール現象学の厳密な超越論的分析はその可能性を拓いていきます。

　我が国のスポーツ運動学は，マイネルの遺志を継ぎ，実践の動感発生に役立つ理論として発展を続けています。その上でスポーツ運動学と現象学の共創を推し進めることは，さらに広大な〈運動文化の伝承〉という問題圏の開示へとつながるのです。

104　フッサール／立松弘孝他訳 (2013)：『イデーン II - I 』みすず書房　20 頁
105　金子明友 (2018)：『わざ伝承の道しるべ』明和出版　453 頁

あとがき

山口一郎

　『スポーツ運動学・現象学講座』の創刊号『〈わざの狂い〉を超えて』の「あとがき」では，本講座が企画されることになったその経過と，これからの編集方針が語られました。クルト・マイネルのスポーツ運動学とエトムント・フッサールを中軸にした現象学との共創的共同研究が提起されたのです。この二つの学問の共同研究において，それぞれの学問の研究活動の根底に，人間の諸活動における「実践と理論」との緊張関係が研究活動を推進する根本的動因として働いていることが，認められなければなりません。

　スポーツ運動学にとって，スポーツの実践とその理論化にあたって，実践が先立つことは，当然といえますが，その身体運動能力の審判による評価が問題にされるとき，常に評価基準の客観性が保証されねばなりません。この評価基準は，すべて数値化されるのですが，この評価基準の数値化に当たって，それぞれのスポーツ競技において「こうあるべきとされる理想像」が評価基準となり，それが数値化されることになります。当然ですが，数値の客観性が先にあるのではなく，「理想像」である「評価基準」の客観性が先立っているのです。この理想像は，スポーツの実践の中でしか形成されず，この理想像の客観性は，実践者の〈あいだ〉に共有され，獲得されていくものです。

　本書『スポーツ運動学・現象学講座第2巻　わざの伝承－加藤澤男・金子明友の〈あいだ〉－』では，その理想像が，「わざの伝承」として，選手とコーチのあいだで，集中した毎日の練習と工夫，そして試合の只中で，どのように，技の理想像が探り当てられ，「動感メロディー」として確認されあっていくのか，オリンピック8個の金メダルで著名な加藤澤男先生とオリンピック体操競技団

体 5 連覇の監督として，またスポーツ運動学研究の第一人者でもある金子明友
先生との〈あいだ〉で，そのもっとも根底的で本質的な生成のプロセスが，縦
横に語り尽くされています。

　他方，フッサールを創始者とする現象学の研究にとって，実践に当たるのは，
スポーツの身体運動を含めた，私たち人間の宇宙における生存全体です。哲学
としての現象学は，その生存全体を「人間はどこからきて，どこに向かってい
るのか」言葉による思想をとおして，誰もが納得しうる普遍的な「真・善・美」
の究極の形態に向けて，理論化しようと企てるのです。

　フッサールは，1970 年に日本で翻訳出版された『ヨーロッパ諸学問の危機
と超越論的現象学』で，人間の生存全体を研究すべき哲学が，世界全体を観測
の対象とし，データとして数値化し，因果的に規定された自然法則の発見に限
定された自然科学研究の方法の偏重に頽落していることを鋭く指摘し，それに
よって「生活世界（人間の生存全体）の数学化の危機」に陥ってしまっている
ことに対して，徹底した原理的批判を展開しました。

　本書に「スポーツにおける身体の現象学的分析－メルロ＝ポンティを手引
きとして－」を寄稿していただいた貫成人先生は，「数学的直観－フッサール
現象学と数学の哲学－」（2004 年）の論稿において，「数を数えるのに先立つ，
受動的綜合の働きとしての対化」について論及されています。それによって「時
間・連合（受動的綜合の原則）・原創設」を根本原理とする発生的現象学の全体
の中に，数学を前提にする自然科学研究（身体運動に関する脳科学研究も当然，
ここに含まれる）が位置づけられ，統合されていくことで，「生活世界の数学化
の危機」が克服されうる方向性が明示されているのです。

　武藤伸司先生の本書での論稿「時間と発生を問う－時間意識と受動的綜合の
相関性について－」では，まさにこの発生的現象学において，「跳び箱」や「幼
児の台の上へのジャンプ」という実例での身体運動の実践が，「時間意識（時間）
と受動的綜合（連合）」の理論によって，どのように「動きかたの仕組み」が「分
かる」ようになり，その理論が，運動の課題の実践にどのように役立つのか，
理論の有効性が試されることで，「実践と理論」の相互の関わりによる共同研
究推進の方向が明確に示されています。

　この「実践と理論」の関係をめぐり，『暗黙知の次元』で著名なマイケル・
ポランニーが数学研究者に向けて，「あなたの数学理論がどれほどのものか（有

効性をもつか），確かめたければ，ピョンと跳ぶカエルに感情移入してみなさい」と言っています。感情移入とは，フッサールの受動的綜合による感情移入を意味します。貫先生の指摘されるメルロ＝ポンティのいう「間身体性」は，受動的綜合によって間身体性として働きうるのです。

　加藤先生の論稿「私の動感経験と発生運動学」で述べられているように，人間の身体は良くできた機械ではないからこそ，練習をとおして習熟した「人間の〈動きかた〉の自動化」は，機械の自動化とは全く異なっているのです。機械の〈あいだ〉に感情移入が起こりようがないのに対して，練習をとおして新たな〈動きかた〉が複数の選手の間に伝染するように伝播することができるのも，生きた生命体としての人間の〈あいだ〉に受動的綜合としての対化が生じているからなのです。

　この〈動きかた〉が伝染するとは，加藤先生が指摘なさっている「子供が大人の踊る盆踊りを見よう見まねで上手に真似られるように」，また「カエルのピョンに感情移入」できるのは，まさに生きた人間の身体であり，人間の身体には，たえず「周囲の状況変化と，自身の〈動きかた〉の対応変化」の能力が備わっているのです。この現実こそ，貫先生がメルロ＝ポンティに即して語る「環境と身体のキアスム構造」に他ならないのです。

　前巻において「身体能力の発生と判定」と題する論稿を執筆いただいた金子一秀先生は，本書において「スポーツ運動学と発生現象学の共創」という論題のもと，本講座編集の根本的主旨にかかわる綜合的視点から，スポーツ運動学と現象学との共創研究の必然性とその実現の可能性について全14節に渡る綜合的理論構築を展開されました。

　前巻の論稿で発生運動学の主要な問題領域として明確に描き出された「運動感覚の生成・消滅」という根本問題への視点が，本書の論稿において，この中心問題をめぐる諸問題のスポーツ運動学と現象学との共創研究の全体像の中に確固とした位置づけを獲得することになるのです。

　このあとがきの文頭に問われた「実践と理論」との関係の問いは，本論稿の第14節での「実践可能性」と「論理的可能性」との対置による議論をとおして，明確な回答を獲得できることになります。論理的にはアポリア（論理的矛盾および難題）としてしか考えられない「できそうでできない」「できる気がする」「分かるけどできない」「よく分からないけどできる」などの「動く感じ」が，

その「動く感じ」をより鋭敏に感じ分けようとする練習の積み重ねをとおして，「無理かもしれないけど，やってみたい」という動機の生成による「実践可能性」に拓かれてくるのです。その際，練習の実践の成り立ちを，現象学的還元に属するとされる「中立性様相化」による，受動的志向性と能動的志向性の相互の関わりを明らかにしうる志向分析をとおして解明し，感じわけの鋭敏さの能力向上の理論化を下支えしうる現象学の役割が，明記されているのです。

　こうしてスポーツ運動学と現象学との共創研究の領域が次第に明確にされるとともに，次巻の第3号においては，体操競技に限らず，様々な他の種目で技を極めた選手たちの「動く感じ」をめぐり現象学者との対談を企画していきたいと考えております。それに加えて，次号では，「スポーツ運動学・現象学用語集」を企画し，この共創研究を推進する上での強力な後押しが実現しうるよう計画しております。どうぞ，ご期待ください。

　最後になりましたが，この第2巻の出版にあたり，原稿の完成の遅れにもかかわらず，適時な出版を実現していただいた明和出版の和田義智氏に深く感謝もうしあげます。

【編者・著者略歴】

金子　明友（かねこ　あきとも）
筑波大学名誉教授（元筑波大学副学長）
元日本女子体育大学学長
国際体操連盟名誉メンバー (1981~)
1952 年 ヘルシンキオリンピック（チーム 5 位）
1954 年 ローマ世界選手権（チーム 2 位）
1960 年 ローマオリンピック・チームリーダー（日本男子チーム初優勝）
1964 年 東京オリンピック大会競技本部長
1968 年 ,1972 年 メキシコ・ミュンヘンオリンピック大会国際審判員
1972 年 国際体操連盟男子技術委員
1976 年〜 国際体操連盟男子技術副委員長
　現役選手引退後，遠藤幸雄，加藤澤男など数多くのオリンピック選手を育てた。日本体操界の頭脳と呼ばれ，その指導力によって体操競技男子オリンピック五連覇を果たした。実践理論として「マイネル運動学」を研究し，現在その理論をさらに深化させている。
【主な著書】
『体操競技のコーチング』(1974) 大修館書店
『マイネル スポーツ運動学』(1981) 大修館書店
教師のための器械運動指導シリーズ (1982~1984)
『マット』『跳び箱・平均台』『鉄棒』大修館書店
『マイネル遺稿 動きの感性学』(1998) 大修館書店
『わざの伝承』(2002) 明和出版
『身体知の形成』上・下 (2005) 明和出版
『身体知の構造』(2007) 明和出版
『スポーツ運動学』(2009) 明和出版
『運動感覚の深層』(2015) 明和出版
『わざ伝承の道しるべ』(2018) 明和出版
『〈わざの狂い〉を超えて』(2020) 明和出版

加藤　澤男（かとう　さわお）
筑波大学名誉教授・白鷗大学名誉教授
1993 〜 2012 年 国際体操連盟男子技術委員
2013 年〜 国際体操連盟名誉委員
　メキシコシティー (1968)，ミュンヘン (1972)，モントリオール (1976) の体操競技オリンピック三大会に出場。金 8 個，銀 3 個，銅 1 個の合計 12 個のメダルを獲得。8 つの金メダルの獲得は，現在でも日本人の金メダル最多獲得数である。1999 年には国際スポーツ記者協会による「20 世紀を代表する 25 選手」に日本から唯一選出された。その功績を記念して 2000 年シドニー五輪の選手村跡地に「サワオ・カトウ・アベニュー」と名付けられた通りがある。2020 年度には，スポーツ文化の発展への著しい功績が認められ，文化功労者として顕彰された。

山口　一郎（やまぐち　いちろう）
東洋大学名誉教授
1974 年 上智大学文学研究科哲学専攻修士課程修了
1979 年 ミュンヘン大学哲学部哲学科学位 (PhD) 取得
1994 年 ボッフム大学哲学部で哲学教授資格取得
1996~2013 年 東洋大学文学部哲学科専任教員教授
　主な研究領域は現象学であり，特にフッサール後期に展開される発生的現象学，およびフッサール現象学と仏教哲学を中軸にした間文化哲学である。
【主な著書】
『他者経験の現象学』(1985) 国文社
Ki als leibhaftige Vernunft. Fink Verlag 1997
『現象学ことはじめ』(2002) 日本評論社
『文化を生きる身体』(2004) 知泉書館
『存在から生成へ』(2005) 知泉書館
『人を生かす倫理』(2008) 知泉書館
『実存と現象学の哲学』(2009) 日本放送出版協会
『感覚の記憶』(2011) 知泉書館
『現象学ことはじめ 改訂版』(2012) 日本評論社
Genese der Zeit aus dem Du Welter der Philosophie 18 2018
『直観の経営』(2019) KADOKAWA
『〈わざの狂い〉を超えて』(2020) 明和出版

金子　一秀（かねこ　かずひで）
東京女子体育大学教授
2020 年〜 東京女子体育大学・同短期大学学長
【主な著書】
『教師のための運動学』(1996) 大修館書店
『スポーツ運動学入門』(2015) 明和出版
『〈わざの狂い〉を超えて』(2020) 明和出版

貫　成人（ぬき　しげと）
専修大学教授
1980 年 東京大学文学部哲学科卒業
1985 年 同大学院哲学専修博士課程単位取得退学
1988 年 埼玉大学教養学部専任講師
1990 年 同大学助教授
2000 年 専修大学文学部教授，現在に到る
2003 年 文学博士（東北大学・哲学）
【主な著書】
『経験の構造：フッサール現象学の新しい全体像』
　　(2003) 勁草書房
『歴史の哲学　物語を超えて』(2010) 勁草書房
『哲学で何をするのか：文化と私の「現実」から』(2012)
　　筑摩選書
『バレエとダンスの歴史：欧米劇場舞踊史』(共著，
　　2012) 鈴木晶編，平凡社

武藤　伸司（むとう　しんじ）
東京女子体育大学准教授
2014 年 東洋大学大学院文学研究科哲学専攻博士
　　後期課程修了 博士（文学）
【主な著書】
『現象学のパースペクティヴ』河本英夫・稲垣諭編
　　(2017) 晃洋書房
『力動性としての時間意識』(2018) 知泉書館

スポーツ運動学・現象学 講座 2

わざの伝承 —加藤澤男・金子明友の〈あいだ〉—

ⓒ Kaneko Kazuhide & Yamaguchi Ichirou 2021

初版発行————2021 年 6 月 20 日

編著者————金子一秀 / 山口一郎

発行者————和田義智

発行所————株式会社 明和出版

〒 174-0064　東京都板橋区中台 3-27-F709

電話　03-5921-0557　E-mail　meiwa@zak.att.ne.jp

振替　00120-3-25221　URL　http://home.att.ne.jp/kiwi/meiwa/

印刷・製本————壮光舎印刷株式会社

ISBN978-4-901933-45-2　　　　　　　　Printed in Japan